INGO LIEFNER / LUDWIG SCHÄTZL

Theorien der Wirtschaftsgeographie

10. Auflage

FERDINAND SCHÖNINGH

Autor:

Dr. rer. nat. Ingo Liefner, geboren 1973 in Braunschweig, Studium der Geographie, Volks- und Betriebswirtschaftslehre sowie Politikwissenschaft an der Universität Hannover und der Wirtschaftsuniversität Wien: Promotion 2000 (Hannover), Habilitation 2006 (Hannover). Forschungs- und Lehrtätigkeit an den Universitäten Hannover und Gießen. Seit 2007 Professor für Allgemeine Wirtschaftsgeographie an der Justus-Liebig-Universität Gießen.

Dr. oec. publ. Ludwig Schätzl, geboren 1938 in Ruhpolding/Obb., Studium der Wirtschaftswissenschaften und der Geographie an der Universität München: Promotion 1967 (München), Habilitation in Geographie 1973 (Gießen). Forschungs- und Lehrtätigkeit an den Universitäten München, Ibadan (Nigeria), Gießen, Berlin, Hannover. Seit 1978 Professor der Geographie am Geographischen Institut der Universität Hannover. 2006 emeritiert.

Online-Angebote oder elektronische Ausgaben sind erhältlich unter **www.utb-shop.de**

Bibliografische Information Der Deutschen Nationalbibliothek

Die Deutsche Nationalbibliothek verzeichnet diese Publikation in der Deutschen Nationalbibliografie; detaillierte bibliografische Daten sind im Internet über http://dnb.d-nb.de abrufbar.

© 2012 Ferdinand Schöningh, Paderborn
(Verlag Ferdinand Schöningh GmbH & Co. KG, Jühenplatz 1, D-33098 Paderborn)

Internet: www.schoeningh.de

Printed in Germany.
Herstellung: Ferdinand Schöningh, Paderborn
Einbandgestaltung: Atelier Reichert, Stuttgart

UTB-Band-Nr: 782
ISBN 978-3-8252-3642-x

Vorwort

Das vorliegende Lehrbuch ist eine neu bearbeitete und umfassend erweiterte Ausgabe des Buches Wirtschaftsgeographie 1 Theorie von *Ludwig Schätzl*. Die Bearbeitung der Neuausgabe hat *Ingo Liefner* übernommen.

Das Lehrbuch gibt einen Überblick über das Theoriegebäude der Wirtschaftsgeographie und ermöglicht es, die Grundlinien der Theorieentwicklung des Feldes nachzuvollziehen. Es wendet sich an Studierende der Geographie und der Wirtschaftswissenschaften sowie benachbarter Fächer.

Der erste Teil des Buches (Kapitel 2 bis 4) stellt etablierte Theorieansätze vor, deren Verständnis grundlegend ist für die Erklärung raumwirtschaftlicher Strukturen und Prozesse. Der neu hinzugefügte zweite Teil des Buches (Kapitel 5) diskutiert vorrangig neuere Theorieansätze, die der größeren Komplexität der räumlichen Organisation der Wirtschaft in Zeiten der Wissensgesellschaft und der Globalisierung Rechnung tragen.

Für kritische Kommentare und Hinweise zum Manuskript danken wir *Rüdiger Kabst*, *Matthias Baum*, *Jürgen Meckl*, *Max Albert* und *Stefan Hennemann*. Am Gedankenaustausch im Vorfeld der Neubearbeitung waren *Rolf Sternberg* und *Javier Revilla Diez* beteiligt. Für redaktionelle Arbeiten danken wir den studentischen Hilfskräften *Christian Teichert* und *Friedrich Breckow* sowie *Patrick Horn* und *Felicitas Ehrle*. Die Erstellung und Bearbeitung der Abbildungen haben *Lisett Diehl*, *Nadine Liebich* und *Bernd Goecke* ausgeführt.

Gießen und Hannover, im November 2011

Ingo Liefner
Ludwig Schätzl

Gliederung

1. Zum Begriff und Inhalt der Wirtschaftsgeographie

Die Wirtschaftsgeographie hat sich in den vergangenen Jahrzehnten von einer rein empirisch ausgerichteten zu einer theoretisch fundierten Wissenschaft gewandelt. Sie übernimmt dabei vorwiegend wirtschaftswissenschaftliche Theorien und überträgt diese auf räumliche Fragestellungen. Die eigenständige geographische Theorieentwicklung ist ebenso die Ausnahme wie die Adaption von Theorien aus anderen Wissenschaften, z. B. der Soziologie oder den Naturwissenschaften.

Daher stellt sich für das vorliegende Lehrbuch zunächst die Frage des Verhältnisses von Wirtschaftswissenschaft und Wirtschaftsgeographie (Kapitel 1.1). Das darauf folgende Kapitel 1.2 stellt den raumwirtschaftlichen Ansatz als grundlegendes Konzept für die Wirtschaftsgeographie und dieses Buch vor. Kapitel 1.3 diskutiert die Konsequenzen des Übergangs in die Wissensgesellschaft für die räumliche Organisation der Wirtschaft und die Aussagekraft von Theorien in der Wirtschaftsgeographie.

1.1 Disziplinäre Verknüpfung von Geographie und Wirtschaftswissenschaft

Historisch wurden die Beziehungen zwischen der Geographie und der Wirtschafts- und Sozialwissenschaft beeinflusst durch Veränderungen des Forschungsgegenstandes mit der Entwicklung von der Agrar- zur Industriegesellschaft sowie von einem Wandel des Verständnisses über die Einheit der Wissenschaften.

E. Otremba (1973, S. 13–24) weist für das 18. Jahrhundert auf die Einheit von Gegenstand und Methode bei Geographie und Nationalökonomie hin. Der Ausgangspunkt der Überlegungen des Physiokraten *F. Quesnay* (1758) sind die natürlichen Grundlagen des Reichtums der Nationen. Auch *A. Smith* (1776) befasst sich mit den natürlichen und sozialen Ursachen des Wohlstands der Nationen und ihrer Bürger; seine Überlegungen über eine internationale Arbeitsteilung beinhalten die Vorstellung von einer räumlichen Ordnung der Wirtschaft.

Im Anschluss an diese frühen Ansätze zur Integration kam es zu einer Arbeitsteilung zwischen der Wirtschaftswissenschaft und der Wirtschaftsgeographie. Beeinflusst vom rationalen Denken des 18. Jahrhunderts entwickelten die Vertreter der klassischen Schule die Nationalökonomie zu einer abstrakten theoretischen Wissenschaft. Mittels der deduktiven Methode wird aus wenigen axiomatischen Lehrsätzen das ganze System der Wirtschaft entwickelt. Beispielsweise wurde die Variable »Raum« eliminiert; Angebot und Nachfrage treffen sich am punktuellen Markt.

Im Gegensatz hierzu verstand sich die Wirtschaftsgeographie entsprechend dem darwinistischen Denken des 19. Jahrhunderts mehr als deskriptive empirische Wissenschaft (vgl. *R. B. McNee*, 1970, S. 407). Sie bemühte sich um die exakte Beschreibung der Individualität des Raumes. In Ergänzung zur Wirtschaftswissenschaft untersuchte die Wirtschaftsgeographie die räumliche Verteilung der Urproduktion und der Welthandelsströme und später die Verbreitung von Wirtschaftsformen. Während die Wirtschaftswissenschaft sich um die Einheit von Wirtschaft und Gesellschaft bemühte, versuchte die Geographie, die Einheit von Physio- und Anthropogeographie, d. h. von Natur und Mensch, aufrechtzuerhalten.

Fortschreitende Industrialisierung, strukturelle und konjunkturelle Krisen sowie die zunehmende weltwirtschaftliche Integration führten im 20. Jahrhundert zu einer Erweiterung des Problemfeldes und damit des Forschungsgegenstandes von Wirtschafts- und Sozialwissenschaft und Geographie sowie zu einer Intensivierung der Beziehungen zwischen den Disziplinen. Weltwirtschaftsdepression und Massenarbeitslosigkeit Ende der zwanziger und Anfang der dreißiger Jahre widerlegten die Ansicht der Klassiker, dass durch ein flexibles Zins-, Preis-, Lohngefüge ein Gleichgewicht bei Vollbeschäftigung hergestellt wird. Die Erfahrungen aus der Weltwirtschaftskrise bewirkten in der Nationalökonomie, etwa mit dem Übergang vom Laissez-faire-Liberalismus zum Ansatz von *J. M. Keynes*, entscheidende wissenschaftliche Fortschritte. Für die Geographie bedeutet das wachsende Erkennen der Notwendigkeit der Mitgestaltung des Wirtschaftsablaufs durch den Staat die Hinwendung zu Planungsproblemen. Zu einem anderen Kernproblem unserer Gesellschaft, den räumlichen Ungleichgewichten (Disparitäten), haben sowohl die Wirtschafts- und Sozialwissenschaft als auch die Geographie Lösungsansätze erarbeitet. In jüngster Zeit eint die betrachteten Disziplinen ein zunehmendes Interesse an der Entstehung und den Auswirkungen räumlicher Ballungen wirtschaftlicher Aktivitäten (Cluster).

Während die Bearbeitung des Problemfeldes der Erklärung und Steuerung regionalwirtschaftlicher Entwicklungsprozesse daher zu einer zunehmenden Annäherung von Wirtschaftswissenschaft und Wirtschaftsgeographie beiträgt, sorgen das unterschiedlich ausgeprägte Interesse an der Individualität bestimmter Räume und die Anwendung unterschiedlicher Methoden für eine fortdauernde Trennung der Disziplinen (*P. Krugman*, 1998, S. 16; *R. Martin*, 1999, S. 74-80). In diesem Feld lassen sich derzeit vier Hauptströmungen unterscheiden:

1) *Regional Science*: Seit ihrer Entstehung Mitte des 20. Jahrhunderts beschäftigt sich die Regionalwissenschaft (*Regional Science*) mit Fragen der Struktur und der Entwicklung von Wirtschaftsräumen unterhalb der nationalen Maßstabsebene. Im Mittelpunkt steht die Erstellung und empirische Überprüfung von Modellen zur Regionalentwicklung. Im Rahmen der Modellbildung nutzt die Regionalwissenschaft zunehmend auch geographische Informationssysteme, räumliche Ökonometrie und Simulationsverfahren. Wenngleich sich die Regionalwissenschaft aus Vertretern der Wirtschaftswissenschaft und der Wirtschaftsgeographie zusammensetzt, zeigt sich in jüngster Zeit eine starke Orientierung an den in der Ökonomie vorherrschenden Methoden der mathematisch gestützten Modellbildung. Aktuelle Lehrbücher aus diesem Feld sind z. B. von *P. McCann* (2001) sowie von *G. Maier* und *F. Tödtling* (2006).

2) *New Economic Geography*: In den 1990er Jahren hat *Paul Krugman* das Feld der *New Economic Geography* (oder *Regional Economics*) begründet. Ihm ist es überzeugend gelungen, räumliche Fragestellungen in Gleichgewichtsmodelle neoklassischer Prägung zu integrieren und deren Anwendungsbereich damit stark zu erweitern. In der Folge entstanden zahlreiche Arbeiten, die Überlegungen der *New Economic Geography* auf konkrete raumstrukturelle Probleme übertragen, z. B. im Zusammenhang mit den Vorteilen räumlicher Konzentration wirtschaftlicher Aktivitäten. Jedoch wird die Variable Raum in der *New Economic Geography* nur stark vereinfacht betrachtet. Aus diesem Grund und aufgrund der methodisch bedingt eingeschränkten Aussagekraft der mathematisch komplexen Modelle beteiligen sich Vertreter der Wirtschaftsgeographie kaum an der Diskussion der *New Economic Geography*. Einschlägige Lehrbücher sind z. B. von *S. Brakman* et al. (2001) oder *M. Fujita et al.* (2001).

3) Unternehmensorientierte empirische Forschung: In jüngerer Zeit beteiligen sich Vertreter der Betriebswirtschaftslehre, der Wirtschaftsgeographie und zahlreicher anderer Disziplinen (z. B. Soziologie, Politikwissenschaft; Organisationspsychologie) in zunehmendem Maße an empirischen Forschungen zum Verhalten von Unternehmen. Der Grund hierfür liegt in einem gestiegenen Interesse an den Zusammenhängen von wettbewerbsrelevanten Einflussfaktoren wie Unternehmensstrategie, Unternehmensentwicklung, Unternehmensgründungen, Internationalisierung und verschiedenen räumlichen Einflussgrößen. Das Methodenspektrum dieser Richtung ist breit gefächert und reicht von Einzelfallstudien und Best-Practice-Beispielen bis hin zu komplexen Regressionsmodellen oder Netzwerkanalysen auf Basis von Primärerhebungen. Einen Ausschnitt aus dieser Diskussion gibt z. B. das Lehrbuch von *M. Kutschker* und *S. Schmid* (2008) wieder.

4) Alternative Richtungen in der Wirtschaftsgeographie: Einige Vertreter im weiteren Feld der Wirtschaftsgeographie sowie der Sozialwissenschaften, die sich für räumliche Fragestellungen interessieren, lehnen eine Orientierung an volkswirtschaftlich geprägten Modellen ebenso ab wie eine Sichtweise, die Unternehmen ein weitgehend rationales, an Gewinnstreben und Wettbewerbsfähigkeit ausgerichtetes Verhalten unterstellt. Sie betonen stattdessen z. B. die Einbettung der in Unternehmen handelnden Personen in soziale Beziehungen, ihr institutionelles Umfeld und ihre Einbindung in langfristige Entwicklungspfade. Sie interessieren sich für die Frage, welche Bedeutung dem individuellen Raum, gestaltet durch die dort lebenden Personen und ihre Verbindungen, für die Entwicklung von Institutionen, Innovation und räumlicher Organisation zukommt und welche Bedeutung der Faktor Zeit hat. Die Vertreter dieser Richtung favorisieren zumeist einen konzeptionellen und methodischen Pluralismus. Die zum Teil gewollte Vielschichtigkeit und konzeptionelle Unschärfe der theoretischen Überlegungen erschwert jedoch eine empirische Überprüfung und darauf fußende Präzisierung von Theorien. Einen Einblick in die Argumentation geben die Lehrbücher von *H. Bathelt* und *J. Glückler* (2003a) und *N. M. Coe* et al. (2007).

Trotz der erheblichen methodischen und wissenschaftstheoretischen Unterschiede untersuchen Vertreter aller vier Richtungen dieselben Forschungsgegenstände. Dazu gehören regionalökonomische Entwicklungsprozesse, die mit kooperativen und vernetzten Produktionsprozessen in Zusammenhang stehen, z. B. die Entwicklung von innovativen regionalen Clustern oder die Steuerung von Wertschöpfungsketten. Sie betonen die wachsende Bedeutung von Informationen, Wissen und Lernprozessen für die Erklärung interregionaler Unterschiede im Entwicklungsstand und in der Entwicklungsdynamik und spiegeln somit den fundamentalen Wandel der Produktionsprozesse im Zuge der Etablierung der Wissensgesellschaft wider.

Ob sich die genannten vier Strömungen in absehbarer Zeit aufeinander zu bewegen, ist nicht absehbar. Die rigide Ausrichtung der primär volkswirtschaftlich geprägten Teilfelder auf mathematisch-modellhaftes Vorgehen mag dem ebenso entgegenstehen wie ein bisweilen fast beliebig scheinender Umgang mit Theorien und Methoden in manchen alternativen Richtungen der Wirtschaftsgeographie. Bemerkenswert ist dagegen die immer stärkere Hinwendung anderer Sozialwissenschaften und der Betriebswirtschaftslehre zur Betrachtung regionaler Einflussgrößen. Diese Disziplinen tragen verstärkt zur Bereicherung des in der Wirtschaftsgeographie angewandten Theoriekanons bei.

1.2 Raumwirtschaftlicher Ansatz

Kapitel 1.1 zeigt die enge disziplinäre Verknüpfung von Wirtschaftswissenschaft und Wirtschaftsgeographie. Während sich die Wirtschaftswissenschaft mit ökonomischen Systemen beschäftigt, erforscht die Wirtschaftsgeographie die räumliche Dimension dieser Systeme. Ausgehend von obigen Ergebnissen, lässt sich Wirtschaftsgeographie definieren als die Wissenschaft von der räumlichen Ordnung und der räumlichen Organisation der Wirtschaft. Sie stellt sich im raumwirtschaftlichen Ansatz die Aufgabe, räumliche Strukturen und ihre Veränderungen – aufgrund interner Entwicklungsdeterminanten und räumlicher Interaktionen – zu erklären, zu beschreiben und zu bewerten. Dabei sind die Verteilung ökonomischer Aktivitäten im Raum (Struktur), die räumlichen Bewegungen von Produktionsfaktoren, Gütern und Dienstleistungen (Interaktion) sowie deren Entwicklungsdynamik (Prozess) als interdependentes Raumsystem zu verstehen.

Wie Nachbarwissenschaften setzt sich auch die wirtschaftsgeographische Wissenschaft aus den Teilbereichen Theorie, Empirie und Politik zusammen, die in enger Wechselbeziehung zueinander stehen (vgl. *W. Isard* und *T. A. Reiner*, 1966, S. 1–16; *L. Schätzl*, 1974, S. 124–134; *H. Siebert*, 1970a, Sp. 2690–2705). Das vorliegende Lehrbuch beschränkt sich auf die Diskussion von Theorien. Geeignete Lehrwerke zur Entwicklung eines ersten Verständnisses für empirisches Arbeiten und regionale Wirtschaftspolitik wurden beispielsweise *L. Schätzl* (2000), *G. Maier* et al. (2006) und *L. Schätzl* (1994) vorgelegt.

Die Notwendigkeit der theoretischen Erklärung der räumlichen Ordnung der Wirtschaft ist heute in der Wirtschaftsgeographie unstrittig. Durch die bewusste Beschränkung auf wesentliche, den räumlichen Differenzierungsprozess bestimmende Faktoren und durch die Möglichkeit, sozusagen unter Laborbedingungen, Modellvariable kontrolliert verändern zu können, leisten Theorien und Modelle einen entscheidenden Beitrag, den Wirkungsmechanismus und die Dynamik ökonomischer Systeme zu erklären.

Die Verteilung ökonomischer Aktivitäten im Raum, die Verflechtungen zwischen den Standorten sowie die Veränderung von Raumstruktur und Interaktionen in der Zeit sind als ökonomisches Raumsystem, als interdependente Gesamtheit, zu verstehen. Zwischen den einzelnen Teilelementen des Systems besteht wechselseitige Abhängigkeit, d. h. die Veränderung einer Variablen hat Auswirkungen auf andere Systemelemente. Ökonomische Raumsysteme können auf unterschiedlichem räumlichem Aggregationsgrad betrachtet werden; das Spektrum reicht von einfachen Zwei-Regionen-Modellen (z. B. Stadt-Umland) bis zu komplexen hierarchischen Systemen (z. B. vom Typ Christaller).

Im Rahmen des vorliegenden Lehrbuchs können nur einige Ansätze aus der Vielzahl der bislang entwickelten theoretischen Erklärungsversuche ökonomischer Raumsysteme vorgestellt werden. Die Auswahl der behandelten Theorien und Modelle erfolgt unter zwei Gesichtspunkten. Erstens sollen die in der wirtschaftsgeographischen Diskussion als grundlegend angesehenen Theorien diskutiert werden, und zweitens sollen die ausgewählten Einzelbeiträge langfristige Entwicklungstendenzen der Theoriebildung aufzeigen.

Die Raumwirtschaftstheorien lassen sich in vier Theoriekomplexe unterteilen, die Standorttheorien, die räumlichen Mobilitätstheorien, die regionalen Wachstums- und Entwicklungstheorien sowie die räumlichen Organisations- und Netzwerktheorien. Die ersten drei Theoriekomplexe (Standorttheorie, räumliche Mobilitätstheorie, regionale Wachstums- und Entwicklungstheorie) umfassen vorrangig ältere Theorien und Konzepte, die die wirtschaftsräumliche Realität der Industriegesellschaft nachzeichnen. Theorieansätze, die wirtschaftsräumliche Gegebenheiten der Wissensgesellschaft widerspiegeln, sind Gegenstand des vierten Theoriekomplexes (s. Kapitel 1.3). Da die älteren Theorien jedoch grundlegende Aussagen machen, die für ein umfassendes Theorieverständnis unabdingbar sind, bilden sie nach wie vor einen Schwerpunkt dieses Buches.

1.3 Räumliche Organisations- und Netzwerktheorien im raumwirtschaftlichen Ansatz

In den vergangenen etwa drei Jahrzehnten hat sich ein Übergang von der Industrie- zur Wissensgesellschaft vollzogen (vgl. Kapitel 5.1), der eine fundamentale Umgestaltung der Organisation der Produktion in weiten Teilen der Industrie mit sich brachte. Kapitel 5.2 erörtert die ökonomischen Ursachen dieser Transformation und deren Auswirkungen auf ökonomische Raumsysteme.

Bis in die 1970er Jahre spiegelte das ökonomische Denken die Realitäten der Industriegesellschaft und der dabei vorherrschenden Organisation der Produktion wider. Anders als in vorindustriellen Agrargesellschaften waren Produktion und Konsum in der Industriegesellschaft voneinander organisatorisch und räumlich getrennt. *Richard Baldwin* (2006) nennt diese Trennung von Konsum und Produktion *The First Unbundling*. Der Produktionsprozess selbst erfolgte dagegen zumeist organisatorisch und räumlich konzentriert in vertikal integrierten Unternehmen bzw. Betrieben, d. h. ein Betrieb erstellte ein Produkt an einem Standort. Diese Einheit von Produkt, Betrieb und Standort ist in zahlreichen älteren Theorien explizit oder implizit enthalten. Die räumliche Mobilität zwischen Standorten beschränkte sich auf den Handel von bestimmten Gütern und Dienstleistungen sowie die Mobilität von bestimmten Produktionsfaktoren. Diese Austauschprozesse wurden weit überwiegend über Märkte abgewickelt.

Nachdem der Übergang von der Agrar- zur Industriegesellschaft mit einer organisatorischen und räumlichen Trennung von Produktion und Konsum einherging, hat der Übergang von der Industrie- zur Wissensgesellschaft zu einer organisatorischen und räumlichen Trennung des Produktionsprozesses selbst geführt (*the second great unbundling*, *R. Baldwin*, 2006). In der Wissensgesellschaft ist es der Normalfall, dass Unternehmen in ihren Betrieben nur Teilschritte der Herstellung eines Produkts ausführen, während die übrigen Teilschritte von anderen Betrieben am gleichen oder an anderen Standorten ausgeführt werden. Die Aufteilung der für die Herstellung eines Produkts nötigen Aktivitäten auf mehrere Betriebe und Standorte verändert die Austauschbeziehungen zwischen den Standorten. In großem Umfang werden Zwischenprodukte und produktspezifische Dienstleistungen transferiert. Für den Transfer dieser räumlich mobilen aber auf ein bestimmtes Produkt ausgerichteten Güter gelten andere Bedingungen als die des polypolistischen Markts. Die Hersteller der Teilschritte eines Produkts sind oftmals über längerfristige, vertraglich geregelte Geschäftsbeziehungen aneinander gebunden und bilden Netzwerke unterschiedlicher Art (vgl. Kapitel 5.3). Die gemeinsame ortsverteilte Arbeit an der Herstellung eines Produkts verlangt zudem nach räumlicher Mobilität von produktspezifischem Wissen, welches wiederum nicht frei gehandelt sondern zielgerichtet transferiert wird (vgl. Kapitel 5.4). Langfristige regionale Wachstums- und Entwicklungsprozesse werden somit auch von Strukturen und Interaktionen in Netzwerken beeinflusst (vgl. Kapitel 5.5).

Die Annahme der Einheit von Produkt, Unternehmen und Standort kann in der Wissensgesellschaft daher generell nicht mehr aufrecht erhalten werden (vgl. *P. Dicken*, 2007, S. 8-11).

Dies hat erhebliche Konsequenzen für die Wirtschaftsgeographie, die vor der Aufgabe steht, die regionalwirtschaftlichen Folgen der neuen Form der Produktionsorganisation zu erfassen (vgl. *E. W. Schamp*, 2000, S. 1-3). Heute ist ein Produkt nicht mehr einem Betrieb und einem Standort sondern einem Produktionsnetzwerk und einem Standortnetzwerk zuzuordnen (vgl. *A.-P. de Man*, 2008, S. 15-21). Dies vergrößert die Komplexität von Standortstrukturen und Interaktionen in ökonomischen Raumsystemen. Die Betrachtung eines singulären Standorts als Produktionsstandort sowie Anfangs- und Endpunkt von Interaktionen auf Güter- und Faktormärkten ist in der Wissensgesellschaft kaum noch sinnvoll. Standorte sind stattdessen unter Einbeziehung der anderen Standorte des gleichen Produktionsnetzes zu betrachten, da sich ihre Veränderung nicht ohne Berücksichtigung der Entwicklung des Netzwerks verstehen lässt. Das Unternehmensnetzwerk löst damit das Unternehmen (bzw. den Betrieb) als Basiseinheit ökonomischer Raumsysteme ab. Ökonomische Raumsysteme, bestehend aus Standort (Struktur), Interaktion und Prozess, umfassen somit auch miteinander vernetzte Standorte, netzwerkspezifische Mobilität und netzwerkdeterminierte Entwicklungen.

Das vorliegende Lehrbuch diskutiert die Organisations- und Netzwerktheorien gebündelt in einem neuen Kapitel 5. Dabei wird auf Aussagen der Theorieansätze bezüglich aller drei Systemelemente eingegangen, im Vordergrund steht jedoch die Verdeutlichung der gedanklichen Logik dieser Konzepte. Dabei wird der Versuch unternommen, deren oftmals noch nicht voll ausformulierte räumliche Aussagen herauszustellen. Sollte die Theorieentwicklung in diesem Feld rasch voranschreiten, ist nicht auszuschließen, dass die Struktur dieses Lehrbuchs in späteren Auflagen verändert werden kann. Da die Integration der wichtigen Aussagen älterer Theorien mit den Strukturannahmen der neueren Ansätze jedoch zu höchst komplexen Konzepten führen muss, ist eine solche Entwicklung nicht unbedingt wahrscheinlich.

In diesem Zusammenhang ist darauf hinzuweisen, dass der Übergang in die Wissensgesellschaft die Aussagekraft einiger älterer Theorieansätze schmälert. So wird im vorliegenden Lehrbuch in den Kapiteln 2 bis 4 auf die Darstellung einiger Theorien und Überlegungen verzichtet, die Bestandteil früherer Auflagen waren. Es gilt jedoch weiterhin, dass Theorien von zentraler Bedeutung für das Gedankengebäude der Wirtschaftsgeographie in unverändert umfangreicher Form zu diskutieren sind, auch wenn sie primär die Situation der Industriegesellschaft widerspiegeln.

Abschließend sollen die Kernaussagen des von den Verfassern vertretenen raumwirtschaftlichen Ansatzes zusammengefasst werden. Sie lauten:
1. Objekt der Wirtschaftsgeographie sind ökonomische Raumsysteme unterschiedlicher Maßstabsgröße. Ein ökonomisches Raumsystem besteht aus drei Systemelementen, zwischen denen wechselseitige Abhängigkeiten bestehen:
    - Die Verteilung ökonomischer Aktivitäten (Produktion, Konsum) innerhalb eines Raumsystems auf Standorte bzw. Regionen = Struktur. Die Verteilung ökonomischer Aktivitäten auf diskrete Raumpunkte (Standorte) wird als Standortstruktur, ihre Verteilung auf flächendeckende disaggregierte Teilgebiete des Gesamtraums (Regionen) als Regionalstruktur bezeichnet.

- Die Bewegungen von mobilen Produktionsfaktoren (Arbeit, Kapital, Wissen), Gütern und Dienstleistungen zwischen den Standorten bzw. Regionen = Interaktion.
- Die Dynamik von Standortstruktur und Regionalstruktur als Folge standort- bzw. regionsinterner Wachstumsdeterminanten, der Wirkung räumlicher Interaktionen (externe Wachstumsdeterminanten), sowie der vernetzten Organisation komplexer Produktionsprozesse = Prozess.

2. Die Beiträge der Raumwirtschaftstheorie zur Erklärung von ökonomischen Raumsystemen bzw. von Systemelementen lassen sich generalisierend zu drei Komplexen zusammenfassen:
   - Standorttheorien. Sie fragen nach dem optimalen Standort für einen zusätzlichen Einzelbetrieb (Theorie der unternehmerischen Standortwahl) oder nach der optimalen Verteilung aller Standorte innerhalb eines Raumsystems (Standortstrukturtheorien).
   - Räumliche Mobilitätstheorien. Sie befassen sich mit Ursachen und Wirkungen der räumlichen Mobilität von einzelnen Produktionsfaktoren (Arbeitskräfte, Kapital, Wissen) sowie von Gütern und Dienstleistungen.
   - Regionale Wachstums- und Entwicklungstheorien. Ihr Ziel ist es – neben der Erklärung der sozioökonomischen Entwicklung einer einzelnen Region –, für alle Regionen eines Raumsystems die interregionalen Unterschiede im Entwicklungsstand sowie die Dynamik der Regionalstruktur darzustellen und zu erklären.

3. Neuere Theorieansätze, die Veränderungen im Zuge des Wandels zur wissensbasierten Gesellschaft und insbesondere die Bedeutung der räumlichen Entkopplung von Produktionsprozessen zu erklären versuchen, lassen sich in den raumwirtschaftlichen Ansatz integrieren. Derzeit ist dafür eine gebündelte Darstellung im Rahmen eines eigenständigen Theoriekapitels am ehesten geeignet. Da sich die hier relevanten Veränderungen auf ökonomische Motive zurückführen lassen und damit nicht die Funktionsprinzipien ökonomischer Raumsysteme sondern lediglich deren Komplexität beeinflussen, ist auch keine Erweiterung des theoretischen Bezugsrahmens der Wirtschaftsgeographie, z. B. in Richtung der Soziologie, nötig. Zwar ist unbestritten, dass man ökonomische Prozesse als Ausdruck sozialer Handlungen interpretieren kann; dies ist jedoch zum Verständnis der derzeit ablaufenden Veränderungsprozesse nicht notwendig und soll daher im Sinne einer disziplinären Beschränkung auf Kernaspekte des Faches nicht weiter verfolgt werden.

4. Theoretische, empirische und normative Fragestellungen sind auf allen wichtigen lebensräumlichen Größenmaßstäben (z. B. auf globaler, kontinentaler, nationaler, lokaler Ebene) zu behandeln.

Es wird die Auffassung vertreten, dass bei kleinräumigen Analysen die komparativen Vorteile der Geographie gegenüber anderen Disziplinen am größten sind.

Tatsächlich stellt diese Maßstabsebene heute einen Schwerpunkt der anthropogeographischen Forschung dar. Es gehört jedoch zu den Aufgaben der Geographie, auch zu aktuellen raumwissenschaftlichen Problemen im nationalen, kontinentalen und globalen Größenmaßstab Lösungsvorschläge zu erarbeiten (vgl. *E. W. Schamp*, 2011). Schließlich liegt es in der Tradition des Faches, großräumige und weltweite Zusammenhänge aufzuzeigen.

Nicht zuletzt ist darauf hinzuweisen, dass die Lehrpläne der Schule die Erörterung theoretischer und normativer Fragen (z. B. Standorttheorien, Entwicklungstheorien, Globalisierung der Wirtschaft, europäische Integration, Raumpolitik in wachsenden, stagnierenden und schrumpfenden Volkswirtschaften) vorsehen, und dass die potentiellen Arbeitgeber von Bachelor- und Masterabsolventen der Geographie (private Wirtschaft, öffentliche Verwaltung) fundierte theoretische, methodische und planungsrelevante Kenntnisse fordern.

Literatur

Einen Überblick über Lehrmeinungen, Konzeptionen, Aufgabenstellung und Inhalte der Wirtschaftsgeographie vermitteln nachfolgende Lehrbücher und Sammelbände:

Bathelt, H.; Glückler, J., 2003a: Wirtschaftsgeographie. Ökonomische Beziehungen in räumlicher Perspektive. (2. Aufl.). Stuttgart.

Bryson, J.; Henry, N.; Keeble, D.; Martin, R. (Hrsg.), 1999: The Economic Geography Reader. Chichester.

Coe, N. M.; Kelly, P. F.; Yeung H. W. C., 2007: Economic Geography. A Contemporary Introduction. Malden, Oxford, Carlton.

Dicken, P.; Lloyd, P. E., 1999: Standort und Raum. Theoretische Perspektiven in der Wirtschaftsgeographie. Stuttgart.

Haggett, P., 2001: Geography. A Global Synthesis. Harlow.

Kulke, E., 2009: Wirtschaftsgeographie. (4. Aufl.). Paderborn.

2. Standorttheorien

Eine umfassende Theorie der räumlichen Ordnung von Wirtschaft und Gesellschaft wurde bislang noch nicht erstellt. Die vorliegenden Theorien – zum Teil handelt es sich nur um komplexere Hypothesen – lassen sich generalisierend in Standorttheorien, räumliche Mobilitätstheorien sowie räumliche Wachstums- und Entwicklungstheorien differenzieren. Die *Standorttheorien* (Kapitel 2) konzentrieren sich auf die Erklärung der Struktur des Raumes, die räumlichen *Mobilitätstheorien* (Kapitel 3) behandeln Ursachen und Wirkungen räumlicher Interaktionen, während das Schwergewicht der raumbezogenen *Wachstums- und Entwicklungstheorien* (Kapitel 4) in der Erklärung des räumlich differenzierten ökonomischen Wachstums- und gesellschaftlichen Entwicklungsprozesses liegt. Angesichts des Übergangs von der Industrie- zur Wissensgesellschaft und der zunehmenden globalen Vernetzung der Wirtschaft ergibt sich die Notwendigkeit zur Weiterentwicklung dieser klassischen Ansätze. Im Kapitel 5 *Regionale Organisations- und Netzwerktheorien* werden einige dieser neuen Konzepte vorgestellt. Im Sinne eines konsekutiven Argumentationsgangs stellen die Kapitel zwei bis vier somit Theorien vor, die die Bedingungen der Industriegesellschaft widerspiegeln. Diese Theorien vermitteln wesentliche Erkenntnisse der Raumwirtschaftstheorie, ohne die Komplexität der Organisation der Wirtschaft in der Wissensgesellschaft berücksichtigen zu müssen. Diese historisch bedingte und didaktisch willkommene Einschränkung wird in Kapitel fünf aufgegeben.

Die Standorttheorien befassen sich mit einzelwirtschaftlichen und gesamtwirtschaftlichen Lokalisationsproblemen. Die einzelwirtschaftlichen Standorttheorien ermitteln den optimalen Standort für einen zusätzlichen Einzelbetrieb der Landwirtschaft, der Industrie oder des Dienstleistungsgewerbes. Die Fragestellung der betriebswirtschaftlichen Standortbestimmungslehre lautet: Welche Raumstelle wählt der Unternehmer als Standort für seinen Betrieb? Von höherem Erkenntniswert für die Geographie sind jedoch die gesamtwirtschaftlichen Partial- und Totalmodelle. Sie fragen nicht nach dem optimalen Standort eines Einzelbetriebs, sondern letztlich nach der optimalen räumlichen Struktur aller ökonomischen Aktivitäten einer Volkswirtschaft. *J. H. von Thünen* und *W. Christaller* haben für den primären und tertiären Sektor Modelle der optimalen räumlichen Ordnung erstellt[1].

---

[1] Die von *A. Lösch* erstellte Theorie der Marktnetze (*A. Lösch*, 1944) diskutiert ein Modell der optimalen räumlichen Ordnung für den sekundären Sektor. Diese Theorie wurde in früheren Auflagen dieses Lehrbuchs vorgestellt, z. B. *L. Schätzl*, 2003.

2.1 Einzelwirtschaftliche Betrachtung (Theorie der unternehmerischen Standortwahl)

2.1.1 Überblick über das Standortproblem eines Einzelbetriebes

Aus heutiger Sicht – der Perspektive der Wissensgesellschaft – ist der folgende Überblick über das Standortproblem des Einzelbetriebs eine Vereinfachung, da einem Betrieb ein Produkt und ein Standort zugeordnet werden. Für das Verständnis der Theorien in den Kapiteln zwei bis vier ist diese Vereinfachung jedoch angemessen, da sie der Realität der Industriegesellschaft weitgehend entspricht. Das komplexere Problem der Standortwahl in der Wissensgesellschaft wird in Kapitel 5.2 diskutiert.

Die Wahl des optimalen Standorts für einen Einzelbetrieb ist eine unternehmerische Entscheidung, die sich an dem Unternehmensziel zu orientieren hat. In der freien Marktwirtschaft stellt das Gewinnmotiv die wichtigste Antriebskraft des unternehmerischen Handelns dar (vgl. *E. Heinen*, 1962, S. 9-71). Die traditionelle Theorie der Unternehmung unterstellt eine monovariable Zielfunktion: die Gewinnmaximierung. Danach ist es das langfristige Ziel der Unternehmung, den größtmöglichen absoluten Gewinn, d. h. die größtmögliche Differenz zwischen Erlös und Kosten, zu erzielen. In der Realität wird das Unternehmerverhalten nicht ausschließlich vom Gewinnstreben, sondern von weiteren Zielvorstellungen beeinflusst. Als wichtige langfristige unternehmenspolitische Ziele neben dem Gewinnmotiv werden in der betriebswirtschaftlichen Literatur das Streben nach Wachstum (z. B. Umsatzmaximierung, Vergrößerung des Marktanteils) und nach Sicherheit angesehen. Daneben spielen nichtmonetäre Zielvorstellungen, wie das Streben nach Macht, nach Unabhängigkeit, individual-ethisch motivierte Verhaltensweisen sowie subjektive Wertvorstellungen eine Rolle.

Nach der Zielentscheidung trifft die Unternehmung die Entscheidung über die Wahl der Mittel, mit denen das Unternehmensziel optimal realisiert werden kann. Die Mittelentscheidung ist somit eine von der Zielfunktion abhängige Wahlhandlung. Die Unternehmung erreicht den höchsten Wirkungsgrad ihres Mitteleinsatzes, wenn sie ihre Entscheidung am Rationalprinzip orientiert, d. h. das Unternehmensziel ist mit dem geringsten Mitteleinsatz, bzw. mit einem gegebenen Mitteleinsatz ist eine maximale Zielerfüllung zu erreichen. Eine solche Mittelentscheidung, der wegen ihrer langfristigen Wirkung ein besonderes Gewicht zukommt, stellt die Standortwahl dar. Wird Gewinnmaximierung angestrebt, so ist der Standort des Betriebes so zu wählen, dass die Differenz zwischen standortbedingten Erlösen und standortabhängigen Kosten maximiert wird. Neben der Wahl des Standorts muss bei der Betriebsgründung noch eine Reihe anderer Entscheidungen getroffen werden, etwa über das Produktionsprogramm bzw. Handelssortiment, über die Betriebsgröße, über die einzusetzende Technologie. Alle diese Entscheidungen stehen miteinander in Beziehung und sind entsprechend der unternehmenspolitischen Zielsetzung zu koordinieren.

Die Frage nach dem optimalen Standort stellt sich einer Unternehmung auf unterschiedlichen räumlichen Ebenen (vgl. *G. Wöhe; U. Döring*, 2010, S. 268ff.). Sukzessive ist in einer räumlichen Hierarchie von Standortentscheidungen die internationale, interregionale, intraregionale, lokale und innerbetriebliche Standortwahl zu treffen. Im Falle einer Betriebsneugründung oder Verlagerung muss zunächst die Entscheidung getroffen werden, in welchem Land die günstigsten Voraussetzungen für die Ansiedlung bestehen. Diese Entscheidung spielt vor allem für multinationale Gesellschaften eine wichtige Rolle. Danach ist innerhalb der ausgewählten Volkswirtschaft jene Region (z. B. ein Bundesland) und innerhalb der Region jene Gemeinde (z. B. eine Stadt) zu ermitteln, in der das Unternehmensziel optimal realisierbar ist. In einem weiteren Schritt gilt es, innerhalb einer Gemeinde von den verfügbaren Standortalternativen die am meisten geeignete auszuwählen. Schließlich tritt das Standortproblem noch innerhalb eines Betriebs auf. Beispielsweise könnten die einzelnen Betriebsabteilungen so räumlich organisiert werden, dass sich die innerbetrieblichen Transportkosten minimieren.

Als Entscheidungshilfen für die unternehmerische Standortwahl hat die Standortbestimmungslehre der Betriebswirtschaftslehre umfangreiche sektor- und branchenspezifische Kataloge von Standortfaktoren erstellt[2]. Entsprechend den grundlegenden betrieblichen Funktionsbereichen lassen sich die Standortfaktoren systematisieren in Faktoren, die die Leistungserstellung (Inputseite) und Faktoren, die die Leistungsverwertung (Outputseite) beeinflussen. Sie schlagen sich direkt in der Kosten- und Ertragsrechnung eines Unternehmens nieder und stehen im Vordergrund betriebswirtschaftlicher Analysen. Daneben hängt das Betriebsergebnis direkt oder indirekt von einer Reihe weiterer Standortfaktoren ab, die sich nur schwer monetär quantifizieren lassen; hierzu zählen Agglomerationsfaktoren und Infrastruktur. Im Folgenden werden einige wesentliche Einflussgrößen der betrieblichen Standortbestimmung aufgeführt (vgl. *K. Ch. Behrens*, 1971; *D. M. Smith*, 1981; *W. Brücher*, 1982).

1. Leistungserstellung

Die betriebliche Leistungserstellung umfasst die Gewinnung von Rohstoffen (Gewinnungsbetrieb), die Herstellung von Erzeugnissen (Fertigungsbetrieb), die Bearbeitung von Rohstoffen und Fabrikaten (Veredlungsbetrieb) und die Bereitstellung von Diensten (Dienstleistungsbetrieb) (*E. Gutenberg*, 1983, S. 1ff.). Der betriebliche Leistungsprozess erfordert den Einsatz von »betrieblichen Produktionsfaktoren«. Wegen der hier behandelten einzelwirtschaftlichen Problemstellung

---

[2] Vgl. *K. Ch. Behrens* (1971). Einen branchenspezifischen Standortfaktorenkatalog für den Industriesektor erstellten u. a. *A. Schilling* (1968); *F. Schaffer* und *W. Poschwatta* (1984). Mit dem Problem der Quantifizierung der Standortfaktoren befassten sich *W. D. Kraus* (1970); *F.-J. Bade* (1979).

ist es notwendig, die von der Betriebswirtschaftslehre entwickelte Einteilung der Produktionsfaktoren zu übernehmen[3].

Elementarfaktoren
- ausführende Arbeit
- Betriebsmittel (z. B. Grundstücke, Gebäude, Maschinen)
- Werkstoffe (Roh-, Hilfs- und Betriebsstoffe)

Dispositiver Faktor
- Geschäfts- oder Betriebsleitung

Der dispositive Faktor steuert den Einsatz und die Kombination der Elementarfaktoren.

Hinsichtlich der Standortwahl stellen sich die Fragen erstens nach der quantitativen und qualitativen Verfügbarkeit der Produktionsfaktoren und zweitens nach den Faktorkosten. Dabei ist eine Unterscheidung in nichttransportierbare und transportierbare Produktionsfaktoren zweckmäßig. Zunächst gilt es, jene Standorte zu ermitteln, an denen für die betriebliche Leistungserstellung notwendige nichttransportierbare Produktionsfaktoren (z. B. Grundstücke) zur Verfügung stehen, sowie deren räumlich differenzierte Faktorpreise zu erfassen. Fehlen an diesen Standorten transportable Produktionsfaktoren, so ist deren Beschaffungsgebiet abzugrenzen, um Beschaffungszeit und Beschaffungskosten (z. B. Transportkosten) berechnen zu können. Aus diesen Angaben lässt sich dann der »einsatzoptimale« Standort bestimmen.

2. Leistungsverwertung

Als betriebliche Leistungsverwertung wird der Absatz der gewonnenen, hergestellten, bearbeiteten Sachgüter sowie der bereitgestellten Dienste bezeichnet. Gerade in marktwirtschaftlichen Systemen hängt die Realisierung des angestrebten Unternehmensziels neben der Erstellung der Leistung in zunehmendem Maß von deren Verwertung ab.

Absatzgesichtspunkte, wie die räumliche Verteilung der Absatzmengen und die räumlich differenzierten Absatzpreise, sind für die betriebliche Standortwahl von grundlegender Bedeutung, zumal sie neben den Kosten auch die Erlöse beeinflussen. Die Größe des betrieblichen Absatzgebietes beeinflusst Absatzzeit und Absatzkosten (z. B. Transportkosten). Grundsätzlich gilt, dass Betriebe, die den lokalen oder regionalen Markt versorgen (nahbedarfsorientierte Betriebe, z. B. Einzelhandel), bei der Wahl des Standorts in höherem Maße marktabhängig sind

---

[3]   Im Funktionsbereich der Leistungserstellung beschäftigt sich die Betriebswirtschaftslehre mit dem technischen Produktionsprozess und den dafür notwendigen Vorleistungen. Der Gegenstand der Volkswirtschaftslehre ist die Einkommensbildung, d. h. die Wertschöpfung. Das für diese Fragestellung erstellte System der »volkswirtschaftlichen Produktionsfaktoren« unterscheidet Arbeit, Boden, Kapital, deren Kombination beispielsweise vom technischen Wissen abhängt.

als Betriebe, die den nationalen oder internationalen Markt versorgen (fernbedarfsorientierte Betriebe, z. B. Markenartikelhersteller). Bestimmungsgründe für den betrieblichen Absatz (Menge, Preis) sind der Bedarf, die Kaufkraft – die den Bedarf in Nachfrage umwandelt – und die Konkurrenzsituation im Absatzgebiet. Vergleichbar dem einsatzoptimalen Standort lässt sich für den Funktionsbereich der Leistungsverwertung der »absatzoptimale« Standort bestimmen.

3. Agglomerationsfaktoren

Die räumliche Konzentration ökonomischer Aktivitäten kann für einen Betrieb positive oder negative Auswirkungen haben, d. h. es können Agglomerationsvorteile (positive Ersparnisse) oder Agglomerationsnachteile (negative Ersparnisse) entstehen (vgl. *E. v. Böventer*, 1962a, S. 13ff.). *B. G. Ohlin* (1933), *E. M. Hoover* jr. (1937) und *W. Isard* (1956, S. 172 ff.) klassifizieren die Agglomerationswirkungen in interne Ersparnisse (*large scale economies*) und externe Ersparnisse (*localization* – und *urbanization economies*). Positive (oder negative) interne Ersparnisse entstehen als Folge sinkender (oder steigender) Stückkosten bei Kapazitätsausdehnung eines Einzelbetriebs. Sie sind von grundlegender Bedeutung etwa für die Entscheidung, ob eine geplante Ausdehnung der Produktion durch Kapazitätserweiterung im bestehenden Betrieb oder durch die Errichtung eines räumlich getrennten Zweigbetriebs erfolgen soll. Positive externe Ersparnisse entstehen dadurch, dass die Beschaffungs-, Produktions- und Absatzkosten sinken oder sich die Erlössituation verbessert. Dies geschieht im Fall der *Localization Economies* durch das Vorhandensein mehrerer Betriebe derselben Branche und im Fall der *Urbanization Economies* durch die Anwesenheit mehrerer Betriebe verschiedener Branchen an demselben Ort. Lokalisationsvorteile ergeben sich im Zusammenhang mit dem Zugang zu einem größeren Facharbeiterreservoir oder der besseren Versorgung mit spezialisierten Zuliefer- und Reparaturbetrieben, und Urbanisationsvorteile sind mehr generell durch die bessere Ausstattung mit städtischen Einrichtungen oder durch eine intensivere Verflechtung der wirtschaftlichen Aktivitäten gegeben. Grundsätzlich gilt, dass von Agglomerationsvorteilen eine zentralisierende Wirkung ausgeht – positive interne Ersparnisse begünstigen die einzelbetriebliche und positive externe Ersparnisse die gesamtwirtschaftliche Konzentration –, wohingegen Agglomerationsnachteile dezentralisierend wirken. Allerdings konnte das Problem der exakten quantitativen Messung der Agglomerationsfaktoren bislang noch nicht zufriedenstellend gelöst werden. Die Wirkung von Agglomerationsfaktoren ist nicht nur bei einzelwirtschaftlichen Standortentscheidungen zu beachten. Agglomerationsfaktoren sind ein zentraler Begriff der Raumwirtschaftslehre, der bei fast allen Theorien zur Erklärung des räumlichen Differenzierungsprozesses eine Rolle spielt.

4. Infrastruktur

R. Jochimsen und *K. Gustafsson* (1970, Sp. 1318) definieren Infrastruktur als »die Gesamtheit der materiellen, institutionellen und personellen Einrichtungen und

Gegebenheiten, die einer arbeitsteiligen Wirtschaft zur Verfügung stehen und dazu beitragen, dass gleiche Faktorentgelte für gleiche Faktorleistungen (vollständige Integration) bei zweckmäßiger Allokation der Ressourcen (höchstmögliches Niveau der Wirtschaftstätigkeit) gezahlt werden«. Dieser Infrastrukturbegriff umschließt nachfolgende, für Wachstum, Integration und Versorgung einer Volkswirtschaft notwendige Basisfunktionen:

- im Bereich der materiellen Infrastruktur: Energie- und Wasserversorgung, Abwasserbeseitigung, Verkehrs-, Kommunikations-, Bildungs-, Forschungs-, Gesundheits- und Fürsorgewesen, Verwaltung, Wohnungsbau, Freizeiteinrichtungen, usw.
- im Bereich der institutionellen Infrastruktur: Rechts-, Finanz-, Zoll- und Steuersystem usw.
- im Bereich der personellen Infrastruktur: quantitatives und qualitatives Bevölkerungspotential, z. B. Bevölkerungsstruktur, unternehmerische und handwerkliche Fähigkeiten.

Diese umfassende Begriffsbestimmung stellt den Versuch dar, die unterschiedlichen Definitionsansätze in der Literatur zu integrieren. Was die Standortwahl anbetrifft, lässt sich die Infrastruktur als residualer Standortfaktor interpretieren. In dieser Residualgröße sind wesentliche, in den bisherigen Ausführungen noch nicht behandelte Einflussgrößen unternehmerischer Standortentscheidungen enthalten. Zur Ermittlung des optimalen Betriebsstandortes ist eine Analyse der quantitativen und qualitativen Verteilung der materiellen, institutionellen und personellen Infrastruktur im Raum notwendig. Beispielsweise sind im Bereich des Verkehrswesens für die alternativen Standorte ihre Lage im intraregionalen und interregionalen Verkehrsnetz, die verfügbaren Transportmittel und deren Frachtraten, im Bereich des Steuerwesens das innerstaatliche und zwischenstaatliche Steuergefälle zu berücksichtigen.

Aus den bisher behandelten Standortfaktoren lässt sich, gegebenenfalls unter Verwendung von Optimierungsverfahren, der optimale Betriebsstandort ermitteln, das ist jener Ort, der die bestmögliche Realisierung des Unternehmensziels gewährleistet. Betriebswirtschaftliche Analysen konzentrieren sich in aller Regel auf solche Standortfaktoren, die quantifizierbar sind, sich direkt in der Kosten- und Ertragsrechnung niederschlagen oder die für die Standortentscheidung von besonderem Gewicht sind. Die Betriebswirtschaftslehre verwendet für letzteren Tatbestand den Begriff Standortorientierung. *G. Wöhe* und *U. Döring* (2010, S. 270 ff.) unterscheiden Material-, Arbeits-, Abgaben-, Verkehrs-, Energie-, Umwelt- und Absatzorientierung[4]. Faktoren von nur sekundärer Bedeutung werden viel-

---

[4] Welchem dieser Standortfaktoren die größte Bedeutung zukommt, hängt u. a. von betriebs- und branchenspezifischen Gegebenheiten ab. Bei Betrieben, die Massengüter arbeitsintensiv herstellen, gelten als wichtigste Determinanten der Standortbestimmung die Verfügbarkeit von Arbeitskräften und die Arbeitskosten. Hingegen bestimmt bei sog. High-Tech Betrieben ein komplexes Bündel von schwer quantifizierbaren Faktoren die Standortentscheidung. Empiri-

fach vernachlässigt, zumal sie in Konkurrenz zueinander stehen können und sich dann positive und negative Effekte aufheben (z. B. kann an einem peripheren Standort der Vorteil aus staatlichen Steuerprivilegien durch eine ungünstige Verkehrslage aufgehoben werden). Die Verfahren zur Bestimmung des optimalen Betriebsstandorts gehen von der Annahme aus, dass Standortentscheidungen nach objektiven, rationalen Kriterien getroffen werden (vgl. *J. Bloech*, 1970). Untersuchungen der Sozialpsychologie, der angelsächsischen *Behavior Geography* und der sozialgeographischen Perzeptionsforschung lassen den Schluss zu, dass die unternehmerische Standortwahl durch subjektive Wertvorstellungen der Entscheidungsträger mit beeinflusst wird (vgl. *R. Bergeler*, 1966; *H. Monheim*, 1972; *M. E. Eliot Hurst*, 1974; *G. Schmölders*, 1978; *F.-J. Bade*, 1979). Bereits bei der Auswahl und Bewertung der Standortfaktoren spielen subjektive Vorstellungsbilder eine Rolle. Daneben haben subjektive Vorstellungen über einen Ort (Sympathien, Aversionen) Auswirkungen auf die Standortentscheidung und können als eigenständiger Standortfaktor angesehen werden. In welchem Umfang Emotionen und Vorurteile das Verhalten von Unternehmern und Managern auch der Großbetriebe beeinflussen, ist in der Literatur noch umstritten[5].

2.1.2 Industriestandorttheorie Alfred Webers

Nach diesem allgemeinen Überblick über das Standortproblem wird an Hand eines Beispiels die Theoriebildung veranschaulicht. Nach ersten Ansätzen von *W. Roscher* (1865), *A. Schäffle* (1867) und *W. Launhardt* (1882) gelang *Alfred Weber* in seinem 1909 erschienenen Werk »Über den Standort der Industrie« die erste systematische Darstellung einer Industriestandorttheorie. In der auf deduktivem Weg erarbeiteten Theorie behandelt er die Standortfrage unter dem betriebswirtschaftlichen Aspekt des optimalen Standorts für einen industriellen Einzelbetrieb.

Die Industriestandorttheorie *A. Webers* bedient sich der Methode der isolierten Abstraktion (vgl. *H. U. Meyer-Lindemann*, 1951, S. 47ff.; *R. S. Thoman* et al., 1968, S. 187ff.). Die wichtigsten vereinfachenden Annahmen sind:
- Die Standorte der Rohmaterialien sind bekannt und gegeben.
- Die räumliche Verteilung des Konsums ist bekannt und gegeben.

---

sche Untersuchungen ermittelten als wichtigste Standortfaktoren technologieintensiver Betriebe das intraregionale Gründerpotential, die Verfügbarkeit hochqualifizierter Arbeitskräfte (Wissenschaftler, Techniker), die Existenz leistungsfähiger Forschungs- und Bildungseinrichtungen (insbesondere von naturwissenschaftlich-technischen Disziplinen), die Lebens- und Umweltqualität, die Marktnähe sowie die Qualität der intraregionalen, interregionalen und internationalen Verkehrs- und Kommunikationsinfrastruktur (z. B. Schnellbahnen, internationale Flughäfen; vgl. *R. Sternberg*, 1998, S. 62 ff.).

[5]   Eine der zentralen Erweiterungen der regionalen Organisations- und Netzwerktheorien besteht in der Betrachtung zusätzlicher Motive der Standortwahl und deren Bewertung (vgl. Kapitel 5).

- Das Transportsystem ist einheitlich, die Transportkosten sind eine Funktion von Gewicht und Entfernung.
- Die räumliche Verteilung der Arbeitskräfte ist bekannt und gegeben, die Arbeitskräfte sind immobil, die Lohnhöhe ist konstant, aber räumlich differenziert, bei einer gegebenen Lohnhöhe sind die Arbeitskräfte unbegrenzt verfügbar.
- Die Homogenität des wirtschaftlichen, politischen und kulturellen Systems wird unterstellt.

Ausgehend von diesen Annahmen und einer Reihe weiterer sekundärer Restriktionen beeinflussen drei Standortfaktoren, die Transportkosten, die Arbeitskosten und die Agglomerationswirkungen, die industrielle Standortwahl. Die Standortfaktoren werden als Kostenvorteile definiert. In drei sukzessiven Schritten ermittelt *A. Weber* zunächst den Standort minimaler Transportkosten und untersucht dann »Deviationen« von diesem Transportkostenminimalpunkt aufgrund der Einflussgrößen Arbeitskosten und Agglomerationsvorteile.

Im System von *A. Weber* nehmen die Transportkosten bei der industriellen Standortbestimmung eine zentrale Stellung ein. Da, aufgrund der gesetzten Prämissen, die Transportkosten ausschließlich vom Gewicht des bei der Produktion eingesetzten Materials bzw. der erstellten Fertigerzeugnisse sowie der räumlichen Verteilung von Material und Konsum abhängen, reduziert sich die Fragestellung auf die Berechnung des »tonnenkilometrischen Minimalpunkts«, d. h. des Standorts mit der niedrigsten Transportkostenbelastung. Das im Produktionsprozess eingesetzte Material lässt sich klassifizieren in:

1. »Lokalisiertes« Material. Die Gewinnung ist an bestimmte Fundorte gebunden. Dieses lokalisierte Material unterteilt sich in:
   – »Reingewichtsmaterial«, das mit dem ganzen Gewicht in das Fertigerzeugnis eingeht, z. B. Mineralwasser, und
   – »Gewichtsverlustmaterial«, das gewichtsmäßig entweder nicht in das Fertigerzeugnis eingeht (»Totalgewichtsverlustmaterial«, z. B. die Energieträger Kohle, Heizöl, Gas) oder nur zum Teil im Fertigerzeugnis enthalten ist (»Teilgewichtsverlustmaterial«, z. B. Erze).
2. »Ubiquitäten«. Ihre Gewinnung ist an keine bestimmten Fundorte gebunden, da sie an jedem Standort verfügbar sind.

A. Weber bezeichnet den Quotienten aus den Gewichten der lokalisierten Materialien und der Fertigerzeugnisse als »Materialindex«, die Summe aus den Gewichten der lokalisierten Materialien und der Fertigerzeugnisse als »Standortgewicht« und nimmt an, dass die Fundorte der Materialien und die Konsumorte an Eckpunkten von geometrischen Standortfiguren (Standortdreiecke, Standortpolygone) liegen[6].

---

[6]   Materialindex = GM_L / GM_F;
Standortgewicht = $GM_L + GM_F$
wobei: GM_L = Gewicht der lokalisierten Materialien
GM_F = Gewicht der Fertigerzeugnisse

An Hand eines Beispiels wird im Folgenden der tonnenkilometrische Minimalpunkt (P) berechnet, das ist also jener Punkt, an dem die Transportkosten der eingesetzten Materialien zum industriellen Produktionsbetrieb und der Fertigerzeugnisse zum Konsumort minimiert werden. Gehen wir von dem einfachen Fall aus, dass der Industriebetrieb nur zwei Materialien (M_1, M_2) einsetzt und das Fertigerzeugnis nur an einem Konsumort (K) absetzt, so ergeben sich, abhängig von der Art der eingesetzten Materialien, nachfolgende Betriebsstandorte:

Fall 1   Material 1 = Ubiquität
       Material 2 = Ubiquität
       Materialindex = 0
       Optimaler Produktionsort = Konsumort

Werden nur Ubiquitäten eingesetzt, so findet die Produktion am Konsumort statt, da nur dort keine Transportkosten entstehen. Die Standortfigur schrumpft zu einem Punkt zusammen.

Fall 2   Material 1 = Reingewichtsmaterial
       Material 2 = Ubiquität
       a) Gehen die Ubiquitäten gewichtsmäßig nicht in das Fertigerzeugnis ein, errechnet sich ein Materialindex von 1. Da beim Produktionsprozess keine Gewichtsveränderung eintritt, kann die Verarbeitung, bei gleichen Transportkosten, am Konsumort, am Fundort des Reingewichtsmaterials oder an jedem Punkt zwischen diesen beiden Standorten stattfinden. Die Standortfigur schrumpft zu einer Linie M_1K zusammen.
       b) Gehen die Ubiquitäten teilweise oder ganz in das Fertigerzeugnis ein, errechnet sich ein Materialindex, der größer 0 und kleiner 1 ist. Der Transportkostenminimalpunkt ist der Konsumort, da nur dort für die im Fertigerzeugnis enthaltenen Ubiquitäten keine Transportkosten zum Konsumort auftreten. Wie im Fall 1 ergibt sich eine punktuelle Standortfigur.

Fall 3   Material 1 = Reingewichtsmaterial
       Material 2 = Reingewichtsmaterial
       Materialindex= 1
       Optimaler Produktionsort = Konsumort

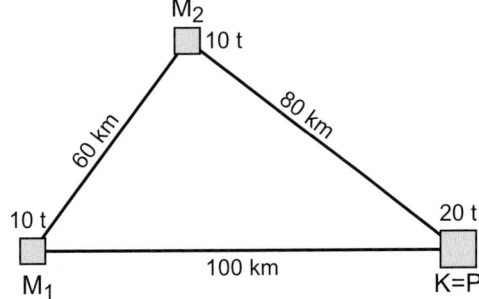

Abbildung 2.1: Transportkostenminimalpunkt bei zwei Reingewichtsmaterialien (Eigene Darstellung)

Der Transportkostenminimalpunkt liegt im Konsumort; es ist transportkostengünstiger, M_1 und M_2 nach K zu transportieren und dort zu verarbeiten, als M_2 nach M_1 (bzw. M_1 nach M_2) zu transportieren und nach der Produktion in M_1 (bzw. M_2) das Fertigerzeugnis zum Konsumort zu befördern. Unter Verwendung der in Abb. 2.1 eingesetzten Werte errechnen sich nachfolgende Transportkosten (in Tonnenkilometer) für die alternativen Produktionsorte K, M_1 und M_2,

wenn P = K;
(10 t x 100 km) + (10 t x 80 km) = 1 800 tkm
wenn P = M_1;
(10 t x 60 km) + (20 t x 100 km) = 2 600 tkm
wenn P = M_2;
(10 t x 60 km) + (20 t x 80 km) = 2 200 tkm

Fall 4   Material 1 = Ubiquität
Material 2 = Gewichtsverlustmaterial

a) Gehen die Ubiquitäten gewichtsmäßig nicht in das Fertigerzeugnis ein, errechnet sich ein Materialindex von größer 1. Der optimale Produktionsort ist der Fundort des Gewichtsverlustmaterials. Nur an diesem Ort treten keine Transportkosten für das bei der Produktion verlorengehende Materialgewicht auf.

b) Gehen die Ubiquitäten teilweise oder ganz in das Fertigerzeugnis ein, so hängt die Wahl des Produktionsortes davon ab, ob das Gewicht der in das Fertigerzeugnis eingehenden Ubiquitäten größer oder kleiner ist als das Gewicht des bei der Produktion verlorengehenden Materials. Im ersten Fall ist der Materialindex kleiner 1, der Transportkostenminimalpunkt liegt im Konsumort. Im zweiten Fall ist der Materialindex größer 1, der Transportkostenminimalpunkt liegt im Materialfundort. Entsprechen die Gewichte der im Fertigprodukt enthaltenen Ubiquitäten und des Materialverlusts einander, ist der Materialindex 1; die Transportkosten sind an allen Punkten entlang der Linie KM_2 gleich hoch.

Fall 5   Material 1 = Gewichtsverlustmaterial
Material 2 = Gewichtsverlustmaterial
Handelt es sich bei den zwei in der Produktion eingesetzten Rohstoffen um Gewichtsverlustmaterialien, errechnet sich ein Materialindex, der größer 1 ist. Der transportkostenoptimale Standort des Industriebetriebs lässt sich geometrisch (Kräfteparallelogramm) oder mechanisch (mittels des Varignon'schen Apparates) ermitteln[7]. Gewichtsverlustmaterialien ziehen den optimalen Produktionsort an den Materialfundort. Erreicht oder über-

---

[7]   Eine Beschreibung beider Berechnungsverfahren findet sich bei G. *Pick* (1922, S. 225 ff.). Bei komplexeren Fragestellungen (z. B. bei Standortpolygonen) bietet sich eine Lösung mit Hilfe von Computerprogrammen an (vgl. *H. W. Kuhn* und *R. E. Kuenne*, 1962, S. 21-33; *L. Cooper*, 1968, S. 181-197).

steigt das Gewicht eines Materials die Summe der Gewichte des anderen Materials und des Fertigerzeugnisses, so findet die Verarbeitung an seinem Fundort statt.

Es gilt dann:

$M_2 = P$ wenn $M_2 \geq M_1$ + Fertigerzeugnis bzw.

$M_1 = P$ wenn $M_1 \geq M_2$ + Fertigerzeugnis

Ist diese Bedingung nicht erfüllt, befindet sich der Transportkostenminimalpunkt (P) zwischen den Materialorten und dem Konsumort. Die Lage hängt von der Proportion der einzelnen Gewichtskomponenten zueinander ab. Im dargestellten Beispiel (Abb. 2.2) beträgt der Gewichtsverlust der beiden gleichschweren Materialien jeweils 50 %.

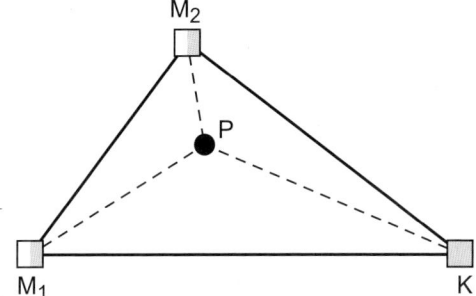

Abbildung 2.2: Transportkostenminimalpunkt bei zwei Gewichtsverlustmaterialien (Eigene Darstellung)

Werden ein Gewichtsverlustmaterial und ein Reinmaterial eingesetzt, ergeben sich vergleichbare Standortkonsequenzen; die Tendenz zu den Materialfundorten ist allerdings abgeschwächt. Werden ausschließlich Transportkosten als Standortfaktor berücksichtigt, so zeigt sich die Tendenz, dass bei hohem Materialindex die industrielle Standortwahl materialorientiert und bei niedrigem Materialindex konsumorientiert ist.

Nach der Bestimmung des transportkostengünstigsten Standorts (tonnenkilometrischer Minimalpunkt) untersucht *A. Weber* den Einfluss des Standortfaktors Arbeitskosten auf die industrielle Standortwahl. In den eingangs behandelten Prämissen wurde auf die Möglichkeit räumlich differenzierter Lohnhöhen hingewiesen. Eine Verlegung des Industriestandorts vom Transportkostenminimalpunkt zu einem Standort mit niedrigeren Arbeitskosten wird dann durchgeführt, wenn die Arbeitskostenersparnis den erhöhten Transportkostenaufwand übersteigt. In Abb. 2.3 wird die Beziehung zwischen Transportkosten und Arbeitskosten graphisch dargestellt.

Ausgangspunkt ist die in Abb. 2.2 beschriebene Standortfigur; der Gewichtsverlust der beiden gleichschweren Materialien beträgt jeweils 50 %. Die Transportkosten für Materialien und Fertigerzeugnis werden durch Kreise um die Materialfundorte (M_1,

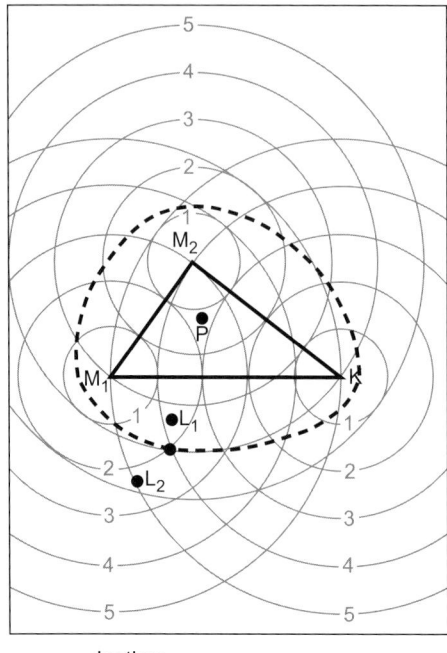

——— Isotime
- - - - kritische Isodapane

Abbildung 2.3: Einfluss der Arbeitskosten auf die industrielle Standortwahl
(Eigene Darstellung)

M_2) und den Konsumort (K) dargestellt. Diese Kreise werden als »Isotimen« bezeichnet, das sind also Linien
gleicher Transportkosten der einzelnen Produkte (Materialien, Fertigerzeugnis). Im tonnenkilometrischen
Minimalpunkt P betragen – im gewählten Beispiel – die Transportkosten der Materialien M_1 und M_2 zum
Verarbeitungsort (P) und des Fertigerzeugnisses zum Konsumort (K) knapp
sieben Kosteneinheiten (ausgedrückt
z. B. in €). Wir gehen nun von der Annahme aus, dass an den Standorten L_1
und L_2 die Arbeitskosten um drei
Kosteneinheiten niedriger sind als am
tonnenkilometrischen Minimalpunkt
P. L_1 bzw. L_2 kommen nur dann als
Industriestandort in Betracht, wenn
niedrigere Gesamtkosten als am Standort P auftreten. Es gilt also jene »Isodapane«,
d. h. Linie gleicher Transportkosten aller Produkte (Materialien, Fertigerzeugnis) zu
ermitteln, entlang der die Arbeitskostenersparnis den Transportkostenmehraufwand
gerade ausgleicht. In dem hier beschriebenen Beispiel ist das auf der in Abb. 2.3 dargestellten Isodapane (die 10 Kosteneinheiten repräsentiert) der Fall. Im Punkt I beispielsweise betragen die Transportkosten der Materialien M_1 und M_2 nach I und des
Fertigerzeugnisses zum Konsumort K gerade 10 Kosteneinheiten[8]. L_1 liegt innerhalb
dieser »kritischen Isodapane«. Der Industriestandort wird nicht am tonnenkilometrischen Minimalpunkt P angesiedelt, sondern am Standort L_1, da dort die Arbeitskostenersparnis größer ist als der Transportkostenmehraufwand. Der Standort L_2 liegt
außerhalb der kritischen Isodapane, er weist höhere Gesamtkosten auf und scheidet
als Industriestandort aus.

   A. *Weber* weist auf branchenspezifische Unterschiede in der Bedeutung der Arbeitskosten für die industrielle Standortwahl hin. Die Ablenkbarkeit eines Indus-

---

[8]   Im Punkt I schneiden sich drei Isotimen, die folgende Transportkosten aufweisen: 2 € (M_1 →
       I), 4 € (M_2 → I) und 4 € (I → K).

triebetriebes vom Transportkostenminimalpunkt zu einem Standort niedriger Arbeitskosten wächst mit steigendem »Arbeitskoeffizienten«[9].

Neben den Arbeitskosten können im System Webers auch Agglomerationsfaktoren eine Abweichung des industriellen Standorts vom tonnenkilometrischen Minimalpunkt bewirken[10].

In Abb. 2.4 sind für vier Industriebetriebe deren jeweilige Transportkostenminimalpunkte (P_A, P_B, P_C, P_D) eingezeichnet. Durch die Einbeziehung mehrerer räumlich gestreuter Betriebe wird die restriktive Annahme der isolierten Produktion eines Betriebs gelockert. Wir gehen von der Annahme aus, dass durch die räumliche Konzentration mehrerer Betriebe an einem Standort Agglomerationsvorteile entstehen. Die Kreise stellen für die vier Betriebe deren kritische Isodapanen dar, auf der die Kosteneinsparung, die sich aufgrund der Agglomeration ergibt, gerade den erhöhten Transportkostenaufwand kompensiert. Die Standorte der Industriebetriebe A, B und C werden in jenem Gebiet gewählt, in dem die drei sich überschneidenden kritischen Isodapanen ein gemeinsames Segment bilden (Agglomerationsraum); der Agglomerationsvorteil ist größer als der Transportkostennachteil. Für D scheidet eine Betriebsverlagerung in den Agglomerationsraum aus, da die Kostenersparnis durch die Agglomeration geringer wäre als der notwendige Mehraufwand an Transportkosten. Treten für Industriebetriebe im Falle einer gemeinsamen Ansiedlung an einem Standort Kostennachteile auf, so können diese Agglomerationsnachteile auch zu einer räumlichen Streuung führen.

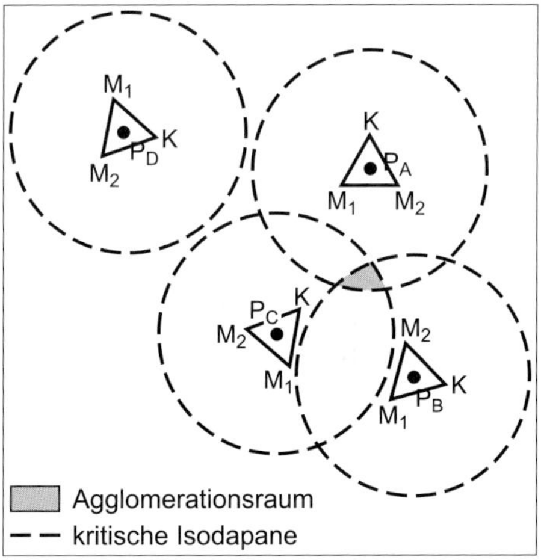

Abbildung 2.4: Einfluss von Agglomerationsvorteilen auf die individuelle Standortwahl (Eigene Darstellung)

Agglomerationsraum
– – kritische Isodapane

---

9   Als Arbeitskoeffizient definiert *A. Weber* die Relation zwischen Arbeitskostenindex (durchschnittliche Arbeitskosten, die aufzuwenden sind, um eine Gewichtseinheit des Fertigerzeugnisses zu produzieren) und Standortgewicht (Gewicht der lokalisierten Materialien plus Gewicht der Fertigerzeugnisse).

10 *A. Weber* unterscheidet Agglomerativ- und Deglomerativfaktoren; diese entsprechen in etwa den unter 2.1.1 beschriebenen positiven (negativen) internen Ersparnissen und den Lokalisationsvorteilen (-nachteilen).

Der theoretische Ansatz von *A. Weber* wurde in der regionalwissenschaftlichen Literatur einer eingehenden Analyse und Kritik unterzogen. Die kritische Auseinandersetzung bezieht sich vor allem auf die restriktiven Annahmen bei der Behandlung der drei Standortfaktoren (Transportkosten, Arbeitskosten, Agglomerationsvorteile) sowie auf die Vernachlässigung wichtiger zusätzlicher Determinanten der industriellen Standortwahl. Die Annahmen *A. Webers* entsprechen zum Teil nicht der Realität, eine Aussage, die auf alle deduktiven Theorien zutrifft. So sind die Transportkosten nicht ausschließlich eine Funktion von Gewicht und Entfernung; in der Praxis können die Frachttarife mit zunehmender Entfernung degressiv abnehmen und auch hinsichtlich der Art der zu befördernden Güter (Massengüter, Stückgüter) Unterschiede aufweisen. Auch die Annahme unbegrenzter Verfügbarkeit von Arbeitskräften ist zumindest in Volkswirtschaften mit Vollbeschäftigung wirklichkeitsfremd. Gerade bei nicht standortgebundenen Industriebetrieben beeinflusst das quantitative und qualitative Arbeitskräftepotential in zunehmendem Maß die unternehmerische Standortentscheidung. Schließlich wird infolge der Vernachlässigung der *Urbanization Economies* die konzentrationsfördernde Wirkung der Agglomerationsvorteile unterschätzt. Von grundsätzlicherer Natur ist der Einwand, dass die Theorie *A. Webers* wegen ihrer unzureichenden Einbindung in die allgemeine Wirtschaftstheorie keine wirtschaftliche, sondern nur eine technische Standortbestimmung gibt (vgl. *H. U. Meyer-Lindemann*, 1951, S. 55 ff.; *W. Meyer*, 1960, S. 22ff.). Durch die Annahme konstanter Faktorpreise, Güterpreise, Produktionstechnik und Nachfrage bleiben wichtige ökonomische Einflussgrößen unternehmerischer Standortwahl unberücksichtigt und begrenzen den Erklärungswert der Theorie. Infolge der Vernachlässigung der Leistungsverwertung (Absatz, Konkurrenz) wird nicht der gewinnmaximale Standort als optimaler Betriebsort definiert, sondern die Fragestellung wird auf den kostenminimalen Ort der industriellen Produktion reduziert.

Bei der Bewertung dieser kritischen Einwände ist zu berücksichtigen, dass *A. Weber* sein Buch als Ausgangspunkt für die Erstellung einer umfassenden Industriestandorttheorie verstand. *D. M. Smith* (1981, S. 75) hebt den hohen innovatorischen Wert für empirische Untersuchungen und die theoretische Weiterentwicklung hervor. Eine Reihe von empirischen Untersuchungen verwendete den theoretischen Ansatz von *A. Weber*, um für materialorientierte, transportkostenintensive Industriezweige (z. B. die Eisen- und Stahlindustrie) deren Standortwahl zu erklären (vgl. *O. Lindberg*, 1952, S. 28-40; *R. A. Kennelly*, 1968, S. 126-157; *P. Craig*, 1957, S. 249-265; *G. Törnqvist*, 1962). Und das von *A. Weber* entwickelte methodologische und terminologische Instrumentarium fand Eingang sowohl in neuere Theorien der unternehmerischen Standortwahl als auch in Strukturmodelle der Raumwirtschaftstheorie.

2.1.3 Weiterentwicklung der Industriestandorttheorie

D. M. Smith versucht, den theoretischen Ansatz von *A. Weber* weiterzuentwickeln mit dem Ziel einer verbesserten Anwendbarkeit bei der Lösung industrie-

geographischer Fragestellungen. Er betont die Bedeutung der Industriestandorttheorie *A. Webers* für die Geographie, da dieser standorttheoretische Ansatz
explizit Unterschiede in der räumlichen Verteilung der Produktionsfaktoren berücksichtigt. Es ist das erklärte Ziel der Arbeiten von *D. M. Smith*, durch Modi-
fikation und Erweiterung der Theorie *A. Webers*, den Erklärungswert für die
empirische Forschung in der Geographie zu erhöhen (*D. M. Smith*, 1966, S. 95 bis
113; 1981, S. 149-230).

D. M. Smith entwickelt zunächst ein sehr einfaches Modell zur Bestimmung
des optimalen Standorts eines Einzelbetriebs. In Erweiterung zu *A. Weber* werden
neben den räumlichen Unterschieden der Kosten auch räumliche Unterschiede
der Erlöse berücksichtigt. Vereinfachend wird unter anderem davon ausgegangen,
dass Kosten und Preise für den Einzelbetrieb ein Datum sind. Der Unternehmer
besitzt keine Möglichkeit, Kosten und Preise zu beeinflussen, etwa durch die
Nutzung interner Ersparnisse – als
Folge einer Kapazitätserweiterung –,
durch technischen Fortschritt, durch
Veränderung der Kombination der
Produktionsfaktoren oder der Unternehmerleistung.

In Abb. 2.5 werden der kostenmini-
male (P_K), der erlösmaximale (P_E) und
der gewinnoptimale Produktionsstandort (P_O) dargestellt. In Abb. 2.5 (a)
sind die Erlöse konstant und die Kosten variabel, gemäß den von Standort
zu Standort unterschiedlichen Kosten
für die Beschaffung der zur Produktion notwendigen Faktoren und für die
Distribution der Fertigprodukte zum
Markt. Abb. 2.5 (b) zeigt die umgekehrte Situation, die Kosten werden
konstant gehalten und die Erlöse sind
variabel, entsprechend der räumlichen
Variation der Nachfrage. Abb. 2.5 (c)
schließlich geht von der realistischen
Annahme räumlich variabler Kosten
und Erlöse aus.

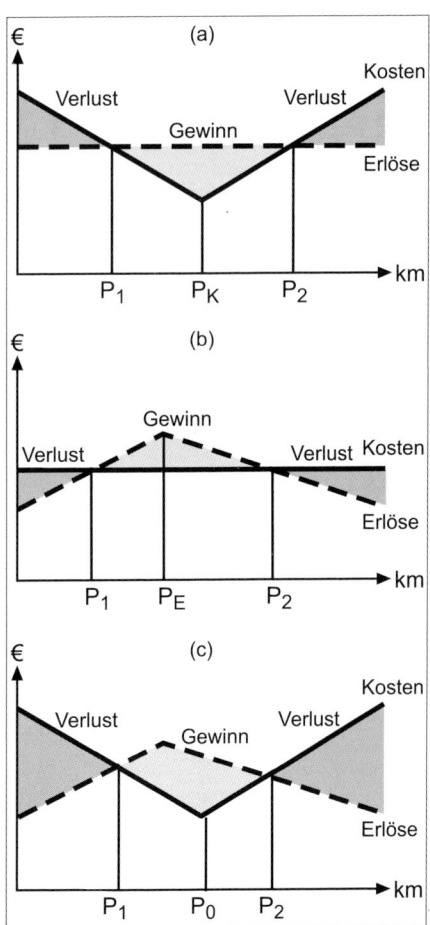

Abbildung 2.5: Optimaler Produktions-
standort und räumliche Gewinnzone
(Eigene Darstellung; Entwurf nach *D. M.
Smith* (1981, S. 113)

P_O ist der gewinnoptimale Produktionsstandort, da die Differenz zwischen Kosten und Erlösen hier am größten ist. P_1 und P_2 stellen die Standorte der Grenzproduzenten dar, deren Erlöse gleich den Kosten sind. Zwischen P_1 und P_2 liegt die Gewinnzone. Innerhalb dieser Grenzen kann ein Unternehmer, dessen primäres Ziel nicht Gewinnmaximierung ist, jeden beliebigen Produktionsstandort wählen. Links von P_1 und rechts von P_2 liegt die Verlustzone, in der die Kosten die Erlöse übersteigen. Je steiler (flacher) die Kosten- und/oder Erlöskurve verläuft, desto lokalisierter (disperser) ist die industrielle Standortverteilung.

D. M. Smith erstellt ein zweites Standortmodell, das allerdings nur räumlich variable Kosten berücksichtigt. Es wird zunächst versucht, mit Hilfe des von *A. Weber* entwickelten Instrumentariums eine räumliche Gesamtkostenkurve abzuleiten sowie als nächsten Schritt einige der restriktiven Modellannahmen aufzuheben, um eine Annäherung des Modells an die Realität zu erreichen.

Um die Auswirkungen der räumlichen Kostenvariationen auf die Standortentscheidung erklären zu können, werden in Abb. 2.6 die Gesamtkosten in Grundkosten (*basic cost*) und Lagekosten (*locational cost*) unterteilt. Grundkosten werden als Minimumkosten der eingesetzten Inputeinheiten definiert, so wie sie am billigsten Bezugsort bestehen. Lagekosten sind zusätzliche Kosten, die bei der Distanzüberwindung der Inputeinheiten von dem billigsten Bezugsort zum Produktionsstandort entstehen.

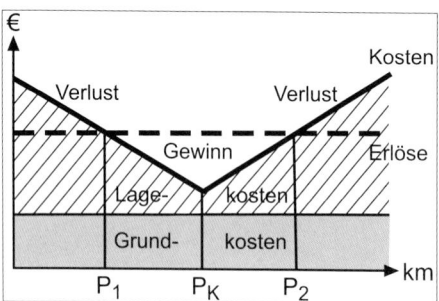

Abbildung 2.6: Die Unterscheidung in Grundkosten und Lagekosten (Eigene Darstellung; Entwurf nach *D. M. Smith* (1981, S. 100)

Das im Folgenden behandelte variable Kostenmodell von *D. M. Smith* geht von einer Reihe allgemeiner Restriktionen aus:
* alle Produzenten streben nach Gewinn, allerdings nicht notwendigerweise nach Gewinnmaximierung,
* alle Produzenten haben freien Zugang zum Markt,
* die Standorte der Produktionsfaktoren sind bekannt und gegeben; die Produktionsfaktoren sind mobil und zu gegebenen Kosten unbegrenzt verfügbar,
* die Nachfragebedingungen sind räumlich konstant,
* Veränderungen der Preise und Kosten sind ausgeschlossen.

Als weitere Vereinfachungen – die in das Grundmodell eingehen, später jedoch aufgehoben werden – werden angenommen, dass alle Unternehmer gleiche Fähigkeiten besitzen und dass keine staatlichen Subventionen, keine internen und externen Ersparnisse, keine persönlichen Standortpräferenzen oder Möglichkeiten der Faktorsubstitution bestehen.

$$GK_j = \sum_{i=1}^{n} Q_i \, (BK_i + LK_i \, d_{ij})$$

wobei:

GK	= Gesamtkosten
Q $(1, \ldots, i, \ldots, n)$	= Mengen der eingesetzten Inputeinheiten
BK $(1, \ldots, i, \ldots, n)$	= Grundkosten einer Mengeneinheit des eingesetzten Inputs
LK $(1, \ldots, i, \ldots, n)$	= Lagekosten einer Mengeneinheit des eingesetzten Inputs und einer Distanzeinheit vom jeweils billigsten Bezugsort
I $(1, \ldots, i, \ldots, n)$	= Standorte der Inputeinheiten am billigsten Bezugsort
J $(1, \ldots, j, \ldots, m)$	= mögliche Produktionsstandorte
d_{ij}	= Entfernung zwischen dem Standort der Inputeinheit i und dem Produktionsstandort j.

In Abb. 2.7 (a) wird der gesamtkostenminimale Produktionsstandort (P_K) graphisch ermittelt. Angenommen, ein Betrieb stellt ein Gut her und er benötigt ein Rohmaterial, elektrische Energie, Arbeitskräfte, Boden und ein Absatzzentrum zur Versorgung der räumlich gestreuten Abnehmer. Der billigste Bezugsort für das Rohmaterial sei M_1, für die elektrische Energie M_2 und für die Arbeitskräfte L. Die Grundkosten dieser Inputeinheiten sind in Abb. 2.7 (a) eingetragen. Die Kosten für die Bereitstellung des Produktionsfaktors Boden und für die Absatzleistung sollen an allen Standorten gleich sein. Zusätzlich zu den Grundkosten sind in der Standortkarte die Lagekosten berücksichtigt, die entstehen, um das Rohmaterial, die elektrische Energie und die Arbeitskräfte vom billigsten Bezugsort zu anderen potentiellen Produktionsstandorten zu bringen. Die konzentrischen Kreise um M_1, M_2 und L stellen Isolinien der Grund- und Lagekosten für Rohmaterial bzw. elektrische Energie bzw. Arbeitskräfte dar, die mit zunehmender Entfernung vom billigsten Bezugsort ansteigen. Die Gesamtkosten an unterschiedlichen Punkten der Standortkarte sind einfach zu berechnen, indem die Kosten an den Schnittpunkten der Isolinien der drei räumlich variablen Inputeinheiten addiert werden mit den Kosten der zwei ubiquitären Inputeinheiten. Entsprechend der Ableitung der »Isodapane« in Kapitel 2.1.2 können die Punkte gleicher Gesamtkosten zu Isolinien verbunden werden, und es lässt sich der gesamtkostenminimale Produktionsstandort (P_K) bestimmen. Ein Querschnitt durch die Isolinienkarte entlang der Linie AB ergibt die in Abb. 2.7 (b) dargestellte räumliche Kostenkurve. In Verbindung mit der Erlösgeraden lässt sich auch die Gewinnzone $P_1 P_2$ abgrenzen.

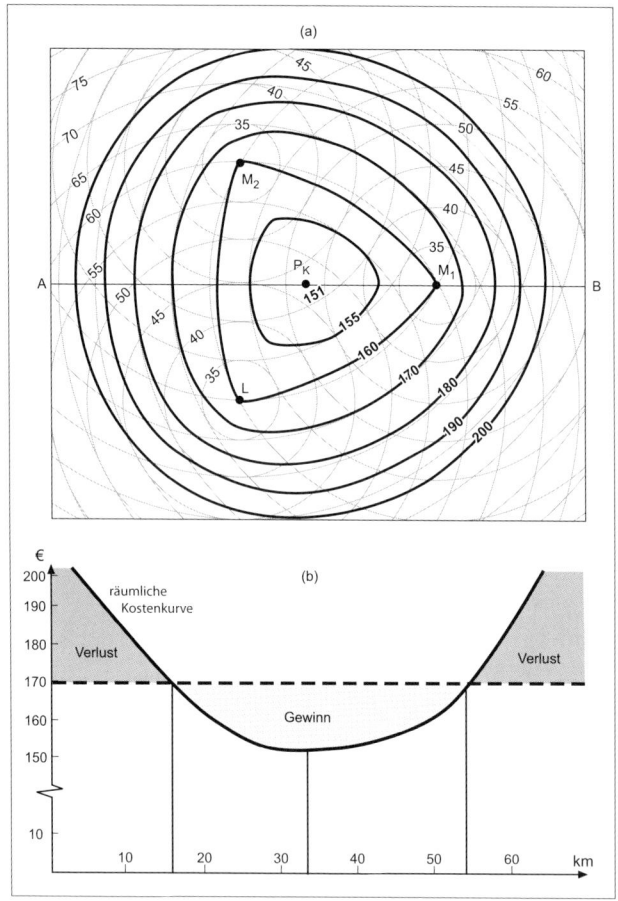

Abbildung 2.7: Graphische Ermittlung einer räumlichen Kostenkurve (Eigene Darstellung; Entwurf nach *D. M. Smith* (1981, S. 156), hier liegt folgende Kostenannahme zugrunde):

Input	Billigster Bezugsort	Grundkosten für die eingesetzte Menge	Lagekosten für die eingesetzte Menge pro Distanzeinheit
Rohmaterial	M_1	30	1
Elektrische Energie	M_2	30	1
Arbeitskräfte	L	30	1
Boden	ubiquitär	5	-
Absatz	ubiquitär	5	-

Quelle: *D. M. Smith* (1981, S. 154)

D. M. Smith versucht, das bislang beschriebene variable Kostenmodell durch die Aufhebung einiger Restriktionen an die Realität anzunähern. Im Folgenden werden als Beispiel die Auswirkungen unterschiedlicher Unternehmerleistung und staatlicher Subventionen auf die Standortentscheidung untersucht.

Unterschiede in der Unternehmerleistung beeinflussen nicht nur die Höhe des Gewinns, sondern auch den Spielraum eines Betriebs bei der Standortwahl. In Abb. 2.8a repräsentiert GK_0 die durchschnittliche räumliche Gesamtkostenkurve aller Betriebe einer Branche. Ein Betrieb mit einem überdurchschnittlich leistungsfähigen Management wird mit niedrigeren Kosten produzieren als der Branchendurchschnitt. Die resultierende Gesamtkostenkurve GK_1 zeigt, dass dieser Betrieb einen höheren Gewinn erzielt und die Gewinnzone sich von der Durchschnittssituation ($P_1 P_2$) auf $P_3 P_4$ erweitert. Entsprechend wird sich für einen Betrieb mit unterdurchschnittlicher Managementleistung die Gesamtkostenkurve nach oben verschieben (GK_2), und die Gewinnzone schrumpft auf $P_5 P_6$.

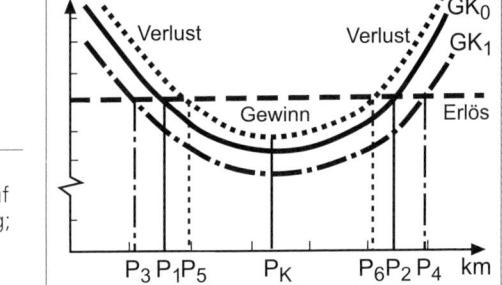

Abbildung 2.8a: Auswirkung unterschiedlicher Unternehmerleistung auf die Standortwahl (Eigene Darstellung; Entwurf nach *D. M. Smith* (1981, S. 168))

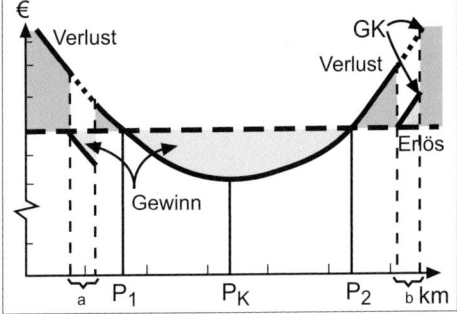

Abbildung 2.8b: Auswirkungen räumlich differenzierter Subventionen auf die Standortwahl (Eigene Darstellung; Entwurf nach *D. M. Smith* (1981, S. 170))

In einem zweiten Beispiel wird in Abb. 2.8b angenommen, dass der Staat beabsichtigt, die Industrieansiedlung in zwei peripheren Gebieten (a und b) – die außerhalb der Gewinnzone liegen – durch Subventionen zu fördern. Subventionen reduzieren die Kosten. Im Gebiet a verschiebt sich aufgrund der Subvention die Gesamtkostenkurve unter die Erlösgerade. Betriebe, die sich im subventionierten Gebiet a ansiedeln, können Gewinne erzielen. In dem noch weiter entfernten Gebiet b jedoch ist die gleiche Subventionshöhe nicht ausreichend, um die Standortnachteile auszugleichen. Dieses Beispiel zeigt die Notwendigkeit, staatliche Förderungsmaßnahmen räumlich differenziert einzusetzen.

Die Arbeiten von *D. M. Smith* stellen den Versuch dar, den partialtheoretischen Ansatz von *A. Weber* weiterzuentwickeln; eine Integration mit anderen Partialtheorien ist nicht beabsichtigt und wird nicht geleistet. Wichtige konzeptionelle Fortschritte sind die Berücksichtigung der Gesamtkosten – anstelle ausschließlich der Transportkosten – bei der Standortoptimierung sowie die Einführung von Gewinnzonen, die dem Modell genügend Flexibilität verleihen, auch suboptimales Unternehmerverhalten in die Standortentscheidung einzubeziehen.

2.1.4 Verhaltenswissenschaftlicher Ansatz

Den deduktiven Industriestandorttheorien stellt *Allen Pred* (1967, 1969) einen verhaltenswissenschaftlichen Erklärungsansatz gegenüber. Ausgangspunkt seiner Überlegungen ist die Annahme, dass jede Entscheidung, beispielsweise über den Standort eines Industriebetriebs, vom Informationsstand des Entscheidungsträgers (Eigentümer, Manager) abhängt. In Abb. 2.9 sind für neun Unternehmer die Quantität und Qualität der von ihnen wahrgenommenen Informationen sowie ihre Fähigkeit, diese Informationen zu nutzen, in eine Verhaltensmatrix eingetragen. Die Unternehmer 1, 2 und 3 besitzen gute Informationen und die Möglichkeit, diese effizient zu verarbeiten; es besteht somit eine hohe Wahrscheinlichkeit, dass sie sich für einen wirtschaftlich optimalen Produktionsstandort entscheiden. Tatsächlich liegen die Industriebetriebe 1 und 2 in unmittelbarer Nähe des Standortoptimums. Der Unternehmer 3 hingegen strebt nicht nach einer wirtschaftlich optimalen Lösung, sondern wählt, z. B. aus familiären Gründen, einen suboptimalen Standort, der allerdings noch innerhalb der räumlichen Gewinnzone liegt. Mit abnehmenden Informationen und sich verschlechternden Unternehmerleistungen verringert sich auch die Wahrscheinlichkeit einer optimalen Standortwahl. Die Unternehmer 4, 5 und 6 verfügen über durchschnittliche Kenntnisse und Problemlösungsfähigkeiten; sie entscheiden sich für Produktionsstandorte, die sich zwar innerhalb der Gewinnzone, aber in größerer Entfernung zum optimalen Standort befinden. Von den drei Unternehmern, die in der Verhaltensmatrix eine ungünstige Position einnehmen, wählen zwei einen Standort außerhalb der Gewinnzone; aufgrund dieser Standortentscheidung sind sie nicht wettbewerbsfähig und müssen aus dem Produktionsprozess ausscheiden. Der Unternehmer 7 hingegen, den ebenfalls geringer Informationsstand und unzureichende Unternehmerleistung kennzeichnen, entscheidet sich zufällig, oder weil er die Standortwahl des Betriebs 6 kopiert, für einen gewinnbringenden Produktionsstandort.

Abbildung 2.9: Verhaltensmatrix und industrielle Standortwahl (Eigene Darstellung; Entwurf nach *A. Pred* (1967, S. 92), *D. M. Smith* (1981, S. 119))

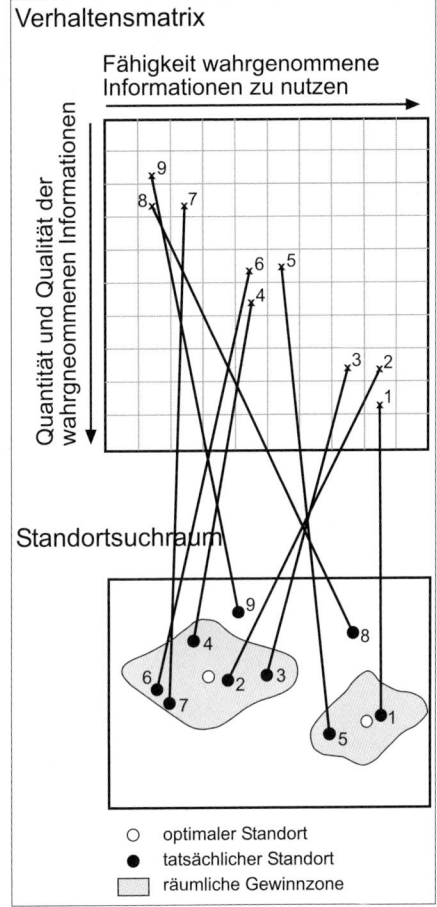

Die bislang statische Betrachtung erweitert *A. Pred* durch die Einbeziehung der Dimension Zeit in den verhaltenswissenschaftlichen Ansatz. So kann sich bei dynamischer Betrachtung der Informationsstand der Entscheidungsträger erhöhen, z. B. durch die Einführung neuer Kommunikationssysteme, oder die Unternehmer können ihre Fähigkeit der Informationsverarbeitung verbessern, aus Fehlern lernen bzw. erfolgreiche Standortentscheidungen konkurrierender Unternehmen nachahmen. Es ist zu erwarten, dass eine zunehmende Rationalität der Entscheidungen zumindest langfristig zu einer räumlichen Verlagerung der industriellen Aktivitäten in Richtung auf das Standortoptimum beiträgt.

Ganz allgemein gilt, dass sich im Zuge des wirtschaftlichen Strukturwandels die Anforderungen eines Betriebs an einen Standort, aber auch die an einem Standort herrschenden Bedingungen verändern, zum Verlust eines ehemals optimalen Standorts führen und betriebliche Anpassungsmaßnahmen notwendig machen. Grundsätzlich versuchen Betriebe ihren Standort beizubehalten; einmal gewählte Standorte besitzen eine große Persistenz. Folglich wird zunächst versucht, an der alten Betriebsstätte, z. B. durch Rationalisierungsinvestitionen, die Lagenachteile auszugleichen. Eine weitere Anpassungsmaßnahme stellt die funktionale Standortspaltung, d. h. die räumliche Arbeitsteilung zwischen betrieblichen Funktionen, dar. Nicht das ganze Unternehmen, sondern einzelne Funktionen wie Verwaltung, Produktion oder Lagerhaltung werden an andere Standorte verlegt. Eine vollständige Aufgabe einer Betriebsstätte und ihr Wiederaufbau an einem anderen Ort erfolgt in der Regel, wie empirische Untersuchungen zeigen, nur bei existenzgefährdenden Unzulänglichkeiten am bisherigen Standort (vgl. hierzu die

Ausführungen zur räumlichen Kapitalmobilität in Kapitel 3.1). Veränderungen der industriellen Standortstruktur eines Raumsystems ergeben sich folglich weniger durch Verlagerung bestehender Betriebe, sondern durch betriebsinterne Wachstums- und Schrumpfungsprozesse am bisherigen Standort oder durch funktionale Standortspaltung, Neugründungen bzw. Stilllegungen.

Bei der Standortwahl ist es aus finanziellen und zeitlichen Gründen nicht möglich, sämtliche Standortalternativen in die Analyse einzubeziehen. In Abb. 2.9 sind der tatsächliche Standortsuchraum der in der Verhaltensmatrix berücksichtigten Industriebetriebe und die beiden Zonen, in denen sich Gewinne erwirtschaften lassen, eingetragen. Es ist nicht auszuschließen, dass sich an Raumstellen außerhalb des Standortsuchraums die unternehmenspolitischen Ziele besser realisieren lassen. Gerade Klein- und Mittelbetriebe beschränken die Standortsuche häufig auf Regionen, die der persönlichen Erfahrung der Unternehmer zugänglich sind. Die Folge ist nicht die Wahl eines optimalen, sondern die eines zufriedenstellenden Standorts[11].

Wesentliche Ergebnisse des verhaltenswissenschaftlichen Beitrags von *A. Pred* lassen sich wie folgt zusammenfassen:

* Die einzelnen Unternehmen verfügen bei ihren Standortentscheidungen über unterschiedliche Informationen und Fähigkeiten, diese zu nutzen. Es besteht eine hohe Wahrscheinlichkeit einer positiven Korrelation zwischen Informationsstand und Unternehmerleistung einerseits sowie der Qualität der Standortentscheidung andererseits.

* Es ist zu beachten, dass Unternehmer, deren Informationsstand und Problemlösungskapazitäten vergleichbar sind, unterschiedliche Standortentscheidungen treffen können. Nicht nur objektive, rationale Kriterien, sondern subjektive Wertvorstellungen, persönliche Präferenzen oder der Zufall beeinflussen die Standortwahl. Das Ergebnis sind suboptimale, nicht wirtschaftlich optimale Lösungen; der gewählte Standort muss aber innerhalb der räumlichen Gewinnzone liegen.

* Informationsstand und Fähigkeit der Informationsverarbeitung verbessern sich im Laufe der Zeit, was eine zunehmende Rationalität der Standortentscheidung erwarten lässt. Andererseits verändern sich die Standortanforderungen der Betriebe und die Standortbedingungen und können den Verlust eines bislang optimalen Standorts bewirken. Die Unternehmer sind, um ihre Wettbewerbsfähigkeit zu erhalten, zu kontinuierlichen Anpassungsmaßnahmen gezwungen.

Der verhaltenswissenschaftliche Ansatz bietet bislang keinen alternativen konzeptionellen Rahmen zu den klassischen Industriestandorttheorien an. Er weist aber auf Grenzen der Aussagefähigkeit deduktiver Theorien hin und enthält Anregungen zur Fortentwicklung der bestehenden einzelwirtschaftlichen Standorttheorien.

---

[11] Vgl. hierzu das Konzept des eingeschränkten Rationalverhaltens, Kapitel 5.2.1

2.2 Gesamtwirtschaftliche Betrachtung (Standortstrukturtheorien)

2.2.1 Theorie der Landnutzung (v. Thünen)

Johann Heinrich von Thünen (1875) wird als erster Standorttheoretiker angesehen. Das 1826 erschienene Werk »Der isolierte Staat in Beziehung auf Landwirtschaft und Nationalökonomie«[12] geht einer wichtigen Grundfrage der Standortlehre nach, inwieweit ökonomische Gesetzmäßigkeiten zur Herausbildung optimaler räumlicher Strukturen der Bodennutzung führen. Das zur Beantwortung dieser Frage erstellte Standortstrukturmodell geht zunächst von einer Reihe restriktiver Annahmen aus:

- Der »isolierte Staat« ist ein Wirtschaftsraum, der von der übrigen Welt abgeschlossen ist und in seiner Mitte eine einzige dominierende Stadt besitzt, die von einer homogenen Ebene (z. B. ohne physisch-geographische Differenzierung) umgeben ist;
- die Stadt versorgt den Wirtschaftsraum mit Industriegütern und stellt den einzigen Markt für die im Umland erzeugten Agrarprodukte dar; sie erfüllt somit eine Doppelfunktion als Standort und Angebotszentrum der gewerblichen und industriellen Produktion sowie als Nachfragezentrum für die agrare Erzeugung;
- die Transportkosten sind direkt proportional zur Entfernung des landwirtschaftlichen Produktionsstandortes vom Konsumzentrum und dem Gewicht der Agrarprodukte; daneben beeinflussen noch Volumen und Verderblichkeit der landwirtschaftlichen Produkte die Höhe der Transportkosten; die Verkehrsverbindungen zwischen der Stadt und dem Umland sind in alle Richtungen gleich;
- die Landwirte erstreben Maximierung des Gewinns (»Reinertrag«) und passen ihre Produktion automatisch an die Nachfrage des zentralen Marktes an.

Das Kernelement in der Theorie *J. H. von Thünens* ist die Differentialrente der Lage der landwirtschaftlichen Produzenten. Diese Lagerente (»Landrente«) nimmt, bei den gesetzten Prämissen, mit zunehmender Entfernung der Produktionsstandorte vom Konsumzentrum ab und führt zu einer räumlichen Differenzierung in der Intensität und Art der Bodennutzung. Wir untersuchen zunächst die Rentenbildung bei nur einem Anbauprodukt. Die Höhe der Lagerente an den verschiedenen Produktionsstandorten lässt sich mittels nachfolgender Gleichung berechnen (nach *E. S. Dunn* jr., 1954, S. 7):

---

[12] *J. H. von Thünen*: Der isolierte Staat in Beziehung auf Landwirtschaft und Nationalökonomie. Berlin 1875 (erste Auflage des 1. Teils 1826, der ersten Abteilung des 2. Teils 1850, der zweiten Abteilung des 2. Teils und des 3. Teils 1863).

R = E (p − a) − Efk

wobei
R = Lagerente pro Flächeneinheit
E = Produktionsmenge pro Flächeneinheit
p = Marktpreis pro Produkteinheit
a = Produktionskosten pro Produkteinheit
f = Transportrate pro Distanzeinheit
k = Entfernung des Produktionsstandorts zum Konsumzentrum

In obiger Gleichung sind R die abhängige Variable, k die unabhängige Variable und E, p, a, f Konstanten. Dieser Zusammenhang wird in Abb. 2.10 graphisch dargestellt.

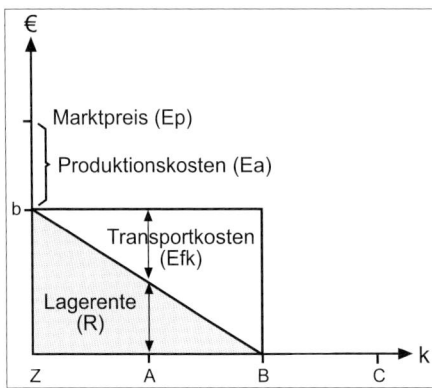

Abbildung 2.10: Lagerente bei einem Anbauprodukt (Eigene Darstellung)

Die Lagerente einer Flächeneinheit (z. B. 1 ha) ergibt sich aus dem Marktpreis für die auf einem ha erzeugte Produktmenge abzüglich der Produktions- und Transportkosten. Der Marktpreis bildet sich im Konsumzentrum aufgrund von Angebot und Nachfrage. Die Produktionskosten sind infolge der Homogenitätsbedingungen an allen Produktionsstandorten gleich hoch und enthalten die Entlohnung des Landwirts für seine Arbeitsleistung. Aus Abb. 2.10 ist zu ersehen, dass mit zunehmender Entfernung der Produktionsstandorte vom Konsumzentrum (Z) die Transportkosten ansteigen und die Lagerente sinkt. Die Linie bB lässt sich als marginale Rentenlinie interpretieren. Am höchsten ist die Lagerente an Produktionsstandorten in unmittelbarer Nähe zum Konsumzentrum (Z), da dort nur sehr geringe Transportkosten anfallen. Im Produktionsstandort B wird keine Lagerente mehr erzielt; der Marktpreis reicht gerade aus, die Produktions- und Transportkosten zu decken. B ist somit Grenzproduzent. Ein Anbau in noch größerer Entfernung zum Konsumzentrum, etwa in C, würde zu Verlust führen und findet daher nicht statt. C käme dann als Produktionsstandort in Frage, wenn aufgrund einer Nachfragesteigerung im Konsumzentrum der Marktpreis ansteigt und sich die Rentenkurve nach rechts bis zum Punkt C verschieben würde.

Die Lagerente beeinflusst die Nachfrage der Landwirte nach Boden. Die Höhe der Lagerente und die Bodennachfrage stehen in positiver Korrelation zueinander. Die große Nachfrage nach marktnahem Boden mit hoher Lagerente führt zu einem Anstieg der Bodenpreise bzw., wenn die Landwirte nicht Bodeneigentümer sind, zu ansteigenden Pachtgebühren. Die Lagerente lässt sich als Preis für die Nutzung des Bodens interpretieren. Marktnaher Boden ist relativ seltener, d. h. knapper, als marktferner Boden und erzielt folglich einen höheren Preis. Die räumlich differenzierte Lagerente bewirkt eine räumliche Differenzierung der Bodenpreise.

Aufgrund des Ertragsgesetzes ist es wirtschaftlich, entsprechend der mit zunehmender Nähe der Produktionsstandorte zum Konsumzentrum ansteigenden Lagerente auch den Anbau durch verstärkten Einsatz der Produktionsfaktoren Arbeit und Kapital (z. B. Kunstdünger, Maschinen) zu intensivieren. In Abb. 2.11 wird dieser Zusammenhang graphisch dargestellt.

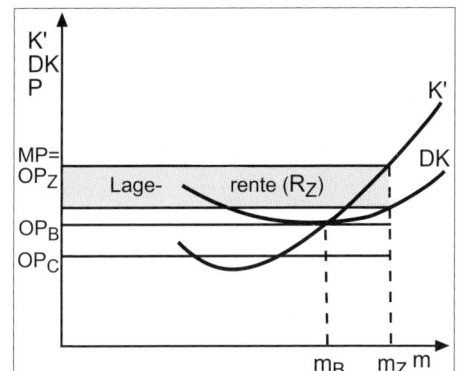

Abbildung 2.11: Zusammenhang zwischen Lagerente und Intensität der Bodennutzung (Eigene Darstellung)

Auf der Abszisse sind Ausbringungsmengen (m), auf der Ordinate Preise und Kosten in Geldeinheiten abgetragen. Die Kostenkurven wurden aus dem Ertragsgesetz abgeleitet; sie sind bei den gesetzten Prämissen für alle Produktionsstandorte gleich. Als Grenzkosten (K') wird der Kostenzuwachs bezeichnet, der durch die Erzeugung der jeweils letzten Produktionseinheit eines Gutes entsteht. Die Durchschnittskosten (DK) lassen sich bestimmen, indem man die Gesamtkosten durch die ausgebrachte Menge des produzierten Gutes dividiert. Der Marktpreis (MP) bildet sich aufgrund von Angebot und Nachfrage im Konsumzentrum. Marktpreis abzüglich Transportkosten ergibt den Ortspreis (OP). Aus Abb. 2.11 ist zu ersehen, dass an dem Produktionsstandort in unmittelbarer Nähe zum Konsumzentrum (Z), bei einem Ortspreis (OP_Z), der in etwa dem Marktpreis (MP) entspricht, die Gütermenge m_Z erzeugt wird. Bei dieser Ausbringungsmenge ist der Kostenzuwachs für die Erzeugung der letzten Gütereinheit gleich dem für das Gut zu erzielenden Preis (Grenzkosten = Preis). Der marktfernere Produktionsstandort B weist bei einem Ortspreis (OP_B) eine Ausbringungsmenge m_B aus. Bei dieser Produktionsmenge werden die Durchschnittskosten gerade noch durch den Ortspreis gedeckt. Bei allen weiter vom Konsumzentrum entfernten Produktionsstandorten liegt der Ortspreis unter dem Minimum der Durchschnittskosten. Solange nur ein Produkt angebaut wird, scheiden sie als Anbaugebiete aus. Zusammenfassend lässt sich festhalten, dass mit zunehmender Nähe zum Konsumzentrum die Ausbringungsmenge, d. h. die Intensität der Bodennutzung, ansteigt. Die durch den verstärkten Einsatz variabler Produktionsfaktoren verursachten höheren Produktionskosten werden durch die lagebedingten Transportkostenersparnisse kompensiert (vgl. *M. Chisholm*, 1968, S. 37; *W. Isard*, 1956, S. 188 ff.).

Wir heben im Folgenden die restriktive Annahme nur eines Produktes auf und untersuchen räumliche Differenzierungsprozesse, die ablaufen, wenn mehrere Anbauprodukte im Wettbewerb um die Landnutzung stehen. In Abb. 2.12 sind für drei Produkte (I, II, III) deren jeweilige Rentenlinie (aA, bB, cC) dargestellt.

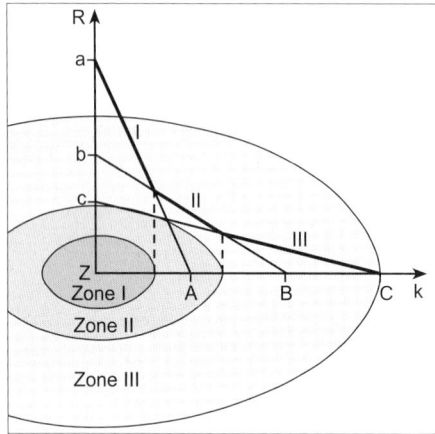

Abbildung 2.12: Lagerenten und Art der Bodennutzung bei drei Anbauprodukten (Eigene Darstellung)

Die Lage einer Rentenlinie im Koordinatensystem ergibt sich, wie bei Abb. 2.10 ausgeführt, aus den produktspezifischen Preis- und Transportcharakteristika. Ihr Schnittpunkt mit der Ordinate hängt vom Marktpreis des Produkts und den Produktionskosten, ihre Neigung von den Transportkosten ab; je höher die Transportkosten sind, desto steiler verläuft die Linie. Da die Landwirte Gewinnmaximierung anstreben, werden sie bei alternativen Möglichkeiten der Bodennutzung dem Anbau jenes Produkts den Vorzug geben, das die höchste Lagerente abwirft. Bezogen auf das in Abb. 2.12 gewählte Beispiel bedeutet dies, dass bis zum auf die Abszisse projizierten Schnittpunkt der Rentenlinien aA mit bB das Produkt I, sodann bis zum entsprechenden Schnittpunkt der Rentenlinien bB mit cC das Produkt II und in noch größerer Entfernung vom Konsumzentrum bis zum Standort C das Produkt III angebaut wird. Durch Rotation dieser auf der x-Achse abgetragenen Grenzpunkte des Anbaus der drei Produkte um das Konsumzentrum (y-Achse) ergeben sich als Muster der Landnutzung konzentrische Ringe. In den Zonen I, II und III wird jeweils nur das Produkt angebaut, das die höchste Lagerente erzielt. Diese Zonierung stellt das optimale, d. h. gewinnmaximale System der Bodennutzung dar. Denkbare räumliche Nutzungsdifferenzierungen in einem Dreiproduktemodell sind Kartoffel, Weizen, Viehzucht oder Milch, Rahm, Butter.

Ausgehend von deduktiven Ansätzen versucht *J. H. von Thünen* (1875, S. 390), die Bodennutzung in konzentrischen Ringen empirisch an dem von ihm bewirtschafteten Gut Tellow bei Rostock nachzuweisen. Unter den Anfang des 19. Jahrhunderts in Mecklenburg herrschenden Bedingungen gelangte er zu folgender Gruppierung der Bodenverwendung:

1. Kreis: »Freie Wirtschaft«
2. Kreis: Forstwirtschaft
3. Kreis: Fruchtwechselwirtschaft
4. Kreis: Koppelwirtschaft
5. Kreis: Dreifelderwirtschaft
6. Kreis: Viehzucht

Dieses System der Bodennutzung umgibt eine »unkultivierte Wildnis«[13].

Die Kritik an der von *J. H. von Thünen* erstellten Theorie der Landnutzung konzentriert sich einmal auf die restriktiven Annahmen seines deduktiven Modells, zum anderen auf die Frage, ob seine empirisch gefundene Zonierung der Landnutzung allgemeine Gültigkeit besitzt. Die Grundaussage, dass die Lagerente zu einer räumlichen Differenzierung der Intensität und der Art der Bodennutzung führt, blieb jedoch unangetastet.

Bei der kritischen Auseinandersetzung mit dem Werk *J. H. von Thünens* sind, gerade was die Annäherung seiner Theorie an die Wirklichkeit anbetrifft, wichtige Modifikationen gelungen. Bereits *J. H. von Thünen* weist darauf hin, dass durch die Aufhebung einiger vereinfachender Annahmen, z. B. durch die Berücksichtigung von Unterschieden in der Verkehrserschließung (schiffbarer Fluss, Eisenbahn) und der physischgeographischen Ausstattung (Boden, Klima, Relief)[14], von mehreren Konsumzentren oder von Außenhandel, Steuern und Subventionen sich eine Zonierung der Bodennutzung ergibt, die von konzentrischen Kreisen abweicht[15]. Dass selbst die Entstehung von Ringen – zumindest in einem Zweiproduktemodell – nicht zwangsläufig ist, weist *A. Lösch* (1944, S. 24 ff.) nach. Eine grundlegende Erweiterung der Theorie *J. H. von Thünens* stellt der Übergang von seiner statischen zu einer dynamischen Betrachtung dar. Im Zuge des wirtschaftlich-technologischen Entwicklungsprozesses ändern sich Marktpreise, Produkti-

---

[13] Eine knappe Beschreibung der Bodennutzung in den einzelnen Kreisen findet sich u. a. in *K. Ch. Behrens* (1971, S. 5); *R. S. Thoman* et al. (1968, S. 155 ff.).

[14] Eine ausführliche Behandlung des Einflusses physisch-geographischer Faktoren auf die räumliche Verteilung der Landwirtschaft findet sich in *T. Peucker* (1966).

[15] Graphische Darstellungen dieser veränderten Muster der Landnutzung finden sich u. a. in *J. H. von Thünen* (1875, S. 391); *R. S. Thoman* et al. (1968, S. 158 ff.); *R. Barlowe* (1958, S. 35).

onskosten und Transportkosten. Die Folge sind Verschiebungen der Lage der Rentenlinien im Koordinatensystem und der Zonen der Landnutzung (vgl. Abb. 2.12)[16]. Beispiele weiterer Modifikationen sind die Einführung abnehmender anstelle konstanter Frachtraten, wodurch die Rentengerade in eine Rentenkurve transformiert wird[17], oder die Berücksichtigung außerökonomischer Verhaltensweisen, was zu diskontinuierlichen Nutzungsmustern führen kann (*M. E. Eliot Hurst*, 1974, S. 118 ff.).

Eine sehr umfangreiche Literatur beschäftigt sich mit dem Nachweis der sog. Thünenschen Ringe in der Wirklichkeit (vgl. *L. Waibel*, 1933, S. 103-147; *P. Hall*, 1966, S. XLV-XLVII). Diese Untersuchungen wurden auf verschiedenen räumlichen Betrachtungsebenen (Einzelbetrieb, Dorf, Region, Welt) und in Gebieten unterschiedlichen Entwicklungsstandes durchgeführt. Die empirischen Arbeiten bestätigen die Gültigkeit der Theorie *J. H. von Thünens*, weisen aber, zum Teil kritisch, auf unterschiedliche Ergebnisse hin, was die Abfolge der einzelnen Zonen der Bodennutzung anbetrifft. Dabei ist zu berücksichtigen, dass die bei *J. H. von Thünen* beschriebene Zonierung sich auf eine Situation bezog, wie sie Anfang des 19. Jahrhunderts in Mecklenburg herrschte. Technischer Fortschritt, etwa im Verkehrssektor, aber auch andere Veränderungen und Unterschiede in der Ausgangssituation müssen zwangsläufig zu einer Modifizierung der Art der Bodennutzung führen.

J. H. von Thünen hat der Entwicklung der Raumforschung entscheidende Impulse gegeben (vgl. *K. Meyer*, 1970, Sp. 3371-3376). Es ist sein Verdienst, das Standortproblem in die Wirtschaftswissenschaften eingeführt zu haben. Mit der Differentialrente der Lage erweitert er die Grundrententheorie *D. Ricardos*, die die Differentialrente der Qualität behandelt, um die räumliche Komponente (*E. Schneider*, 1959; *M. Chisholm*, 1968, S. 34-40). *E. von Böventer* (1962b, S. 83) weist darauf hin, dass das Thünensche System bis in die Gegenwart widerspruchsfrei ist und die Gleichgewichtsbedingungen noch Gültigkeit besitzen. *J. H. von Thünen* hat eine allgemeine Theorie der optimalen Raumnutzung entwickelt, die nicht nur auf den Agrarsektor anwendbar ist. Dieser umfassende Ansatz erklärt, dass die Theorie *J. H. von Thünens* nicht nur zur Grundlage der landwirtschaftlichen Betriebsökonomik und der land- und forstwirtschaftlichen Standortlehre wurde (*Th. Brinkmann*, 1922; *E. S. Dunn* jr., 1954; *K. Mantel*, 1961), sondern dass einzelne Elemente auch Eingang in Standorttheorien des sekundären und tertiären Sektors fanden (vgl. *H. U. Meyer-Lindemann*, 1951, S. 116 ff.) und dass schließlich das für die Landwirtschaft ausgearbeitete System der Landnutzung zu einer Theorie der städtischen Bodennutzung weiterentwickelt werden konnte (vgl. *W. Isard*, 1956, S. 200 ff.; *W. Alonso*, 1960, S. 149-157 und 1964; *J. Güßefeld*, 1988; *E. v. Böventer* und *J. Hampe*, 1988; *G. Maier* und *F. Tödtling*, 2006, S. 127 ff.).

---

[16] Diese Zusammenhänge sind graphisch dargestellt bei *R. Abler* et al. (1972, S. 350).

[17] Nichtlineare Ertrags- und Kostenfunktionen behandeln *W. L. Garrison* und *D. F. Marble* (1957, S. 137-144).

Zahlreiche neuere Anwendungsfelder für die Theorie diskutiert *P. McCann* (2001, S. 100-115). Wesentliche Aussagen der Theorie der Landnutzung wurden mit der Entwicklung der *New Economic Geography* (vgl. Kapitel 5.5.4) neu durchdacht (*P. Krugman*, 1998).

2.2.2 Theorie der zentralen Orte (Christaller)

Walter Christaller gilt als Begründer der Theorie der zentralen Orte. In dem 1933 erschienenen Werk »Die zentralen Orte in Süddeutschland« versucht er, die hierarchische Struktur der räumlichen Ordnung der Wirtschaft und die Hierarchie der Siedlungen aus dem Zusammenwirken ökonomischer Bestimmungsfaktoren zu erklären und abzuleiten. Dem deduktiven System *W. Christallers* liegen explizit und implizit eine Reihe vereinfachender Annahmen zugrunde bezüglich der Ausstattung des Raumes, der Verhaltensweisen der Anbieter und Nachfrager sowie der Marktform:

- In einer unbegrenzten Fläche bestehen aufgrund von Homogenitätsannahmen keine räumlichen Unterschiede in den Produktions- und Nachfragebedingungen; Produktionsfaktoren und Bevölkerung sind gleichmäßig verteilt; Einkommen, Kaufkraft und Bedürfnisse aller Individuen sind gleich; das Verkehrsnetz ist in allen Richtungen gleichförmig, und die Transportkosten sind direkt proportional zur Entfernung;
- die Anbieter der Güter streben maximalen Gewinn, die Nachfrager maximalen Nutzen an; alle Marktbeteiligten besitzen gleichen Informationsstand und verhalten sich nach dem Rationalprinzip; jeder Unternehmer bietet nur ein Produkt an;
- es herrscht polypolistisches Verhalten, der Marktpreis ist für Anbieter und Nachfrager ein Datum; durch die Einführung der räumlichen Dimension wird eine Voraussetzung des vollkommenen Marktes, der örtliche Punktmarkt, bewusst aufgehoben; des Weiteren gilt, dass die Zahl der Standorte der Anbieter, die den Gesamtraum zu versorgen haben, minimiert wird und dass eine Spezialisierung des Angebots auf einzelne Standorte ausgeschlossen ist.

Ökonomische Aktivitäten bewirken bei den gegebenen Prämissen nachfolgende räumliche Differenzierungsprozesse: Wir gehen zunächst davon aus, dass ein Bewohner der homogenen Fläche am Standort A über seinen eigenen Bedarf hinaus ein Produkt (G_1) herstellt und zum Preis p_A zum Verkauf anbietet. Abb. 2.13 zeigt die Nachfragekurve der einzelnen Haushalte für dieses Produkt. Verbraucher, die in unmittelbarer Nähe zum Produktionsstandort A – der gleichzeitig der Absatzstandort ist – wohnen, fragen bei einem Preis p_A die Menge m_A nach.

Verbraucher, die nicht am Standort A wohnen, müssen neben dem Preis A auch die Transportkosten des Produktes vom Absatz- zum Konsumstandort tragen. Mit zunehmender Entfernung von A steigen die Transportkosten, d. h. die Nachfrage sinkt (vgl. Abb. 2.14).

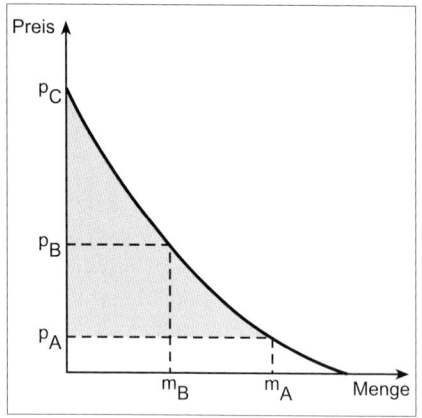

Abbildung 2.13: Nachfragekurve für ein Produkt (Eigene Darstellung)

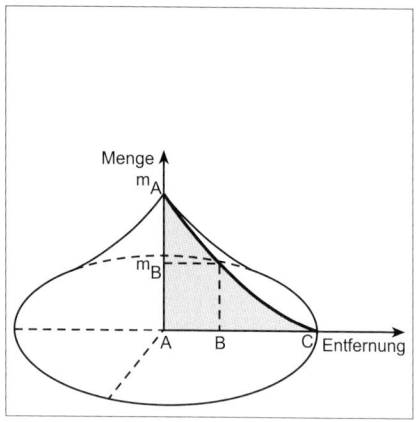

Abbildung 2.14: Gesamtnachfrage in einem Marktgebiet nach einem Produkt (Eigene Darstellung)

Am Standort B beträgt der Güterpreis p_B (er setzt sich zusammen aus p_A und den Transportkosten von A nach B), und die nachgefragte Menge ist m_B. Am Standort C schließlich sind die Transportkosten so hoch, dass kein Haushalt mehr bereit ist, das Produkt zu kaufen. Durch Rotation des in Abb. 2.14 eingezeichneten gerasterten Dreiecks um die y-Achse ergibt sich ein Kegel, dessen Inhalt die Gesamtnachfrage nach dem Produkt G_1 beim Preis p_A repräsentiert (vgl. *A. Lösch* 1944, S. 72 f.) Der Kegelrand stellt die obere (maximale) Grenze der Reichweite des Produkts G_1 dar. Die Reichweitengrenze ist kreisförmig; durch die Kreisform des Marktgebiets kann eine maximale Zahl von Konsumenten zu minimalen Gesamtkosten versorgt werden. Neben der Nachfrage muss die Angebotsseite mitberücksichtigt werden. Der Unternehmer ist nur bereit, die Produktion des Gutes G_1 zum Preis p_A aufzunehmen, wenn die am Markt absetzbare Ausbringungsmenge, d. h. die Nachfrage, eine Größe erreicht, bei der die Gesamtkosten durch den Gesamterlös gedeckt sind (*E. Gutenberg*, 1983, S. 218 ff.). Jenes kreisförmige Gebiet um den Standort A, das diese zur Kostendeckung notwendige Mindestnachfragemenge umschließt, wird als untere Grenze der Reichweite bezeichnet. Nur wenn dieser untere Schwellenwert kleiner oder höchstens gleich der oberen Grenze der Reichweite ist, wird die Produktion aufgenommen.

Die Reichweite des am Standort A hergestellten Produkts G_1 ist aufgrund der bei der Raumüberwindung entstehenden Transportkosten limitiert. Um die gesamte homogene Fläche zu versorgen, muss das Produkt an weiteren Standorten hergestellt und angeboten werden.

In Abb. 2.15 wird die Frage nach der optimalen räumlichen Anordnung dieser Standorte beantwortet. Bei der Behandlung nur eines Standorts erwies sich die

Kreisform als die günstigste Begrenzung des Marktgebiets. In Abb. 2.15 a und 2.15 b stellen die äußeren Kreise die obere, die inneren Kreise die untere Grenze der Reichweite von G_1 für verschiedene Standorte dar. Bei den gesetzten Prämissen sind die Reichweitengrenzen für alle Produktionsstandorte gleich. Werden die Standorte so angeordnet, dass sich die äußeren Kreise gerade berühren, so bleiben Gebiete unversorgt (Abb. 2.15 a). Überschneiden sich die inneren Kreise, wie in Abb. 2.15 b, so wird die für eine kostendeckende Produktion notwendige Mindestnachfragemenge nicht erreicht. Die optimale Form der Marktgebiete stellen gleichseitige Sechsecke dar (Abb. 2.15 c). Hexagonale Marktgebiete ermöglichen die Versorgung des Gesamtraumes zu minimalen Transportkosten. Die von den Sechsecken umschlossene Nachfragemenge muss mindestens so groß sein, dass die Verkaufserlöse die Produktionskosten decken. Am vollkommenen Markt ist dann ein räumliches Gleichgewicht erreicht, wenn die Nachfragemenge der Hexagone jener der unteren Grenze der Reichweite entspricht.

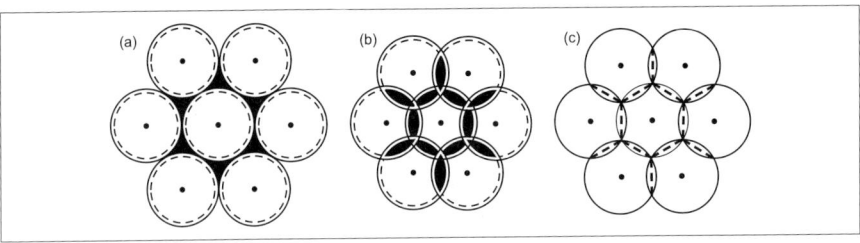

Abbildung 2.15: Entstehung hexagonaler Marktgebiete (Eigene Darstellung)

Das für ein Produkt entwickelte Muster der Verteilung der Produktions-/Absatzstandorte und ihrer hexagonalen Marktgebiete ist bestimmend für den räumlichen Differenzierungsprozess, der sich bei der Betrachtung mehrerer Produkte ergibt. Nehmen wir an, das Untersuchungsgebiet wird mit n Produkten versorgt, die unterschiedliche Grenzen der Reichweite aufweisen. G_1 hat die höchste, G_2, G_3, G_4, G_5 ... G_n die jeweils niedrigere Reichweite. Wie bereits dargestellt, wird G_1 an allen A-Standorten erzeugt. Die Marktgebiete weisen gerade die Nachfragemenge, d. h. Konsumentenzahl, auf, die notwendig ist, um kostendeckend zu produzieren. G_2 ist das Produkt mit der zweithöchsten Reichweite. Aufgrund der bestehenden Konsumentennachfrage nach G_1 wird G_2 ebenfalls in den A-Standorten erzeugt. Die Produzenten von G_2 versorgen das gesamte Marktgebiet der A-Standorte. Ihre Ausbringungsmenge ist höher als die zur Kostendeckung notwendige Mindestmenge. Dabei wird vorausgesetzt, dass die obere Grenze der Reichweite von G_2 mindestens gleich der Grenze der Marktgebiete der A-Standorte ist und dass – zumindest bei vollkommener Konkurrenz und statischer Betrachtung – die Produktionsausweitung zu internen Ersparnissen führen wird. Verglichen mit den Herstellern von G_1 erzielen die Produzenten von G_2 einen »Extra-Gewinn«, der durch die zusätzliche Nachfragemenge der Konsumenten entsteht, die zwischen den unteren Reichweitengrenzen beider Produkte wohnen. G_3 mit der dritthöchsten Reichweite wird ebenfalls in den A-Standorten erzeugt. Die Kaufkraft der zwischen den unteren Reichweitengrenzen von G_1 und G_3 lebenden Konsumenten hat jedoch eine Höhe erreicht, die der Mindestnachfragemenge entspricht, die G_3-Produzenten zur Kostendeckung benötigen (vgl. markierte Fläche zwischen A_0, A_1 und A_2 in Abb. 2.16). An den Berührungspunkten dreier angrenzender Marktgebiete von A-Standorten ist die zusätzliche Aufnahme der Produktion von G_3 rentabel. Aus Abb. 2.16 ist zu ersehen, dass jeder A-Standort von sechs an den Eckpunkten seines hexagonalen Marktgebiets liegenden B-Standorten umgeben ist. Durch die Einbeziehung weiterer Produkte lässt sich das System beliebig erweitern (vgl. C-Standorte in Abb. 2.16).

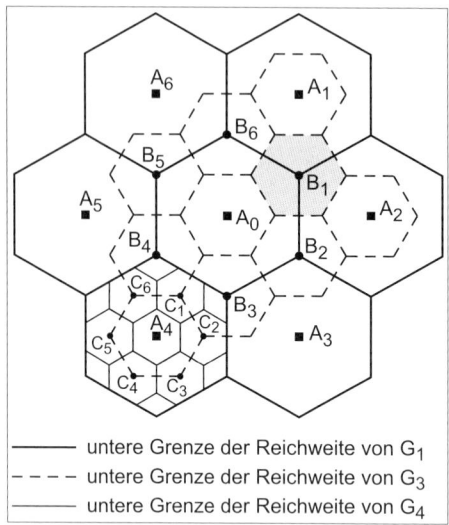

——————   untere Grenze der Reichweite von G_1
– – – –   untere Grenze der Reichweite von G_3
——————   untere Grenze der Reichweite von G_4

Abbildung 2.16: System der zentralen Orte (Eigene Darstellung)

Aus den Ergebnissen des soeben abgeleiteten Dreiproduktemodells lassen sich zusammenfassend nachfolgende allgemeine Schlüsse über die Eigenschaften des Systems der zentralen Orte ziehen:

1. Jedes Gut (Waren, Dienstleistungen) hat seine eigene Reichweite[18]. Je größer die für ein rentables Angebot notwendige Nachfrage ist, d. h. je größer die untere Grenze der Reichweite ist, desto höher ist die Zentralität eines Gutes. Ein Fernsehgerät hat eine höhere Zentralität als Brot, die Dienstleistung eines Psychiaters eine höhere als die eines Friseurs. Je mehr zentrale Güter an einem Standort angeboten werden, desto höher ist die Zentralität des Ortes.

---

[18] »Disperse Güter«, die an allen Standorten angeboten werden und Ubiquitäten darstellen, bleiben in der Betrachtung unberücksichtigt.

2. Das räumliche Verteilungsmuster der zentralen Orte und ihrer Marktgebiete hängt von der Reichweite der zentralen Güter ab. Jene Güter, deren Marktgebiet sich mit der unteren Reichweitengrenze deckt (Erlös = Kosten), bestimmen die Zentralitätsstufe eines Ortes. Sie werden als hierarchische Grenzgüter bezeichnet (vgl. *B. J. L. Berry* und *W. L. Garrison*, 1958, S. 112). Bei allen übrigen Gütern beziehen die Anbieter Extra-Gewinne, da sie eine größere als durch die untere Grenze der Reichweite umschlossene Nachfragemenge befriedigen.

3. Zentrale Orte einer bestimmten Ordnung bieten nicht nur jene Grenzgüter an, die ihrem Zentralitätsrang entsprechen, sondern auch alle Güter der Orte niederer Ordnung. In den A-Standorten beispielsweise werden alle Güter von G_1 bis G_n angeboten, in den B-Standorten die Güter G_3 bis G_n etc. (vgl. Abb. 2.16). Alle zentralen Orte gleicher Ordnung sind funktional identisch; sie weisen keine Unterschiede auf hinsichtlich der Zahl der angebotenen Güter, der Struktur des Warenkorbs, der Größe des Marktgebiets. Die Orte unterschiedlicher Zentralitätsstufe sind durch eine Hierarchie diskreter Größenklassen gekennzeichnet.

4. Ein zentraler Ort höchster Ordnung (A-Standort) und alle innerhalb seines Marktgebiets liegenden zentralen Orte und Marktgebiete niederer Ordnung stellen ein geschlossenes funktionales System dar. Zwischen den einzelnen Zentralitätsstufen dieses hierarchischen Systems bestehen Beziehungen, die bestimmten Regeln folgen. 1 A-Standort versorgt 2 B-Standorte, 6 C-Standorte, 18 D-Standorte etc. mit Gütern höchster Zentralität. Diese Stufenfolge lässt sich auch in Abb. 2.16 nachweisen. Die B-Standorte liegen an den Berührungspunkten dreier angrenzender Marktgebiete von A-Standorten. Die Wahrscheinlichkeit, dass die Bewohner eines B-Standorts die Güter der höchsten Zentralität in einem bestimmten A-Standort beziehen, beträgt ein Drittel. Da aber jeder A-Standort von sechs an den Ecken seines hexagonalen Marktgebiets liegenden B-Standorten umgeben ist, können jeweils zwei B-Standorte einem A-Standort zugeordnet werden ($6 \cdot 1/3 = 2$). Dass 6 C-Standorte innerhalb des Marktgebiet eines A-Zentrums liegen, lässt sich direkt aus Abb. 2.16 ablesen. Die 18 D-Standorte werden nach dem gleichen Prinzip wie die B-Zentren ermittelt. Die zentralen Orte bieten jedoch nicht nur die Güter an, die ihrer Zentralitätsstufe entsprechen, sondern erfüllen auch die Funktionen aller zentralen Orte niederer Ordnung. Beispielsweise werden in den A-Standorten nicht nur Güter der höchsten Zentralität angeboten, sondern alle Güter. Jeder A-Standort versorgt somit die Marktgebiete von 3 B-Standorten, 9 C-Standorten, 27 D-Standorten etc. Wie aus Abb. 2.16 zu ersehen ist, lassen sich einem A-Standort drei Marktgebiete der B-Standorte zuordnen, eines im Zentrum (der A-Standort erfüllt die Funktion eines B-Standorts) und weitere sechs (B_1 bis B_6) zu je einem Drittel ($6 \cdot 1/3 = 2$). Dieses Verfahren der Zuordnung besitzt allgemeine Gültigkeit; auf jeder Zentralitätsstufe enthält ein Marktgebiet drei Marktgebiete der nächstniederen Ordnung (vgl. *J. U. Marshall*, 1969, S. 20 ff.; *J. Deiters*, 1976, S. 111).

Das bislang entwickelte zentralörtliche System basierte auf der Annahme, mit der geringstmöglichen Zahl an zentralen Orten die räumlich gleichmäßig verteilten Konsumenten mit allen zentralen Gütern und Diensten zu versorgen. Den Grundsatz, dass die Gesamtheit der individuellen Standortentscheidungen zu einer optimalen Versorgung der Bevölkerung führt, nennt W. *Christaller* »Versorgungs- oder Marktprinzip«. Dieses Prinzip ist durch einen Zuordnungsfaktor K = 3 gekennzeichnet. W. *Christaller* erstellte noch zwei weitere Modelle, die sich an ergänzenden Grundsätzen orientieren, dem »Verkehrsprinzip« und dem »Absonderungs- oder Verwaltungsprinzip«. Die von diesen Prinzipien bestimmten zentralörtlichen Systeme weisen Unterschiede auf hinsichtlich der räumlichen Anordnung der zentralen Orte und ihrer Marktgebiete sowie der hierarchischen Stufenfolge. Werden die Verkehrsverbindungen zwischen den zentralen Orten in die Modellannahmen einbezogen, so führt dies zu einer Anordnung von zentralen Orten entlang dieser Verkehrslinien und einer durch den Zuordnungsfaktor K = 4 definierten Stufenfolge. Werden die Bedürfnisse des Staates nach einer effektiven politischen Verwaltung und Kontrolle mitberücksichtigt, entsteht eine Raumgliederung, bei der kein zentraler Ort auf den Grenzen eines Markt- bzw. Verwaltungsgebietes liegt; der Zuordnungsfaktor beträgt K = 7 (vgl. Tabelle 2.1)[19].

Tab. 2.1: Hierarchische Stufenfolge in zentralörtlichen Systemen mit den Zuordnungsfaktoren K = 3, K = 4, K = 7

Zuord-nungs-faktor		Hierarchie zentraler Orte				
		A	B	C	D	E
K = 3	Anzahl der zugeordneten zentralen Orte	1	2	6	18	54
	Anzahl der zugeordneten Marktgebiete	1	3	9	27	81
K = 4	Anzahl der zugeordneten zentralen Orte	1	3	12	48	192
	Anzahl der zugeordneten Marktgebiete	1	4	16	64	256
K = 7	Anzahl der zugeordneten zentralen Orte	1	6	42	294	2058
	Anzahl der zugeordneten Marktgebiete	1	7	49	343	2401

---

[19] Graphische Darstellungen der Systeme zentraler Orte nach dem Verkehrsprinzip und dem Absonderungs- oder Verwaltungsprinzip finden sich bei *J. U. Marshall* (1969, S. 30 und 32).

Die Theorie der zentralen Orte von *W. Christaller* hat den Anstoß zu zahlreichen empirischen, theoretischen und regionalpolitischen Untersuchungen gegeben[20]. Viele dieser Arbeiten bestätigen wesentliche Eigenschaften des zentralörtlichen Systems. Die Konfrontation der Theorie mit der Realität macht aber auch einige dem Modell inhärente Unzulänglichkeiten und Widersprüche deutlich. Die Kritik von Seiten der Geographie konzentrierte sich zunächst auf die der Theorie zugrundeliegenden restriktiven Annahmen. Dies ist zu erklären aus dem vorherrschenden geographischen Theorieverständnis zum Erscheinungszeitpunkt der Arbeit *W. Christallers*. Der deduktive Ansatz schien in Konflikt zu stehen mit der Individualität des Raumes als zentralem geographischen Forschungsgegenstand. *W. Christaller* (1933, S. 253-258) selbst, der seine Theorie am Beispiel Süddeutschlands empirisch überprüfte, weist auf die Zweckmäßigkeit von Modifikationen der Homogenitätsbedingungen hin. Es waren vor allem *B. J. L. Berry* und seine Mitarbeiter, die sich bemühten, durch die Aufhebung einiger Annahmen bezüglich der Ausstattung eines Raumes und der Verhaltensweisen der Konsumenten die Theorie der zentralen Orte in Richtung auf eine Annäherung an die Wirklichkeit weiterzuentwickeln (*B. J. L. Berry* und *W. Garrison*, 1958; *B. J. L. Berry* et al. 1962, S. 65-106). Beispielsweise gelang ihnen der Nachweis, dass die Annahme räumlich inhomogen verteilter Kaufkraft zwar zu veränderten Reichweiten einzelner Güter, zu asymmetrischen Verteilungsmustern und zu gewissen Unterschieden der funktionalen Komplexität zentraler Orte gleicher Ordnung führt, die hierarchische Struktur des Systems zentraler Orte jedoch erhalten bleibt. Einen wichtigen Schritt zur Verbesserung der Theorie *W. Christallers* stellen auch die Bemühungen dar, das statische Zentrale-Orte-Modell durch die Einbeziehung der Zeitdimension zu einem dynamischen Modell auszubauen (vgl. *R. L. Morril*, 1962, S. 109-120; *S. Lange*, 1972, S. 7-48; *R. W. White*, 1974, S. 219-227). *P. Krugman* und weitere Vertreter der *New Economic Geography* nutzen neuere quantitative Techniken, um das von der Theorie der zentralen Orte deduktiv hergeleitete Standortmuster unter Einbeziehung von Verhaltensannahmen für Produzenten und Konsumenten sowie unter Berücksichtigung von Agglomerationsfaktoren zu bestätigen (*P. Krugman*, 1998).

Eine wesentliche Einschränkung der Anwendbarkeit der Theorie der zentralen Orte auf Fragestellungen einer dynamischen Industriegesellschaft stellt die Vernachlässigung wichtiger Determinanten des räumlich differenzierten Wachstums der Wirtschaft und der städtischen Entwicklung dar. Die Theorie der zentralen Orte berücksichtigt weder die Agglomerationseffekte externer Ersparnisse noch die Wanderung mobiler Produktionsfaktoren, noch den interregionalen Güteraustausch. Es sind aber gerade die Agglomerations- und Mobilitätseffekte, die im Zuge des Industrialisierungsprozesses einer Volkswirtschaft die Bildung räumlicher Disparitäten verursachen. Der Erklärungswert der Theorie *W. Christallers* wird daher eingeengt, sektoral auf den Bereich der Versorgung der Bevölkerung

---

[20] Eine ausführliche Bibliographie zur Zentralitätsforschung findet sich bei *P. Schöller* (1972, S. 473-494). Vgl. auch *G. Heinritz* (1979) und *H. H. Blotevogel* (1996).

mit zentralen Gütern und Diensten (tertiärer Sektor) und regional auf Gebiete, in denen die konzentrationsfördernden Agglomerationsvorteile keine Bedeutung besitzen. Trotz dieser kritischen Einwände ist die Arbeit W. *Christallers* »eine der originellsten und wichtigsten Veröffentlichungen, die in diesem Jahrhundert über wirtschaftliche Beziehungen im Raum erschienen sind« (*E. v. Böventer*, 1968, S. 102). Die Theorie der zentralen Orte ist ein unentbehrlicher Baustein für die Entwicklung einer umfassenden Theorie der räumlichen Struktur der Wirtschaft. Sie dient aber auch bis in die Gegenwart und nicht nur in Deutschland als theoretische Grundlage der Regionalplanung (vgl. *H. H. Blotevogel*, 1996).

Obwohl bereits W. *Christaller* (1933, S. 86; vgl. auch die Untersuchung von *Christaller* 1957) die Notwendigkeit der Einbeziehung von dynamischen Elementen zur Charakterisierung der Realität unterstrich, beschäftigten sich bis in die 1970er Jahre die meisten Untersuchungen nur mit Verfeinerungen der Analyse zentralörtlicher Strukturen. Erst dann wurden Ansätze entwickelt, die Veränderungen im System zentraler Versorgungsstandorte analysieren.

E. v. Böventer (1962 b; 1963, S. 163-187; 1964a, S. 704-728; 1964 b, S. 90-100) bemühte sich um die Fortführung und Integration der Standortstrukturtheorien. Zu seinen Leistungen zählt der Nachweis, dass das Gewicht der dominierenden raumdifferenzierenden Faktoren – Produktionsfaktor Boden, Transportkosten, Agglomerationsfaktoren – vom Entwicklungsstand einer Volkswirtschaft abhängt. Die *New Economic Geography* bedient sich in ihrer Argumentation ebenfalls der Analyse des Zusammenspiels dieser drei Faktoren (vgl. Kapitel 5.5.4), jedoch zunächst ohne explizite Berücksichtigung des Entwicklungsstands. Auf die Darstellung der älteren Überlegungen *E. von Böventers* wird daher verzichtet; sie ist in früheren Auflagen dieses Lehrbuchs enthalten (*L. Schätzl*, 2003, Kapitel 2.1.2.4 und 2.3.8).

Die Ergiebigkeit der Standorttheorie für die Wirtschaftsgeographie wird in der Literatur nicht einheitlich beurteilt. Einschränkend wird vielfach darauf hingewiesen, dass die älteren Theorieansätze aufgrund ihrer restriktiven Annahmen im Widerspruch zur Wirklichkeit stehen und die Weiterentwicklungen einzelner Partialtheorien wegen ihres hohen Abstraktionsgrades nur bedingt operationabel sind. Tatsächlich bestand bei der Erstellung von Modellen für komplexe raumwissenschaftliche Fragestellungen ein Zielkonflikt zwischen der Exaktheit des Modells und der Anwendbarkeit in der Praxis. Je exakter die mathematische Ableitung war, desto restriktivere Modellannahmen wurden gesetzt, d. h. desto weniger realitätsbezogen war die Theorie. Neuere Forschungsergebnisse lassen jedoch eine zunehmende Bedeutung von Raummodellen für die Lösung praktischer Probleme erwarten. Um die Anwendbarkeit der Standorttheorie in der Praxis zu erhöhen, bemüht sich die Regionalforschung heute um eine Berücksichtigung außerökonomischer Bestimmungsgründe der räumlichen Differenzierung, etwa:

1. der Differenziertheit des Raumes. Die Theorien von *A. Weber, J. H. v. Thünen*, und *W. Christaller* gehen von einer homogenen Fläche aus, etwa der gleichmäßigen räumlichen Verteilung der Bevölkerung oder der natürlichen Ressourcen. Einige der Restriktionen konnten durch die Weiterentwicklung dieser Modelle aufgehoben werden.

2. der komplexen Verhaltensweisen der Entscheidungsträger im Wirtschaftsprozess. Die Standorttheorien unterstellen in aller Regel ein am Rationalprinzip orientiertes ökonomisches Verhalten; die Unternehmer streben nach Gewinnmaximierung, die Haushalte nach Nutzenmaximierung. *M. E. Eliot Hurst* stellt in seiner Geographie des ökonomischen Verhaltens dem *Economic Man* (homo oeconomicus) den *Noneconomic Man* gegenüber und die Sozialpsychologie sowie Sozialgeographie entwickeln als ergänzende Lösungsansätze eine Theorie des suboptimalen Verhaltens. Auch die im Kapitel *Regionale Organisations- und Netzwerktheorien* diskutierten Konzepte gehen von einem realitätsnäheren Menschenbild aus (z. B. Kapitel 5.2.1; vgl. auch *C. Earle*, 1996).

3. der politischen Bestimmungsgründe der räumlichen Verteilung. Zur Wiedererlangung des räumlichen Gleichgewichts wird in zunehmendem Maße neben den ökonomischen Ausgleichsmechanismen die Bedeutung der Raumwirtschaftspolitik erkannt und in den Modellen berücksichtigt.

4. des historischen Entwicklungsstandes einer Volkswirtschaft. Die traditionellen Standorttheorien sind statische Modelle. In einer evolutorischen Wirtschaft verändert sich der räumliche Differenzierungsprozess – wie *E. von Böventer* nachweist – beim Übergang von der Agrar- zur Industrie- und Dienstleistungsgesellschaft.

5. Mit der Entwicklung der *New Economic Geography* steht ein Begriffs- und Methodeninstrumentarium zur Verfügung, das eine quantitative Überprüfung vieler älterer Theorien erlaubt (vgl. Kapitel 5.5.4).

Literatur

Eine Zusammenfassung der wichtigsten Standorttheorien findet sich bei:

Maier, G.; Tödtling, F., 2006: Regional- und Stadtökonomik 1. Standorttheorie und Raumstruktur. (4. Aufl.). Wien.
McCann, P., 2001: Urban and Regional Economics. New York.

Zur Vertiefung der behandelten einzel- und gesamtwirtschaftlichen Standorttheorien ist das Studium nachfolgender, zum Teil älterer Texte lohnend:

Christaller, W., 1933: Die zentralen Orte in Süddeutschland. Eine ökonomisch-geographische Untersuchung über die Gesetzmäßigkeit der Verbreitung und Entwicklung der Siedlungen mit städtischen Funktionen. Jena. (Reprographischer Nachdruck, Darmstadt 1968).

Dicken, P.; Lloyd, P.E., 1999: Standort und Raum. Theoretische Perspektiven in der Wirtschaftsgeographie. Stuttgart.

Lösch, A., 1944: Die räumliche Ordnung der Wirtschaft. (2. Aufl.). Jena.

Smith, D. M., 1981: Industrial Location. An Economic Geographical Analysis. (2. Aufl.) New York.

Thünen, J. H. von, 1875: Der isolierte Staat in Beziehung auf Landwirtschaft und Nationalökonomie. Berlin. (1. Aufl. des 1. Teils 1826, der 1. Abteilung des 2. Teils 1850, der 2. Abteilung des 2. Teils und des 3. Teils 1863).

Weber, A., 1922: Über den Standort der Industrie. 1. Teil: Reine Theorie des Standorts. (2. Aufl.). Tübingen. (1. Aufl. 1909).

3. Räumliche Mobilitätstheorien

Die theoretischen Ausführungen in diesem Kapitel vermitteln Basiswissen zu den Motiven und Wirkungen der räumlichen Mobilität von einzelnen Produktionsfaktoren (Arbeit, Kapital, technisches Wissen) sowie von Gütern. Sie beschränken sich zumindest teilweise – wie schon in Kapitel 2 – auf die Darstellung von Überlegungen, die vor allem für die Industriegesellschaft relevant waren. Ihre Kenntnis ist für das Verständnis der in Kapitel 4 behandelten regionalen Wachstums- und Entwicklungstheorien und der in Kapitel 5 behandelten regionalen Organisations- und Netzwerktheorien notwendig. Damit verbundene inhaltliche Beschränkungen werden in Kapitel 5.4 teilweise aufgehoben.

3.1 Theorien der Faktormobilität

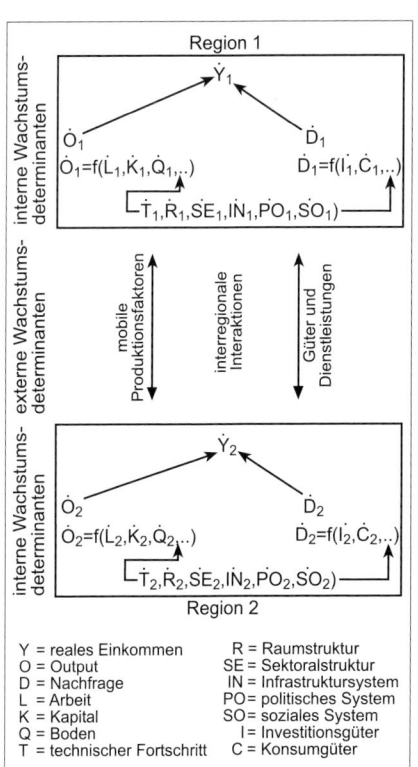

Das Produktionspotential einer Region hängt von der Quantität und Qualität der in der Region vorhandenen Produktionsfaktoren ab und die Zunahme des Produktionspotentials ist eine Funktion der Veränderung der Produktionsfaktoren. Diese Veränderung in der Faktorausstattung lässt sich durch interne und externe Determinanten erklären.

Y = reales Einkommen
O = Output
D = Nachfrage
L = Arbeit
K = Kapital
Q = Boden
T = technischer Fortschritt

R = Raumstruktur
SE = Sektoralstruktur
IN = Infrastruktursystem
PO = politisches System
SO = soziales System
I = Investitionsgüter
C = Konsumgüter

Abbildung 3.1: Determinanten des regionalen Wirtschaftswachstums (Eigene Darstellung)

In dem in Abb. 3.1 dargestellten Zwei-Regionen-Modell hängt die Zunahme des Produktionsfaktors Arbeit in der Region 1 $(\dot{L}_1)$[1] von der Möglichkeit der Mobilisierung zusätzlicher Arbeitskräfte innerhalb der Region 1 ab $(\dot{L}_{11})$ sowie vom Saldo der interregionalen Mobilität der Arbeitskräfte, d. h. der Faktorbewegungen von R_2 nach R_1 $(\dot{L}_{21})$ und von R_1 nach R_2 $(\dot{L}_{12})$ (*H. Siebert*, 1970 b, S. 33 f.).

$$\dot{L}_1 = \dot{L}_{11} + \dot{L}_{21} - \dot{L}_{12}$$

Bei der regionsinternen Veränderung des Produktionsfaktors Arbeit ist zu unterscheiden zwischen qualitativen und quantitativen Veränderungen. Eine verbesserte Ausbildung der Arbeitskräfte erhöht deren Produktivität und kann bei gegebenem Arbeitsangebot zu einer Erhöhung des Sozialprodukts führen. Die quantitative Veränderung des Arbeitsangebots wird in der Regel in Stunden geleisteter Arbeitszeit gemessen. Wichtige Determinanten des Arbeitsangebots sind die natürliche Bevölkerungsentwicklung, der Altersaufbau der Bevölkerung – wobei der Anteil der Bevölkerung im nicht erwerbsfähigen Alter (*dependency ratio*) von Bedeutung ist –, der Anteil der Erwerbstätigen an den Erwerbsfähigen, die Arbeitszeit der Erwerbstätigen usw. Das natürliche Bevölkerungswachstum, d. h. die regionsinterne Bevölkerungsveränderung, steuern ein positiver und negativer Regelkreis (Abb. 3.2). Das System ist im Gleichgewicht, wenn sich die Wirkungen des positiven und negativen Regelkreises gerade aufheben, wenn also die Zahl der Geburten den Todesfällen entspricht (*D. Meadows* et. al., 1972, S. 26 ff.).

Unter dem Begriff räumliche (interregionale) Mobilität der Arbeitskräfte soll jede Veränderung des Produktionsfaktors Arbeit von einem Raumpunkt (Region) zu einem anderen Raumpunkt (Region) verstanden werden. Bei räumlichen Arbeitskräftebewegungen mit gleichzeitigem Wechsel des Wohnorts handelt es sich um Wanderung (Migration), ist die räumliche Arbeitskräftebewegung nicht mit einer Verlagerung des Wohnsitzes verbunden, wird von Berufspendlern gesprochen. Es ist Aufgabe einer Theorie interregionaler Arbeitskräftemobilität, zu erklären, erstens welche Gründe zu Mobilitätsvorgängen führen und deren Intensität, Richtung und Reichweite beeinflussen, und zweitens welche Wirkung die Mobilität des Produktionsfaktors Arbeit auf die regionale Entwicklung ausübt.

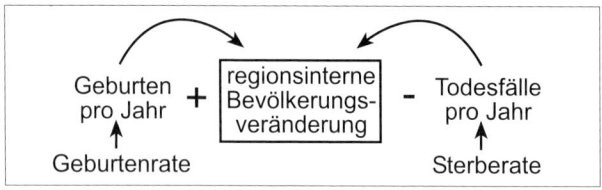

Abbildung 3.2: Regionsinterne Bevölkerungsveränderung (Eigene Darstellung)

---

[1]   Der Punkt über den Variablen bezeichnet Änderungen in der Zeit.

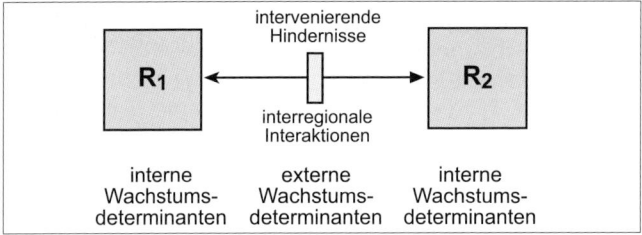

Abbildung 3.3: Zwei-Regionen-Modell interner und externer Wachstumsdeterminanten mit intervenierenden Interaktionshindernissen (Eigene Darstellung)

Gründe, die die Entscheidung zu wandern (bzw. zu pendeln) beeinflussen, sind zu suchen im Verhalten der Akteure, in Bedingungen, die in der Herkunfts- und Zielregion herrschen sowie in den intervenierenden Hindernissen zwischen der Herkunfts- und Zielregion (*E. S. Lee*, 1972, S. 118). Die räumliche Veränderung des Arbeits-, aber auch des Wohnstandortes ist ein Akt sozioökonomischen Handelns. Voraussetzung für eine räumliche Mobilitätsentscheidung ist die Unzufriedenheit eines Individuums oder einer Gruppe mit der ökonomischen und gesellschaftlichen Situation an der bestehenden Raumstelle (Region) und die Kenntnis von alternativen Raumstellen (Regionen), die eine bessere Verwirklichung des individuellen Anspruchsniveaus erwarten lassen. Die Fähigkeit, räumliche Unterschiede in der Nutzenerfüllung zu erkennen, hängt vom Informationsstand der Akteure ab. Dieser wiederum wird beeinflusst vom bestehenden Kommunikationssystem, d. h. von der Bereitschaft, mobilitätsrelevante Informationen aufzunehmen, von der Leistungsfähigkeit der Kommunikationskanäle und von der Intensität der Informationsimpulse aus anderen Regionen (*H. Siebert*, 1970 b, S. 44-59). Grundsätzlich gilt: Je größer die Unzufriedenheit mit den Arbeits- und Lebensbedingungen an der bestehenden Raumstelle und je größer die erkennbaren interregionalen Nutzendifferenzen sind, desto höher ist die Wahrscheinlichkeit für räumliche Mobilität. Interregionale Unterschiede im Nutzen werden in theoretischen und empirischen Untersuchungen durch folgende Variable ausgedrückt: Einkommen, Lohnniveau, Lebenshaltungskosten, Beschäftigungsstruktur, Verfügbarkeit von Arbeitsplätzen, Verstädterungsgrad, Wohnverhältnisse, Freizeitwert, kulturelle Infrastruktur, soziale Position ... In ökonomischen Theorien wird vielfach das Lohnniveau oder die Verfügbarkeit von Arbeitsplätzen als entscheidende Determinante der räumlichen Arbeitskräftemobilität angesehen. Die Modelle gehen davon aus, dass die Arbeitskräfte von Regionen mit niedrigem zu Regionen mit höherem Lohnniveau wandern oder entsprechend von Regionen mit Arbeitskräfteüberschuss zu solchen mit Arbeitskräfteknappheit; je größer die interregionalen Unterschiede sind, desto höher ist die erwartete Intensität der räumlichen Mobilität. Als Kritik ist anzuführen, dass in diesen Modellen außerökonomische Migrationsstimuli ebenso wenig Berücksichtigung finden wie der Raum als Mobilitätshemmnis.

Die Entfernung spielt in Wanderungsmodellen, die in Analogie zum newtonschen Gravitationsgesetz entwickelt wurden, eine wichtige Rolle. Gestützt auf empirische Untersuchungen von Wanderungsbewegungen in Großbritannien folgert E. G. Ravenstein (1885, 1889), dass die Wanderungsintensität zwischen zwei Regionen (M_{12}) umgekehrt proportional zur Entfernung (D_{12}) und direkt proportional zur Bevölkerungszahl der Region 1 (P_1) und der Region 2 (P_2) ist.

$$M_{12} = k \cdot \frac{P_1 \cdot P_2}{D_{12}}$$

W. Isard (1960, S. 510) erweiterte diesen Grundansatz eines Gravitationsmodells und gelangt zu folgender Formulierung:

$$M_{12} = k \cdot \frac{w_1 \, (P_1)^{a1} \cdot w_2 \, (P_2)^{a2}}{D^b_{12}}$$

wobei k eine Gravitationskonstante, w_1 und w_2 Gewichtungsfaktoren der Massen P_1 bzw. P_2 und a_1, a_2, b Exponentialkoeffizienten der Bevölkerungszahl der beiden Regionen bzw. der Entfernung darstellen. Eine Theorie, die die Bestimmung dieser Werte erklären könnte, fehlt bislang. Empirische Überprüfungen der Hypothesen der Gravitationsmodelle liefern bei Verwendung großer Aggregate befriedigende Ergebnisse (G. K. Zipf, 1946; J. Q. Stewart; W. Warntz, 1958). Die gravierende Schwäche dieser deskriptiven Modelle ist, dass sie die Gründe für Wanderungsbewegungen nicht zu erklären vermögen.

I. S. Lowry (1966) unternimmt den Versuch, ökonomische Modellansätze, die mehr nach den Ursachen der Migration fragen, mit Elementen der distanzorientierten Gravitationsmodelle zu verknüpfen. Der Grundgedanke ist, dass die Menschen in der Regel von der Region hoher in die niedriger Arbeitslosigkeit wandern sowie von der Region niedrigen in jene hohen Lohnniveaus. Selbst wenn die Wanderungsströme, gemäß der neoklassischen Annahme, langfristig ein Angleichen der interregionalen Lohn- und Beschäftigungsunterschiede bewirken, kommt es noch zu Wanderungen, deren Umfang von der Größe der Arbeitsmärkte und der Entfernung zwischen den Regionen abhängt. Diese Zusammenhänge lassen sich wie folgt formalisieren:

$$M_{12} = f \cdot \left(\frac{U_1}{U_2}; \frac{W_2}{W_1}; \frac{L_1 \cdot L_2}{D_{12}} \right)$$

wobei M_{12} die Wanderung zwischen der Region 1 und der Region 2, U den Anteil der Arbeitslosen am Arbeitskräftepotential in nichtlandwirtschaftlichen Sektoren, W die Löhne in der verarbeitenden Industrie, L die Zahl der Erwerbsfähigen in nichtlandwirtschaftlichen Sektoren und D die Luftlinienentfernung ausdrücken. Empirische Untersuchungen interregionaler Wanderungen in den USA bestätigen einige der Hypothesen dieses Modells (H. W. Richardson, 1973, S. 93; J. Wulf, 1972, S. 491).

Unbefriedigend im Migrationsmodell von *I. S. Lowry* ist die Behandlung der Distanz als reine Luftlinienentfernung. In regionalwissenschaftlichen Untersuchungen ist bei der Annahme, dass mit zunehmender Entfernung die Mobilität der Arbeit abnimmt, von einem umfassenden Distanzbegriff auszugehen, der neben der Kilometerentfernung die ökonomische und soziale Entfernung mit berücksichtigt. Der mobilitätshemmende Effekt zunehmender Entfernung lässt sich u. a. erklären aus:

- den abnehmenden Informationsmöglichkeiten
- den zunehmenden Kosten der Raumüberwindung (z. B. Umzugskosten)
- den wachsenden Unterschieden in Kultur, Sprache, Lebensgewohnheiten, Tradition, Religion und den damit verbundenen Anpassungsschwierigkeiten[2] im Zielgebiet
- der räumlichen Verteilung intervenierender Migrationshindernisse. Nach *S. A. Stouffer* (1940, 1960) hängt die Wanderung von der Herkunftsregion 1 zur Zielregion 2 (M_{12}) ab von der Zahl der Opportunitäten in der Zielregion (X_2), der Zahl der intervenierenden Gelegenheiten (*intervening opportunities*), die zwischen der Herkunfts- und Zielregion liegen (X_{12}), und der Zahl der konkurrierenden Migranten (*competing migrants*) im Einzugsgebiet der Zielregion (M_2). Dieser Zusammenhang lässt sich wie folgt ausdrücken:

$$M_{12} = k \cdot \frac{X_2^a}{X_{12}^b \cdot M_2^c}$$

wobei k eine Konstante und a, b, c Parameter sind, deren Werte aus dem empirischen Datenmaterial zu ermitteln sind.

H. Siebert (1993, 1995) erweitert die Diskussion über die Ursachen der Wanderung um eine dynamische Komponente. Bei einer Wanderungsentscheidung handelt es sich nicht um ein statisches Entscheidungsproblem für eine Periode, sondern um ein dynamisches Entscheidungsproblem unter Unsicherheit. Der potentielle Migrant versucht, den Nutzen, der sich aus der Wanderung ergibt, nicht für einen begrenzten Zeitraum, sondern über seine gesamte Lebenszeit zu maximieren. Folglich spielen bei Wanderungsentscheidungen Erwartungen über die künftige Einkommensentwicklung in der Herkunftsregion (Auswanderungsland) und der Zielregion (Einwanderungsland) eine entscheidende Rolle. Eine erwartete Verschärfung der interregionalen (internationalen) Einkommensdisparitäten fördert die Wanderungsentscheidung. Wird hingegen ein Abbau der Einkommensunterschiede angenommen, vermindert sich der Anreiz zur Migration, sofern die Option, zu einem späteren Zeitpunkt zu wandern, bestehen bleibt.

Nach der Behandlung der Gründe sind die Wirkungen der interregionalen Mobilität des Produktionsfaktors Arbeit auf den räumlichen Differenzierungsprozess zu

---

2   Vgl. hierzu den Begriff der psychischen Distanz, Kapitel 5.3.3

untersuchen. (Vergleiche hierzu auch die Ausführungen in Kapitel 4 Regionale Wachstums- und Entwicklungstheorien). Im Fall des in Abb. 3.1 dargestellten Zwei-Regionen-Modells führt die Wanderung von Arbeitskräften von Region 1 nach Region 2 zu einer Erhöhung des Arbeitskräftepotentials in R_2 und zu einer gleichzeitigen Verminderung in R_1. Neoklassische Gleichgewichtsmodelle beantworten die Frage nach den Wirkungen dieser Wanderungen auf Wirtschaftswachstum und Pro-Kopf-Einkommen in der Herkunfts- und Zielregion wie folgt: Ausgangspunkt neoklassischer Ansätze ist die Formulierung restriktiver Annahmen wie homogenes Arbeitsangebot, vollkommene Konkurrenz am Arbeitsmarkt, Vollbeschäftigung, freie Mobilität der Produktionsfaktoren, interregionale Transportkosten von Null. Wird des Weiteren unterstellt, dass Lohnunterschiede der einzige Migrationsgrund sind, wandern die Arbeitskräfte von der Region niedriger in die Region hoher Löhne und bewirken in der Zielregion ökonomische Expansionseffekte und in der Herkunftsregion Kontraktionseffekte gleicher Stärke. Die Wanderung der Arbeitskräfte gleicht bei den gesetzten Prämissen die Löhne in beiden Regionen aus und kommt zum Stillstand, wenn keine interregionalen Lohndifferenzen mehr bestehen.

Die in neoklassischen Gleichgewichtsmodellen beschriebenen Wirkungen der Arbeitskräftemobilität lassen sich aus den vorgegebenen Restriktionen ableiten. Werden jedoch andere (wirklichkeitsnähere) Annahmen eingeführt, sind Wirkungen der Wanderung zu erwarten, die weder zu einer Parallelität von Expansions- und Kontraktionseffekten noch zu einem interregionalen Ausgleich des Pro-Kopf-Einkommens führen. Entstehen durch die Zuwanderung von Arbeitskräften Agglomerationsvorteile (interne und externe Ersparnisse), so ist davon auszugehen, dass die Expansionseffekte in der Zielregion größer sind als die Kontraktionseffekte in der Herkunftsregion. Die Folge ist ein Anstieg der nationalen Wachstumsrate, aber auch die Verschärfung interregionaler Einkommensunterschiede. Auf Grund des selektiven Charakters der Wanderung ist eine langfristige Zementierung räumlicher Disparitäten möglich. Empirische Untersuchungen belegen, dass vielfach junge, dynamische und qualifizierte Arbeitskräfte wandern. Dieser interregionale Transfer von *Human Capital* erweitert das Entwicklungspotential der Zielregion, in der Abwanderungsregion hingegen verschlechtern sich die Wachstumsbedingungen. Durch die selektive Wanderung verliert die Entleerungsregion an Attraktivität für Kapitalimporte, und es fehlen ihr gerade jene Fachkräfte, die in der Lage wären, Innovationen aus anderen Regionen aufzunehmen und durchzusetzen sowie das regionsinterne Wachstumspotential auszuschöpfen. Diese Grundgedanken fließen in jüngere Arbeiten zu den Folgen der internationalen Mobilität von Hochqualifizierten ein (z. B. *A. Saxenian* und *C. Sabel*, 2008).

Nicht in jedem Fall bewirkt die Zuwanderung von Arbeitskräften Expansionseffekte und einen Anstieg des Pro-Kopf-Einkommens bzw. die Abwanderung Schrumpfungseffekte und personelle Einkommensminderungen. Wird in der Zielregion durch hohe Wanderungsintensität die vorhandene Absorptionskapazität überschritten, treten Agglomerationsnachteile auf. Der zeitweilige Zusammenbruch der materiellen Infrastruktur, der in vielen Großstädten vornehmlich in Entwicklungsländern zu beobachten ist, verschlechtert die Produktionsbedingungen der bestehenden Betriebe und die Lebensbedingungen der Bevölkerung. Die Erklärung dieser Entwicklung ist Gegenstand des Harris-Todaro-Modells (*M. P. Todaro* und *S. C. Smith*, 2006, S. 337-346). Gelingt es zudem nicht, die zugewanderten Arbeitskräfte in den Wirtschaftsprozess zu integrieren, sinkt in der Zuwanderungsregion zumindest temporär das durchschnittliche Pro-Kopf-Einkommen. Für die Entleerungsregion kann sich die Abwanderung unter bestimmten Voraussetzungen auch positiv auswirken. Herrscht beispielsweise Arbeitslosigkeit, die durch die Migration vermindert wird, erhöht sich das durchschnittliche Pro-Kopf-Einkommen. Schließlich besteht die Möglichkeit, dass die Abwanderung unterbeschäftigter Arbeitskräfte einen Substitutionsprozess von Arbeit durch Kapital in Gang setzt, der aufgrund einer effizienteren Faktorkombination das Produktionsvolumen in der Abwanderungsregion erweitert (*P. G. Jansen*, 1969, S. 151 ff.).

Regionsinterne Veränderungen des Produktionsfaktors Arbeit haben vergleichbare Auswirkungen auf Wirtschaftswachstum und Pro-Kopf-Einkommen wie Bestandsveränderungen aufgrund interregionaler Mobilität. Auch hier sind die Wirkungen quantitativer Veränderungen des Arbeitskräftepotentials in Zusammenhang zu sehen mit Agglomerationseffekten, Beschäftigungsgrad, Substitutionsmöglichkeiten usw.

Zur Beschäftigung des Arbeitskräftepotentials ist als Komplementärfaktor Kapital erforderlich. In ökonomischen und regionalwissenschaftlichen Untersuchungen nimmt der Produktionsfaktor Kapital eine zentrale Stellung ein, da die Kapitalbildung als Motor des Wirtschaftswachstums angesehen wird und die räumliche Verteilung des Kapitals das Arbeitsplatzangebot festlegt und damit die Siedlungsstruktur beeinflusst. Der Begriff Kapital bezeichnet jenen Teil des Produktionsergebnisses früherer Perioden, der zur Produktionserstellung in der betrachteten Periode beiträgt. *W. Klöppel* (1973, S. 16) unterscheidet zwei Zustandsformen des Kapitals: Sachkapital, das sind produzierte Produktionsmittel (z. B. Gebäude, maschinelle Anlagen), und Geldkapital, das sind Mittel, die zur Transformation in Sachkapital bereitstehen.

In einem Zwei-Regionen-Modell hängt die Veränderung des Kapitalbestandes in der Region 1 ($\dot{K}_1$) ab von der regionsinternen Kapitalakkumulation ($\dot{K}_{11}$) sowie von der interregionalen Kapazitätsmobilität, d. h. von den Kapitalbewegungen von R_2 nach R_1 ($\dot{K}_{21}$) und von R_1 nach R_2 ($\dot{K}_{12}$).

$$\dot{K}_1 = \dot{K}_{11} + \dot{K}_{21} - \dot{K}_{12}$$

Für eine geschlossene Region lässt sich die Veränderung des Kapitalbestandes mittels eines positiven und eines negativen Regelkreises erklären (Abb. 3.4). Das bestehende Sachkapital produziert Güter. Die für konsumtive Zwecke verwendeten Güter (Konsumgüter) scheiden aus dem Produktionsprozess aus. Der nicht konsumierte Teil des Sozialprodukts steht für investive Zwecke zur Verfügung. Die produktiven Nettoinvestitionen führen dem Kapitalbestand neue Anlagen (Investitionsgüter) zu und erweitern das Produktionspotential der Region. Diesem positiven Regelkreis steht ein negativer Regelkreis gegenüber. Das Sachkapital unterliegt der Kapitalabnutzung (Abschreibung), die von der durchschnittlichen Nutzungsdauer der Produktionsmittel abhängt. Verdiente Abschreibungen stellen Geldkapital dar, sofern sie über Ersatzinvestitionen wieder in Sachkapital transformiert werden. Während die Nettoinvestitionen den Kapitalbestand der Region vergrößern, bewirken die Ersatzinvestitionen lediglich die Erhaltung des gegebenen Kapitalbestandes. Das System befindet sich im stationären Gleichgewicht, wenn die Investitionen gleich der Kapitalabnutzung sind (*D. Meadows* et. al., 1972, S. 30 ff.; *H. Siebert; O. Lorz*, 2007, S. 358 ff.).

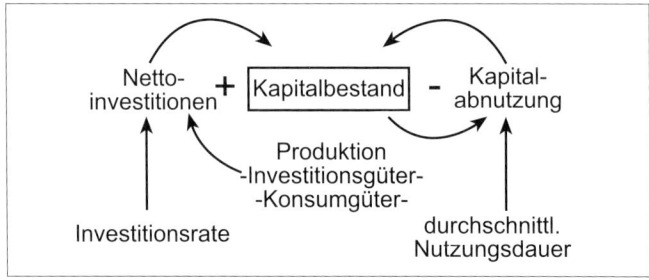

Abbildung 3.4: Regionsinterne Veränderung des Kapitalbestandes (Eigene Darstellung)

In einer offenen Region ist die interregionale Mobilität des Kapitals mit zu berücksichtigen. Es gehört zu den Aufgaben einer Theorie interregionaler Kapitalmobilität, die Gründe und Wirkungen der räumlichen Mobilität des Produktionsfaktors Kapital zu erklären. Als eine Lösungsmöglichkeit bietet sich an, diesen Fragenkomplex in Analogie zur Mobilität des Produktionsfaktors Arbeit zu beantworten. Danach sind die Gründe, die Entscheidungen über räumliche Kapitalbewegungen beeinflussen, im Verhalten der Investoren zu suchen, in den Investitionsbedingungen in der Herkunfts- und Zielregion sowie in den bestehenden Mobilitätshemmnissen. In ökonomischen Theorien wird vielfach vereinfachend angenommen, dass die Investoren maximalen Gewinn anstreben und dass die interregionalen Unterschiede in der Profitrate die entscheidende Determinante der räumlichen Kapitalmobilität darstellen. Kapital wandert demnach von der Region niedriger in die Region hoher Profitrate. Allerdings ist der Produktionsfaktor Kapital nicht vollkommen mobil, sondern weist von der Zustandsform des Kapitals abhängige Beharrungsmuster auf, welche die Mobilität beeinträchtigen. Das einmal mit dem Boden verbundene Sachkapital (bestehendes Sachkapital, *physical capital*) ist weitgehend immobil. Empirische Untersuchungen zeigen, dass Standortverlagerungen etwa von Produktionsstätten wegen der hohen Kosten des Abbaus, Transports und Neuaufbaus der Gebäude und maschinellen Anlagen relativ selten sind, zumindest gemessen an der Gesamtzahl der Betriebe. Für trotzdem durchgeführte Verlagerungen bestehender Betriebe sind in der Regel nicht höhere Opportunitäten (z. B. Profitraten) in anderen Regionen maßgebend; sie werden vielmehr durch existenzgefährdende Unzulänglichkeiten am bisherigen Standort verursacht (*F.-J. Bade*, 1979). Daneben gibt es auch die Möglichkeit, das bestehende Sachkapital allmählich zu verlagern, und zwar über verdiente Abschreibungen, die nicht reinvestiert, sondern in andere Regionen transferiert werden.

Aber auch die interregionale Mobilität des neu geschaffenen Sachkapitals und des Geldkapitals ist durch eine Reihe von Faktoren eingeschränkt. Ein Teil der neuen Kapitalgüter ist an der bestehenden Produktionsstätte zu verwenden, etwa um in der Vergangenheit begonnene Investitionsvorhaben fortzuführen bzw. abzuschließen. Auch lehrt die Erfahrung, dass Unternehmer bei relativ geringen interregionalen Opportunitätsdifferenzen bevorzugt im eigenen Unternehmen investieren, zumal wenn dort die Investitionsmittel erwirtschaftet wurden. Schließlich können Mängel im Kommunikationssystem die interregionale Kapitalmobilität behindern (*H. Siebert*, 1970 b, S. 71). Wegen der bestehenden Mobilitätshemmnisse ist davon auszugehen, dass trotz höherer Opportunitäten in anderen Regionen nur ein Teil des neu geschaffenen Sachkapitals und des Geldkapitals abfließt.

H. W. Richardson (1973, S. 108) weist darauf hin, dass die interregionalen Kapitalbewegungen ganz überwiegend in Zusammenhang stehen mit Betriebsgründungen (Neugründungen, Zweigstellengründungen) oder Betriebsverlagerungen. Zur Beantwortung der Frage nach den Gründen der räumlichen Mobilität des Kapitals sind daher die Ergebnisse der Theorie unternehmerischer Standortwahl heranzuziehen. Die wesentlichen Einflussgrößen der betrieblichen Standortbestimmung wurden bereits in Kapitel 2.1 diskutiert und werden in Kapitel 5.3.3 um Überlegungen zu Direktinvestitionen und multinationalen Unternehmen erweitert.

Die Wirkungen der interregionalen Mobilität des Produktionsfaktors Kapital und der regionsinternen Kapitalakkumulation auf Wirtschaftswachstum und Pro-Kopf-Einkommen lassen sich analog der für den Produktionsfaktor Arbeit durchgeführten Analyse darstellen. Ausgangspunkt der Betrachtung ist wieder das in Abb. 3.1 vorgestellte Zwei-Regionen-Modell. Die Wanderung des Kapitals von Region 1 nach Region 2 führt in R_2 zu einer Erhöhung und in R_1 zu einer Verminderung des Kapitalbestandes und damit des Produktionspotentials. Bei Gültigkeit der den neoklassischen Modellen zugrunde liegenden Restriktionen entspricht im neuen Gleichgewicht der Expansionseffekt in der Zielregion gerade dem Kontraktionseffekt in der Herkunftsregion. Dies setzt voraus, dass als Folge der interregionalen Kapitalbewegungen die Profitrate in der Zielregion sinkt und in der Herkunftsregion ansteigt. Dieses Ergebnis steht im Widerspruch zu den Aussagen polarisationstheoretischer Ansätze. Realisieren, beispielsweise, die nach R_2 gewanderten Betriebe Agglomerationsvorteile, ist mit einem Anstieg der Profitrate in der Zielregion der Kapitalströme zu rechnen, und es erhöht sich dadurch die Attraktivität dieser Region für weitere Kapitalimporte. Den einmal in Gang gesetzten

kumulativen Entwicklungsprozess verstärkt das zu beobachtende Unternehmerverhalten, selbst bei etwas geringeren Gewinnerwartungen die Investitionsent-
scheidung zugunsten der höher entwickelten Region (Zentrum) zu treffen und die
in der Entwicklung zurückgebliebenen Regionen (Peripherie) zu meiden (*H. W.
Richardson*, 1973, S. 105). Die Konsequenz ist die Verschärfung interregionaler
Disparitäten, die sich in Unterschieden im Pro-Kopf-Einkommen und in den
Wachstumsraten dokumentieren.

In zunehmendem Maße setzt sich die Erkenntnis durch, dass die Wirkung der
Mobilität des Produktionsfaktors Kapital nicht nur vom Volumen der Kapitalströme, sondern entscheidend von der Verwendung des Kapitals abhängt. Neben der
quantitativen ist die qualitative Dimension der Kapitalmobilität zu beachten. In die
Bewertung von Investitionen (z. B. einer Betriebsansiedlung) sind neben der Höhe
der eingesetzten Investitionsmittel der Beschäftigungseffekt der Investitionen, die
in der Region mobilisierten Vorwärts- und Rückwärtskopplungseffekte, aber auch
die durch die Betriebsansiedlung verursachten sozialen Kosten und Umweltbelas-
tungen einzubeziehen (*D. Fürst* et al., 1976, S. 38). Eine ausführliche Diskussion
der räumlichen Wirkungen von Investitionen findet sich in Kapitel 4.2.

Neben den Produktionsfaktoren Arbeit und Kapital sind das technische Wissen
und der technische Fortschritt als wesentliche Determinanten des regionalen Wirtschaftswachstums anzusehen. Im Folgenden wird versucht, die verwendeten Begriffe zu definieren, die Gründe für die unterschiedliche räumliche Verteilung des
technischen Fortschritts zu diskutieren sowie die Wirkung des technischen Fortschritts auf die regionale Entwicklung darzustellen. Die Ausführungen in diesem
Abschnitt beschränken sich auf die Behandlung des technischen Wissens. In einigen Konzepten der regionalen Organisations- und Netzwerktheorie wird ein um-
fassenderer Wissensbegriff zur Erklärung interregionaler Wachstums- und Ent-
wicklungsunterschiede verwendet (vgl. Kapitel 5).

Technisches Wissen bezeichnet den in einer Region gegebenen Bestand an Produktionsverfahren, Produkten und Organisationsformen, technischer Fortschritt
die Bestandsveränderung des technischen Wissens (*H. Siebert; O. Lorz*, 2007, S.
369). Neues technisches Wissen kann sich ausdrücken in der kostenmäßig günsti-
geren Herstellung eines bereits produzierten Gutes, in der Produktion neuer Güter bzw. der Bereitstellung neuer Dienstleistungen oder in neuen Organisationsformen. Der technische Fortschritt durchläuft drei Phasen: die Invention, die
Innovation und die Diffusion. In einem Lehrbuch ist aus didaktischen Gründen
eine terminologisch exakte Differenzierung in Invention, Innovation und Diffusion angebracht. In der Praxis stehen diese Phasen in einer interdependenten Beziehung, d. h. es kommt zu Rückkopplungen zwischen Forschern, Produzenten und
Anwendern (*S. J. Kline* und *N. Rosenberg*, 1986). Unter einer Invention ist die
Entdeckung neuer Problemlösungen, neuer Ideen zu verstehen. Die Innovation
bezeichnet die erstmalige Durchsetzung der Erfindung, die erstmalige Realisierung
der neuen Idee, und die Diffusion deren allgemeine Verbreitung. Der Diffusionsprozess ist abhängig von dem Grad der Verwertung der Neuerung durch andere

Produzenten (Imitation) und der Bereitschaft der Nachfrager, neue Produkte aufzunehmen (Adaption)[3]. Die Entstehung, Durchsetzung und Verbreitung neuen technischen Wissens ist als ein raumzeitlicher Prozess zu verstehen (*M. M. Opp*, 1974, S. 43 ff.).

In einem Zwei-Regionen-Modell wird der technische Fortschritt der Regionen R_1 und R_2 bestimmt von den jeweiligen regionsinternen Inventionen, von der interregionalen Mobilität der Inventionen und von der Durchsetzung (Innovation) und Verbreitung (Diffusion) der Neuerung in beiden Regionen.

Zunächst wird die Veränderung des technischen Wissens in einer geschlossenen Region behandelt. Im Verlauf der Entwicklung verändert sich der Wissensstand einer Region. Bestehendes technisches Wissen geht ungewollt verloren oder wird bewusst aufgegeben.

Andererseits entsteht neues technisches Wissen, und zwar im Fall einer geschlossenen Region ausschließlich durch eine Invention. *H. Siebert* (1970 b, S. 76 ff.; *H. Siebert; O. Lorz*, 2007, S. 369 ff.) nennt drei Erklärungsversuche für die Entstehung neuen technischen Wissens. Erstens: Die Invention ist die Folge eines Zufalls. Dieser zufallstheoretische Erklärungsansatz ist unbefriedigend, da Erfindungen, wie empirische Untersuchungen zeigen, räumlich, zeitlich und sektoral nicht zufällig gestreut sind. Zweitens: Die Invention ist das Ergebnis eines nicht gesteuerten und geplanten Lernprozesses. Neues technisches Wissen entsteht aus dem Lernen am Erfolg oder Misserfolg; erfolgreiche Handlungen werden wiederholt und nicht erfolgreiche Handlungen ausgeschaltet. Durch die permanente Veränderung der Verhaltensweisen der Akteure ergeben sich neue Problemlösungen. Drittens: Die Invention ist das Resultat eines gesteuerten und geplanten Suchprozesses. Private und staatliche Unternehmen und Forschungsinstitutionen suchen gezielt nach neuem Wissen. Der Erfolg dieses Suchprozesses ist abhängig vom bestehenden Wissensstand einer Gesellschaft, von der Problemstruktur der Region, d. h. vom Grad der Unzufriedenheit der Menschen mit den traditionellen Problemlösungen im Vergleich zu ihrem Anspruchsniveau, von der Höhe der eingesetzten Finanzmittel etc. Wird den lern- und suchtheoretischen Ansätzen ein hoher Erklärungswert zuerkannt, ist davon auszugehen, dass aufgrund unter-

---

[3] In den verschiedenen Fachdisziplinen werden die Begriffe Invention, Innovation, Diffusion, Imitation, Adaption zum Teil unterschiedlich definiert. Die vorliegende Arbeit verwendet die in der Regionalökonomie gebräuchlichen Begriffsbestimmungen, um die Verbindung des technischen Fortschritts mit den anderen Wachstumsdeterminanten aufzeigen zu können. Zunehmend werden in der Literatur zur Innovationsforschung Invention, Innovation und Diffusion als Elemente des Innovationsprozesses angesehen. Was den Diffusionsprozess anbetrifft, finden sich in der Literatur auch andere definitorische Abgrenzungen (vgl. *E. J. Malecki*, 1991, S. 119 ff.; OECD, 1992). Imitation ist danach die Kopie einer Innovation, ohne dass Schutz- oder Verwertungsrechte vorliegen. Erfolgt die Innovation auf der Basis von Schutz- oder Verwertungsrechten, lässt sich unterscheiden in Adoption bei unveränderter Übernahme der Innovation und in Adaption, wenn die Innovation vor ihrer Vermarktung an die spezifischen Anforderungen der Nutzer angepasst wird.

schiedlicher Ausgangsbedingungen die Erfindungen interregional ungleich verteilt sind.

In einem Zwei-Regionen-System mit interregionalen Interaktionen ist neben der räumlich differenzierten regionsinternen Entstehung der Inventionen deren interregionale Mobilität zu berücksichtigen. Die interregionale Mobilität einer Invention ist vom bestehenden Kommunikationssystem abhängig, d. h. von der Sendebereitschaft der Inventoren in der Herkunftsregion, von der Aufnahmebereitschaft der potentiellen Rezeptoren in der Zielregion und von der Leistungsfähigkeit der Informationskanäle. Grundsätzlich ist anzunehmen, dass staatliche Forschungsstellen eher bereit sind, Erfindungen weiterzugeben, als private Forschungsstellen. Private Unternehmen versuchen zunächst, eine Erfindung geheim zu halten mit der Zielsetzung, sie im eigenen Betrieb zu realisieren, um gegenüber den Konkurrenten einen Wettbewerbsvorsprung zu erreichen. Kurzfristig ist vor allem bei privaten Unternehmen von einer geringen Sendebereitschaft auszugehen mit der Folge einer weitgehenden intra- und interregionalen Immobilität der Inventionen. Langfristig kann ein Erfinderunternehmen ein Interesse daran haben, neue Problemlösungen weiterzugeben. Die räumliche Ausbreitung vollzieht sich vielfach in Verbindung mit der Nutzung neuer Produktionsverfahren in bestehenden bzw. neugegründeten Zweigbetrieben oder durch Lizenzvergabe an andere Unternehmen. Schließlich ist zu erwarten, dass auch bezüglich der Fähigkeit und Bereitschaft potentieller Rezeptoren, neue Erkenntnisse aufzunehmen, interregionale Unterschiede bestehen. Zusammenfassend lässt sich feststellen, dass Inventionen nicht unendlich mobil sind, wie gelegentlich in der Literatur angenommen wird, sondern mobilitätshemmende Beharrungsmuster aufweisen. Aufgrund dieser Mobilitätshemmnisse kann eine räumlich ungleiche Ursprungsverteilung der Inventionen durch den interregionalen Kommunikationsprozess nicht aufgehoben werden (*H. Siebert*, 1970 b, S. 88 ff.; *M. M. Opp*, 1974, S. 45 ff.). Umfassendere Überlegungen zur räumlichen Wissensmobilität diskutiert Kapitel 5.4.

Bislang wurde die räumliche Verteilung der Inventionen behandelt. Die in einer Region vorhandenen Kenntnisse über Erfindungen geben lediglich den potentiellen technischen Fortschritt an. Nur jener Teil der Erfindungen, der von den Unternehmen tatsächlich wirtschaftlich genutzt wird, stellt den realisierten technischen Fortschritt einer Region dar. Entscheidend für die regionale Entwicklung sind die erstmalige Durchsetzung einer Erfindung (Innovation) und deren allgemeine Verbreitung (Diffusion) innerhalb einer Region (*A. E. Ott*, 1959, S. 302 ff.). Die erstmalige Verwirklichung einer Invention in einer Region ist eine Funktion des bestehenden Wissensstandes, der Kapitalausstattung und der Struktur des Kapitalstocks, der Wettbewerbsintensität und der branchenspezifischen Konjunkturlage, der Betriebsgrößen-, Sektoral-, Motivationsstruktur etc. Die allgemeine Verbreitung einer Innovation in einer Region, d. h. die Imitation durch andere Unternehmen und die Adaption durch die Nachfrager, wird neben den für die Innovation genannten Einflussfaktoren ganz entscheidend von der Organisation des Kommunikationsprozesses geprägt[4]. Aufgrund der Vielzahl von Faktoren, die Innovationen und deren Diffusion beeinflussen, ist zu erwarten, dass nicht nur die Entstehung der Inventionen, sondern auch die erstmalige Durchsetzung und die allgemeine Verbreitung technischer Neuerungen unterschiedlich auf einzelne Regionen verteilt sind. Es ist folglich von einer interregional ungleichmäßigen Verteilung des technischen Fortschritts auszugehen.

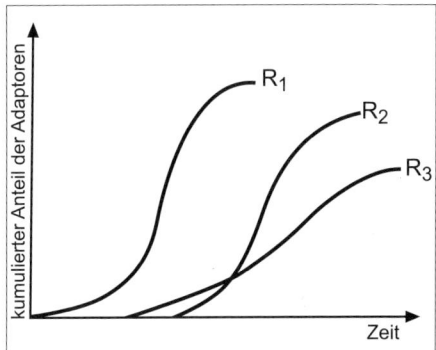

Abbildung 3.5: Logistische Wachstumskurven der Adaption für drei Regionen (Eigene Darstellung)

Im Mittelpunkt des Forschungsinteresses der Geographie stand bislang jene Phase des Entwicklungsprozesses des technischen Fortschritts, die sich mit der Diffusion von Innovationen befasst. Die primäre Zielsetzung der geographischen Diffusionsforschung war und ist es, den raumzeitlichen Ausbreitungsprozess von Innovationen zu beschreiben und zu erklären (vgl. *T. Hägerstrand*, 1966, S. 27-42; *R. Abler* et al., 1971, S. 389-451; *G. Bahrenberg*, 1975, S. 38-43). Die zeitliche Ausbreitung von Innovationen weist normalerweise einen S-förmigen Verlauf auf. In Abb. 3.5 sind auf der x-Achse die Zeit und auf der y-Achse der kumulative Anteil der Adaptoren (Unternehmungen, Individuen) abgetragen. Jede der für drei verschiedene Regionen dargestellten Kurven des kumulativen Wachstums der Adaption zeigt ein ähnliches Verlaufsmuster; die Kurve nimmt in der Anfangsphase nur langsam zu, steigt in der Expansionsphase steil an und nähert sich in der Sättigungsphase asymptotisch einer Höchstgrenze. Dabei können, wie Abb. 3.5 zeigt, durchaus interregionale Unterschiede bestehen, sowohl was die Geschwindigkeit des Ausbreitungsprozesses als auch was die Zahl der Adaptoren anbetrifft.

Hinsichtlich der räumlichen Diffusion von Innovationen werden in der Literatur verschiedene Ausbreitungstypen unterschieden. Die wellenförmige Diffusion ist distanzabhängig. Die Neuerung breitet sich vom Innovationszentrum in konzentrischen Kreisen auf das Hinterland aus und wird in der Regel durch per-

---

4   Ausführlich sind die Einflussfaktoren für die erstmalige Durchsetzung einer Invention sowie für die allgemeine Verbreitung durch Imitation und Adaption behandelt bei *H. Siebert* (1970 b, S. 94-113) und *M. M. Opp* (1974, S. 63-81).

sönliche Kontakte weitergeleitet (»Nachbarschaftseffekte«). Die Neuerung kann sich jedoch auch entlang der vom Innovationszentrum zentrifugal ausgehenden Kommunikationslinien ausbreiten; das räumliche Diffusionsmuster nimmt dann die Form von Speichen eines Rades an. Die hierarchische Diffusion hingegen ist durch eine Hierarchieabhängigkeit gekennzeichnet. Die Ausbreitung der Innovation vollzieht sich sprunghaft und folgt dem hierarchischen System der zentralen Orte (»Hierarchieeffekt«). Welcher Typ der räumlichen Innovationsausbreitung sich in der Realität durchsetzt, hängt von einer Reihe von Faktoren ab wie dem Entwicklungsstand einer Region, der Art der Innovation, dem betrachteten Raumgrößenmaßstab etc. Es ist zu erwarten, dass in Regionen mit niedrigem Entwicklungsstand die auf persönlichen Kontakten beruhende wellenförmige Diffusion vorherrscht und sich mit zunehmender Entwicklung des Kommunikationssystems die Voraussetzungen für die hierarchische Diffusion verbessern (*E. Giese*, 1978, S. 95 f.). Die Ausbreitung unternehmerischer Innovationen im industriellen Bereich (neue Investitionsgüter, neue Produktionsverfahren) folgt vielfach dem hierarchischen System der zentralen Orte bzw. spezialisierten Kommunikationslinien, während bei neuen Konsumgütern und unternehmerischen Innovationen im Agrarsektor die wellenförmigen Diffusionsmodelle eher anwendbar erscheinen (*P. O. Pedersen*, 1970, S. 203-254; *J. R. Lasuén*, 1973, S. 163-188; *H. W. Richardson*, 1973, S. 127). Schließlich ist davon auszugehen, dass auf der lokalen Maßstabsebene (Mikroebene) Informationen über Neuerungen überwiegend durch persönliche Kontakte zwischen Menschen[5] weitergegeben werden und dass mit zunehmendem Raumgrößenmaßstab (Meso-, Makroebene) die hierarchische Diffusion an Bedeutung gewinnt (*E. Wirth*, 1979, S. 202 ff.).

Einige räumliche Aspekte des Entwicklungsprozesses technischen Fortschritts fasst Abb. 3.6 anhand eines hypothetischen Beispiels zusammen, wobei vereinfachend nur drei Maßstabsebenen (global, national, lokal) betrachtet werden. Z bezeichnet den Standort der Invention eines neuen Produktionsverfahrens; an diesem Standort setzt das Erfinderunternehmen die Invention auch erstmalig durch. Nach der erstmaligen Realisierung erfolgt durch Lizenzvergabe die weltweite Verbreitung der Invention. In den einzelnen Ländern wird die Neuerung aus dem Ausland zuerst im Ort höchster Zentralitätsstufe durchgesetzt (A). Die Diffusion der Innovation folgt innerhalb eines Landes (nationale Ebene) zunächst der Hierarchie der zentralen Orte, d. h. die Innovation breitet sich sprunghaft vom Ort höchster Zentralität auf die Orte der jeweils nächst geringeren Stufe aus (B_1, B_2 . . .). Auf der lokalen Ebene ist bei neuen Produktionsverfahren im Industriesektor eher eine Ausbreitung entlang bestehender Kommunikationslinien (Alternative a) und bei neuen Produktionsverfahren im Agrarsektor (ähnlich wie bei Konsumgütern) eine wellenförmige Diffusion (Alternative b) zu erwarten.

---

[5]   In Netzwerken vollzieht sich Wissensdiffusion in Abhängigkeit von der Intensität der Verknüpfung und der Netzwerkzentralität der Akteure (vgl. Kapitel 5.3.1)

Abbildung 3.6: Räumliche Ausbreitungsprozesse des technischen Fortschritts (Eigene Darstellung)

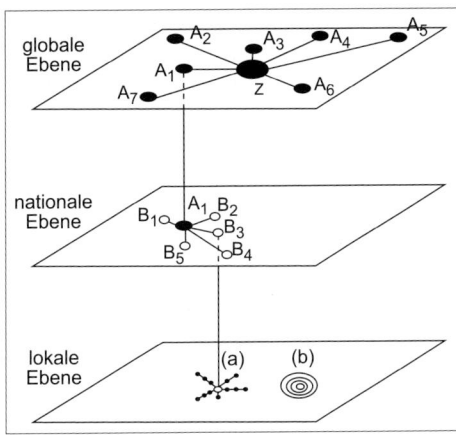

Hinsichtlich ihrer Wirkungen auf die regionale Entwicklung besteht ein grundsätzlicher Unterschied zwischen den Produktionsfaktoren Arbeit bzw. Kapital und dem technischen Fortschritt. Eine Einheit der Produktionsfaktoren Arbeit und Kapital kann nur an einer Raumstelle eingesetzt werden, neues technisches Wissen hingegen ist gleichzeitig an mehreren Raumstellen verwendbar. Die sich daraus ergebenden Folgerungen werden am Beispiel des eingangs vorgestellten Zwei-Regionen-Modells behandelt, wobei R_1 die abgebende und R_2 die empfangende Region des neuen technischen Wissens sei.

Wie bereits diskutiert, vermindert die Abwanderung von Arbeit und Kapital das Produktionspotential der Herkunftsregion; aufgrund des reduzierten Faktorbe-

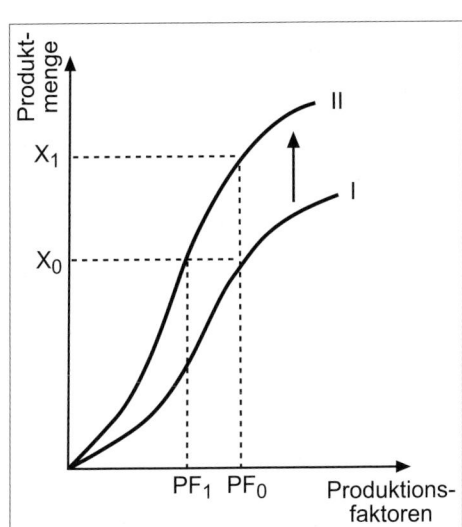

Abbildung 3.7: Veränderung der Produktionsfunktion durch technischen Fortschritt (Eigene Darstellung)

standes treten in der Regel Kontraktionseffekte ein. Im Unterschied hierzu verändert der Export neuen technischen Wissens den Faktorbestand der abgebenden Region nicht, und es sind zumindest kurzfristig keine Schrumpfungseffekte zu erwarten. Im Gegenteil können über die Einkünfte aus der Lizenzvergabe positive Wirkungen eintreten. Langfristig sind jedoch wachstumshemmende Effekte in der Abgaberegion nicht auszuschließen, da sich als Folge des Transfers neuen technischen Wissens die Wettbewerbsfähigkeit der empfangenden Region verbessert (*H. Siebert*, 1970 b, S. 117 f.). In der Empfangsregion erhöht der Zustrom neuen technischen Wissens – wie auch die Zuwanderung von Arbeit und Kapital – das Produktionspotential. Realisierter technischer Fortschritt ermöglicht beispielsweise die kostenmäßig günstigere Herstellung eines bereits produzierten Gutes und bewirkt eine Veränderung der Produktionsfunktion. Die in Abb. 3.7 dargestellte Gesamtertragskurve verschiebt sich von I nach II. Durch technischen Fortschritt kann mit demselben Faktoreinsatz (PF_0) eine größere Produktmenge (x_1 statt x_0) bzw. dieselbe Produktmenge (x_0) mit einem geringeren Faktoreinsatz (PF_1 statt PF_0) erzeugt werden (*A. E. Ott*, 1959, S. 303).

3.2 Theorien der Gütermobilität

Zwischen der interregionalen Mobilität der Produktionsfaktoren und der im Folgenden zu behandelnden interregionalen Gütermobilität besteht eine alternative Beziehung. Unter der vereinfachenden Annahme völliger interregionaler Mobilität der Produktionsfaktoren werden die Konsumgüter in der Region produziert, in der sie nachgefragt werden[6]; ein interregionaler Güteraustausch findet nicht statt. Wie eingangs behandelt, weisen jedoch die mobilen Produktionsfaktoren Arbeit, Kapital, technisches Wissen faktorspezifische, die Mobilität hemmende Beharrungsmuster auf; zudem ist der Faktor Boden völlig immobil. Je geringer die interregionale Faktormobilität ist, desto größer ist der potentielle Bereich für den Güteraustausch. Bei vollkommener interregionaler Immobilität der Produktionsfaktoren wird der Güterhandel zur einzigen ökonomischen Interaktionsform zwischen den Regionen; die Faktorenwanderungen werden durch Güterbewegungen substituiert (*H. Siebert*, 1970 b, S. 119-122; *B. Ohlin*, 1931; *R. A. Mundell*, 1957).

Ähnlich wie bei der Behandlung der Produktionsfaktoren Arbeit, Kapital, technisches Wissen soll am Beispiel eines Zwei-Regionen-Modells versucht werden, einmal Ursachen, Richtung und Umfang, zum anderen die Wirkungen des interregionalen Güterhandels in den Grundzügen zu erklären[7]. Die wichtigsten Bestimmungsgründe des Güterhandels zwischen Regionen (Ländern) gliedert *H. Hesse* (1988, S. 364-388) in folgende drei Determinantenkomplexe:

---

[6]   Zusätzliche Voraussetzungen sind die beliebige Teilbarkeit der Produktionsfaktoren sowie fehlende interne und externe Ersparnisse.

[7]   Der Begriff Region wird für supranationale, nationale und subnationale Gebietseinheiten verwendet. Die Außenwirtschaftstheorie untersucht die Gütermobilität zwischen Ländern.

1. Mangelnde Liefermöglichkeiten aufgrund von Nicht-Verfügbarkeit
2. Preisunterschiede
3. Marktüberschneidungen bei heterogener Konkurrenz

Zu 1: Ein wesentlicher Grund für die Aufnahme des interregionalen Güterhandels ist darin zu sehen, dass in der Region R_1 einer bestehenden Nachfrage nach Gütern unabhängig von Kosten und Preisen kein ausreichendes internes Angebot gegenübersteht, und dass gleichzeitig die Region R_2 Kapazitätsreserven besitzt, diese Güter zu liefern. Die mangelnden bzw. begrenzten Liefermöglichkeiten in der Importregion können dauerhaft oder vorübergehend sein. Eine dauerhafte Nicht-Verfügbarkeit von Gütern ist gegeben, wenn aufgrund natürlicher Gegebenheiten, etwa der geologischen oder klimatischen Beschaffenheit, bestimmte Bodenschätze nicht vorhanden sind oder einige Agrarprodukte nicht angebaut werden können. Von einer vorübergehenden Nicht-Verfügbarkeit von Gütern wird gesprochen, wenn unabhängig von Kosten und Preisen die heimischen Produzenten lang-, mittel- oder kurzfristig nicht in der Lage sind, die interne Nachfrage zu befriedigen. Beispielsweise fehlen in Regionen mit niedrigem Entwicklungsstand oder mit geringem organisatorischen und technischen Wissen die Voraussetzungen für die Produktion bestimmter Erzeugnisse (z. B. Investitionsgüter). Auch können Missernten oder Streiks zu Versorgungsengpässen führen und Güterimporte notwendig machen.

Zu 2: Einen anderen wesentlichen Grund für das Zustandekommen von interregionalem Güterhandel bilden Preisunterschiede zwischen den Regionen. Die Region R_1 exportiert Güter, bei denen sie gegenüber R_2 einen Preisvorteil aufweist, und importiert Güter aus R_2, bei denen sie Preisnachteile hat. Ursachen für interregionale Preisdifferenzen können Nachfrageunterschiede oder Kostenunterschiede zwischen den am Handel teilnehmenden Regionen sein. Interregionale Nachfrageunterschiede erklären sich u. a. aus Ungleichheiten in den natürlichen Gegebenheiten, im Pro-Kopf-Einkommen, in den Verhaltensweisen der Nachfrager. Interregionale Kostenunterschiede werden begründet mit Ungleichheiten in der mengenmäßigen Ausstattung der Regionen mit Produktionsfaktoren und mit Produktivitätsdifferenzen als Folge etwa von Unterschieden in der Qualität der Produktionsfaktoren oder in den Realisierungsmöglichkeiten von Skalenerträgen (*economies of scale*).

Zu 3: Weitere Bestimmungsgründe des interregionalen Güterhandels sind die Präferenzvielfalt der Nachfrager, die darauf abgestimmte Produktdifferenzierung der Hersteller sowie deren marktstrategische Entscheidungen. Im Laufe der wirtschaftlichen Entwicklung werden die Bedürfnisstrukturen und Qualitätsansprüche der Nachfrager vielfältiger. Die Produzenten passen sich mit Produktdifferenzierung den veränderten Käuferpräferenzen an und versuchen aus marktstrategischen Gründen, eine räumliche Diversifikation der Absatzmärkte zu erreichen. Die Folge ist eine zunehmende Durchdringung und Überschneidung der Absatzmärkte der Produzenten, die verwandte Güter herstellen, aber in verschiedenen Regionen ihren Produktionsstandort haben; gleichzeitig verbessern sich die Auswahlmöglichkeiten der Nachfrager. Ein beachtlicher Teil des Handels mit heterogenen Gütern, der zwischen industrialisierten Regionen stattfindet, lässt sich nicht mit dem Argument der Nicht-Verfügbarkeit bzw. mit Preisdifferenzen erklären, sondern ist auf tatsächliche oder vermeintliche Qualitätsunterschiede zurückzuführen.

In eine regionalwissenschaftliche Untersuchung zur Gütermobilität sind die Einflüsse des interregionalen Kommunikationssystems und der interregionalen Handelshemmnisse einzubeziehen. Voraussetzung für das Zustandekommen des interregionalen Handels ist die Kenntnis der Wirtschaftssubjekte über Liefermöglichkeiten, Preise, Qualitäten etc. der in anderen Regionen angebotenen Güter. Die Transparenz des interregionalen Güterangebots hängt vom bestehenden Kommunikationssystem ab. Der Umfang des Güterhandels wird von den zwischen den Regionen bestehenden Handelshemmnissen beeinflusst. Es bietet sich an, die Handelshemmnisse zu unterteilen in handelsbeschränkende Maßnahmen des Staates zur direkten Beeinflussung in der Regel grenzüberschreitender Güterströme und in Transportkosten. Zur Beschränkung des internationalen Handels steht dem Staat eine Vielzahl von Maßnahmen zur Verfügung; das Spektrum reicht von Ein- und Ausfuhrverboten über Kontingentierungen bis zur Erhebung von Zöllen. Der handelsbeschränkende Effekt der Transportkosten hängt ab von der Entfernung zwischen Produktionsort und Absatzgebiet, dem Gewicht und Volumen der zu befördernden Güter, den Frachtraten, der Qualität und Struktur der Verkehrsinfrastruktur, produktspezifischen technischen Vertriebsschwierigkeiten etc. Nach *H. Linnemann* (1966) hat neben der Höhe des Sozialprodukts die Entfernung zwischen Ländern eine zentrale Bedeutung für das Ausmaß der internationalen Warenströme; es wird erwartet, dass sich mit steigendem Bruttosozialprodukt das Handelsvolumen erhöht, während mit wachsender Entfernung der Handel sinkt. Grundsätzlich gilt: Je höher (niedriger) die Kosten der Raumüberwindung – wobei sich Zölle als künstliche Transportkosten interpretieren lassen –, desto enger (weiter) wird der Spielraum für den interregionalen Güteraustausch.

Nach den Bestimmungsgründen sind die Wirkungen des interregionalen Handels, insbesondere die Vorteile und Nachteile für die am Handel beteiligten Regionen, zu untersuchen. Als entscheidendes Argument für die Aufnahme bzw. Ausweitung des interregionalen Güterhandels werden die sich daraus ergebenden Wohlfahrtsgewinne genannt. Im Folgenden ist am Beispiel eines Zwei-Regionen-Modells zu überprüfen, inwiefern durch Außenhandel für das Gesamtsystem sowie für beide Regionen Wohlfahrtseffekte auftreten. Die klassischen und neoklassischen Erklärungsansätze basieren auf einer Reihe von vereinfachenden Annahmen. Üblicherweise wird unterstellt, dass die Produktionsfaktoren Arbeit und Kapital innerhalb einer Region (Volkswirtschaft) mobil, interregional jedoch immobil sind und dass keine interregionalen Kosten der Raumüberwindung bestehen, d. h. es wird von Handelshemmnissen (z. B. Transportkosten, Zöllen) abstrahiert. Weitere Restriktionen sind in der Regel Vollbeschäftigung aller vorhandenen Produktionsfaktoren, vollständige Konkurrenz, Zwei-Güter-Produktion. Auf die wohlfahrtsfördernde Wirkung eines auf absoluten Kostenvorteilen beruhenden Außenhandels hat bereits *Adam Smith* (1776) hingewiesen. *David Ricardo* (1817) konnte nachweisen, dass internationale Arbeitsteilung und Handel auch noch bei relativen (komparativen) Kostenvorteilen lohnend sind. Nachfolgende Zahlenbeispiele für zwei Regionen (R_1, R_2), die jeweils zwei Güter (G_1, G_2) produzieren, verdeutlichen die Vorteile des Außenhandels im Vergleich zur Autarkiesituation. In den beiden Beispielen sind die gesamten Produktionskosten in Arbeitseinheiten (AE) ausgedrückt; der Außenhandel wird als Naturaltausch abgewickelt.

Im Beispiel 1 besitzt die Region R_1 beim Gut G_2 und die Region R_2 beim Gut G_1 einen absoluten Kostenvorteil. Im Autarkiefall (a) produzieren beide Regionen je eine Einheit beider Güter. Wird Außenhandel betrieben (Fall b), kann sich die Region R_1 auf die Produktion des Gutes G_2 und die Region R_2 auf die Produktion des Gutes G_1 spezialisieren. Die internationale Arbeitsteilung bewirkt bei gleichbleibenden Produktionskosten (Arbeitseinheiten) für jede der beiden Regionen und damit auch für das regionale Gesamtsystem eine bessere Güterversorgung.

Im Beispiel 2 besitzt für beide Güter die Region R_1 absolute Kostenvorteile und die Region R_2 absolute Kostennachteile. Der Grad der Überlegenheit der Region R_1 ist beim Gut G_2 größer als beim Gut G_1. Entsprechend ist der Grad der Unterlegenheit der Region R_2 beim Gut G_1 geringer als beim Gut G_2 (100/90 < 120/80); d. h. der absolute Kostennachteil der Region R_2 ist bei der Produktion einer Gütereinheit G_1 relativ geringer. Das Theorem der komparativen Kosten besagt nun, dass trotz absoluter Kostenvorteile einer Region bei beiden Gütern Außenhandel von Vorteil ist, wenn sich die Regionen auf die Produktion jenes Gutes spezialisieren, bei dem sie einen komparativen Kostenvorteil aufweisen. Produzieren, wie im Zahlenbeispiel 2 (b) dargestellt, die Region R_1 nur das Gut G_2 und R_2 nur G_1, ergibt sich im Vergleich zur Autarkiesituation für jede der beiden Regionen und für das Gesamtsystem, bei gleichen Inputeinheiten, eine bessere Güterversorgung. Die Außenhandelsgewinne für beide Regionen zusammen betragen bei G_1 0,2 und bei G_2 0,125 Outputeinheiten. Spezialisierung entsprechend der komparativen Kostenvorteile und Außenhandel führen demnach zu Wohlfahrtseffekten.

Beispiel 1: Absolute Kostenvorteile:
Stückkosten gemessen in Arbeitseinheiten (AE)

a) Autarkie

	R_1 Input	R_1 Output	R_2 Input	R_2 Output	Σ Input	Σ Output
G_1	120 AE	1	100 AE	1	220 AE	2
G_2	80 AE	1	120 AE	1	200 AE	2
	200 AE	2	220 AE	2	420 AE	4

b) Außenhandel

	R_1 Input	R_1 Output	R_2 Input	R_2 Output	Σ Input	Σ Output
G_1	-	-	220 AE	2,2	220 AE	2,2
G_2	200 AE	2,5	-	-	200 AE	2,5
	200 AE	2,5	220 AE	2,2	420 AE	4,7

Beispiel 2: Komparative Kostenvorteile:
Stückkosten gemessen in Arbeitseinheiten (AE)

a) Autarkie

	R_1 Input	R_1 Output	R_2 Input	R_2 Output	Σ Input	Σ Output
G_1	90 AE	1	100 AE	1	190 AE	2
G_2	80 AE	1	120 AE	1	200 AE	2
	170 AE	2	220 AE	2	390 AE	4

b) Außenhandel

	R_1 Input	R_1 Output	R_2 Input	R_2 Output	Σ Input	Σ Output
G_1	-	-	220 AE	2,2		2,2
G_2	170 AE	2,125	-	-		2,125
	170 AE	2,125	220 AE	2,2		4,325

Die Lehre von den absoluten und komparativen Kostenvorteilen ist zu ergänzen um die Frage nach der Verteilung der Handelsgewinne auf beide Regionen und um die Frage nach den Auswirkungen des interregionalen Handels auf die Preise der Produktionsfaktoren. Die Aufteilung der Handelsgewinne auf beide Regionen hängt vom Verhältnis ab, in dem die Güter interregional getauscht werden; das natural ausgedrückte Tauschverhältnis wird *Terms of Trade* genannt. Bei der Berechnung der Handelsgewinne in obigen Zahlenbeispielen wurde vereinfachend eine Austauschrelation zwischen G_1 und G_2 von 1:1 angenommen. Die klassische Theorie der absoluten und komparativen Kosten behandelt nur die Angebotsseite und kann die Frage nach dem tatsächlichen interregionalen Tauschverhältnis nicht beantworten. Hierfür ist die Einbeziehung der Nachfrageseite notwendig, da auf die Tauschrelation alle Faktoren einwirken, die Angebot und Nachfrage in beiden Regionen bestimmen. Der in empirischen Studien am häufigsten verwendete *Net Barter Terms of Trade* – Begriff (P) ist definiert als das Verhältnis des Index der Ausfuhrpreise (P_X) zum Index der Einfuhrpreise (P_M).

$$P = \frac{P_X}{P_M} \cdot 100$$

Ein Anstieg von P, z. B. wenn die Ausfuhrpreise schneller ansteigen als die Einfuhrpreise, wird als Verbesserung der *Terms of Trade* angesehen, da bei konstanter Exportmenge mehr Güter importiert werden können. Umgekehrt wird ein Sinken von P als Verschlechterung der *Terms of Trade* einer Region angesehen, da mehr Güter exportiert werden müssen, um die gleiche Importmenge aufrechterhalten zu können. Eine Verbesserung (Verschlechterung) der *Terms of Trade* besagt, dass sich der Handelsgewinnanteil einer Region erhöht (vermindert) hat. Wie die Literatur zur Außenwirtschaftstheorie betont, lassen Veränderungen in den *Terms of Trade* nur bedingt Aussagen über Wohlfahrtseffekte zu. *H.-R. Hemmer* (2002, S. 222 ff.) erwartet, dass in einer wachsenden Volkswirtschaft, in der die Nachfrage nach Importgütern steigt und sich die *Terms of Trade* verringern, in der Regel der wohlstandssteigernde Wachstumseffekt stärker ist als der wohlstandsmindernde *Terms of Trade*-Effekt; trotz einer Verschlechterung der Tauschrelationen entstehen Wohlstandsgewinne. Nur im Grenzfall wird der aus dem Wachstumseffekt resultierende Einkommenszuwachs durch den negativen *Terms of Trade*-Effekt überkompensiert. Diese Situation, in der eine Region trotz Wirtschaftswachstum einen Realeinkommensverlust erleidet, nennt *J. Bhagwati* (1958) »*immiserizing growth*« (Verelendungswachstum).

Die Auswirkung des Außenhandels auf die Faktorpreise lässt sich durch nachfolgende Argumentationskette erläutern. Ausgangspunkt der Überlegung ist, dass in einem Zwei-Regionen-Modell, unabhängig von den absoluten Faktorbeständen, das Faktorausstattungsverhältnis zwischen beiden Regionen Unterschiede aufweist.

Beispielsweise soll die Region R_1 einen relativ hohen Anteil des Produktionsfaktors Kapital besitzen, während die Region R_2 vergleichsweise günstig mit Arbeitskräften ausgestattet ist, d. h.

$$(K/L)_{R1} > (K/L)_{R2.}$$

Wird unterstellt, dass die relative Häufigkeit der Produktionsfaktoren sich in den Faktorpreisen widerspiegelt, ist vor Eröffnung des Außenhandels in der kapitalreichen Region R_1 der Faktor Kapital und in der arbeitsreichen Region R_2 der Faktor Arbeit relativ billig. Mit Aufnahme des Außenhandels tritt eine Spezialisierung der

Regionen auf die Produktion jener Güter ein, deren Faktorintensität der regionsspezifischen Faktorausstattung entspricht; d. h. eine Region wird jene Güter exportieren (importieren), bei deren Herstellung der relativ reichlich (knapp) vorhandene Faktor besonders intensiv genutzt wird. Die Region R_1 exportiert demnach kapitalintensive Güter und importiert arbeitsintensive Produkte aus der Region R_2, und umgekehrt führt R_2 arbeitsintensive Güter aus und kapitalintensive ein. Solange keine steigenden Skalenerträge vorliegen, führt der interregionale Handel in beiden Regionen zu steigenden Preisen für den relativ reichlich und zu fallenden Preisen für den relativ knapp vorhandenen Faktor. Unter den eingangs formulierten restriktiven Bedingungen bewirkt der interregionale Handel eine tendenzielle Angleichung der bei Aufnahme des Handels bestehenden Faktorpreisunterschiede, obgleich keine interregionalen Faktorbewegungen stattfinden. Die Gütermobilität ersetzt zum Teil die fehlende Faktormobilität. Das hier vorgestellte Hypothesensystem wird nach den schwedischen Nationalökonomen *E. F. Heckscher* (1919) und *B. Ohlin* (1933), die es entwickelten, als Heckscher-Ohlin-Theorem (auch Faktorproportionentheorem) bezeichnet. Der Theorie vom Ausgleich der Faktorpreise durch Außenhandel liegt eine Reihe von Restriktionen zugrunde. Bei Berücksichtigung realitätsnäherer Annahmen, wie unvollständige Konkurrenz, Transportkosten, ungleiche Produktionsfunktionen, wird die Tendenz zum Faktorpreisausgleich abgeschwächt und eine vollständige Angleichung der Preise der Produktionsfaktoren verhindert (*K. Rose, K. Sauernheimer*, 2006, S. 420 ff.).

Die »neue« Außenhandelstheorie versucht, Ursachen und Wirkungen des intraindustriellen Handels, d. h. des Handels aufgrund von Marktüberschneidungen bei heterogener Konkurrenz, zu erklären. Eine Pionierarbeit auf diesem Gebiet erstellte *Paul Krugman* (1979), indem er modelltheoretisch nachweist, dass steigende Skalenerträge eine eigenständige Ursache des internationalen Handels darstellen, vergleichbar mit den komparativen Kostenunterschieden in den älteren Theorien. Von steigenden Skalenerträgen wird dann gesprochen, wenn eine proportionale Veränderung des Einsatzes aller Produktionsfaktoren eine überproportionale Veränderung der Produktion bewirkt (*K. Rose; K. Sauernheimer*, 2006, S. 563).

Der Ansatz von *Krugman* betont die Bedeutung von Produktdifferenzierung und steigenden Skalenerträgen für den Außenhandel. Die Nachfrager wünschen Produktdifferenzierung und präferieren unterschiedliche Güterarten. Die Anbieter betreiben Produktdifferenzierung, um monopolistische Marktnischen zu schaffen, und sie versuchen, bei der Produktion einzelner Güterarten steigende Skalenerträge zu nutzen. Das formalisierte Krugman-Modell belegt, dass Länder mit identischer bzw. ähnlicher Wirtschaftsstruktur sich auf unterschiedliche Produktvarianten spezialisieren und diese dann exportieren; d. h. das Modell erklärt, warum intraindustrieller Handel mit ähnlichen Produkten zustande kommt.

Ausgangspunkt des Modells sind zwei geschlossene Volkswirtschaften mit identischer Wirtschaftsstruktur. In der Autarkiesituation bildet sich in beiden Ländern eine monopolistische Konkurrenz heraus, in der die Unternehmen jeweils ein Produkt anbieten. Sowohl das Inland als auch das Ausland produzieren die gleiche

Produktpalette, z. B. die Güterarten 1 – 10. Die Öffnung der Grenzen ermöglicht Diversifikation. Durch Außenhandel steigt die Zahl der angebotenen Güterarten in beiden Ländern, und zwar – in dem gewählten Beispiel – auf zwanzig, wovon zehn im Inland und zehn im Ausland produziert werden. Ein Teil der Anbieter wird in der Folge in der Lage sein, bei der Produktion steigende Skalenerträge zu nutzen; die restlichen Anbieter scheiden aus dem Markt aus. Möglicherweise bleiben nach diesem Prozess 15 Anbieter und entsprechend 15 Produktvarianten übrig. Gegenüber der Autarkiesituation erhöht sich die Produktvielfalt für Konsumenten von 10 auf 15 Varianten. Diese Varianten können aufgrund steigender Skalenerträge zudem kostengünstiger produziert werden. Somit entstehen Außenhandelsgewinne sowohl auf der Nachfrageseite als auch auf der Angebotsseite. Die Bedürfnisse der Nachfrager werden durch die zunehmende Vielfalt der angebotenen Güterarten besser befriedigt. Die Anbieter können durch die Vergrößerung des Absatzmarktes steigende Skalenerträge realisieren (vgl. *P. Krugman*, 1979, S. 469-479; *H. Siebert, M. Rauschner*, 1991, 503-509; *K. Rose, K. Sauernheimer*, 2006, S. 563-572).

Nach der Behandlung der Vorteile ist auf mögliche Gefahren und Nachteile des Außenhandels hinzuweisen. Ganz allgemein ist davon auszugehen, dass internationale Arbeitsteilung zu gegenseitigen Abhängigkeiten führt. Länder beteiligen sich in der Regel nur dann am internationalen Güteraustausch, wenn die aus dem Handel resultierenden Wohlfahrtsgewinne höher eingeschätzt werden als die mit der Abhängigkeit verbundenen Gefahren. So streben die Länder bei besonders wichtig erachteten Gütern (z. B. bei Nahrungsmitteln) aus Gründen der Versorgungssicherheit – unabhängig von internationalen Preisunterschieden – ein gewisses Maß an Autarkie an.

Kontrovers diskutiert wird in der Literatur die Frage, ob Spezialisierung entsprechend der komparativen Kostenvorteile und Außenhandel für alle beteiligten Länder zu Wohlfahrtsgewinnen führt. Unstrittig ist, dass der Güteraustausch zwischen den Industrieländern für alle Beteiligten wohlfahrtssteigernde Effekte hat. Bei der Beurteilung der Wohlfahrtsgewinne des Handels der Entwicklungsländer mit den Industrieländern beziehen die Vertreter der Neoklassik und der Polarisationstheorie unterschiedliche Grundpositionen. Nach neoklassischer Erklärung entspricht die Struktur des Güteraustauschs zwischen Industrie- und Entwicklungsländern den bestehenden Unterschieden in den komparativen Produktivitäts- und Kostenvorteilen. Industrieländer besitzen tendenziell bei Industrieprodukten und Entwicklungsländer bei landwirtschaftlichen Gütern komparative Vorteile (*H. Hesse*, 1988, S. 382). Wie bereits ausführlich behandelt, besteht für alle am Handel beteiligten Länder zumindest die Möglichkeit, durch internationale Arbeitsteilung ihren Wohlstand zu erhöhen. Eine etwaige Benachteiligung der Entwicklungsländer wird erklärt mit monopolistischen Praktiken, Handelsbeschränkungen oder Erhaltungssubventionen von Seiten der Industrieländer.

Im Unterschied hierzu vertreten die Anhänger der Polarisationstheorie die Auffassung, dass die internationalen Wirtschaftsbeziehungen einseitig den Industrieländern Vorteile und den Entwicklungsländern Nachteile bringen. Polarisationstheoretiker

(z. B. *R. Prebisch*) argumentieren, dass die bestehenden Strukturunterschiede in den Außenhandelsbeziehungen zwischen Industrieländern (Zentrum) und Entwicklungsländern (Peripherie) aufgrund einer Verschlechterung der *Terms of Trade* einen Realeinkommenstransfer von den Entwicklungs- in die Industrieländer bewirken. Mit der zunehmenden weltweiten Intensivierung ökonomischer Beziehungen auf unterschiedlichen Ebenen (Globalisierung) hat die Diskussion der Auswirkungen auf Entwicklungs- und Industrieländer neue Beachtung gefunden (vgl. Kapitel 5.4.2).

Literatur

Eine umfassende Darstellung der internen und externen Wachstumsdeterminanten, insbesondere der Theorie der Faktor- und Gütermobilität, enthalten nachfolgende Standardwerke der Regionalökonomie:

Armstrong, H., Taylor, J., 2000: Regional Economics and Policy. (3. Aufl.). New York, London.

Fürst, D., Klemmer, P., Zimmermann, K., 1976: Regionale Wirtschaftspolitik. Tübingen, Düsseldorf. Kapitel 2 A-D.

Als Ergänzung zu den in Kapitel 3.2 behandelten Ursachen und Wirkungen der Gütermobilität:

Krugman, P.; Obstfeld, M., 2009: International Economics. Theory and Policy (8. Aufl.). New York.

Rose, K.; Sauernheimer, K., 2006: Theorie der Außenwirtschaft (14. Aufl.). München.

4. Regionale Wachstums- und Entwicklungstheorien

Die wirtschaftliche Entwicklung einer Region bzw. eines Systems von Regionen hängt von dem Zusammenwirken aller in Abb. 3.1 dargestellten internen und externen Wachstumsdeterminanten ab. Bislang ist es nicht gelungen, diese Determinanten in eine allgemeine, operationale, regionale Wachstums- und Entwicklungstheorie zu integrieren. Es besteht jedoch eine Vielzahl partieller Denkansätze zur Erklärung des räumlich differenzierten wirtschaftlichen Wachstumsprozesses und der gesellschaftlichen Entwicklung. Im Folgenden werden zunächst sechs zentrale Bausteine der Theoriebildung vorgestellt. Das Spektrum der behandelten Ansätze reicht von der neoklassischen Theorie über die postkeynesianische Theorie, die Polarisationstheorie, Wirtschaftsstufentheorien und dynamisch-zyklische Ansätze bis zur neuen Wachstumstheorie. Auch hierbei handelt es sich zumeist um ältere Theorien. Einmal mehr ist deren Kenntnis grundlegend für das Verständnis neuerer Ansätze, die in Kapitel fünf diskutiert werden.

4.1 Neoklassische Theorie

Die Grundhypothese der regionalen Wachstumstheorie der Neoklassik besagt, dass interregionale Unterschiede der Faktorentgelte durch Faktorwanderungen ausgeglichen werden, d. h. dass der Marktmechanismus zu einem Ausgleich regionaler Unterschiede des Pro-Kopf-Einkommens tendiert. Im Folgenden wird ein von *George H. Borts* und *Jerome L. Stein* (1964) entwickeltes einfaches Grundmodell des neoklassischen Typs vorgestellt[1]. Ausgehend von vereinfachenden Annahmen, wie Vollbeschäftigung, vollkommene Konkurrenz, freie Mobilität der Produktionsfaktoren, interregionale Transportkosten von Null, für alle Regionen identische Produktionsfunktionen mit konstanten Skalenerträgen, Ein-Gut-Produktion, lässt sich aus einer nur die Angebotsseite berücksichtigenden Produktionsfunktion $Y = f(K, L, T)$ nachfolgende Wachstumsgleichung ableiten:

$$y_i = a_i k_i + b_i l_i + t_i \qquad (1)$$

$$k_i = \frac{s_i}{v_i} \pm \sum_j k_{ji} \qquad (2)$$

---

[1] Eine ausführliche Darstellung und Kritik der regionalen Wachstumstheorie der Neoklassik findet sich bei *H. W. Richardson* (1969, S. 331-336 und 1973, S. 22-29); *F. Buttler* et al. (1977, S. 62-80).

$$l_i = n_i \pm \sum_j m_{ji} \qquad (3)$$

$$k_{ji} = f(r_i - r_j) \qquad (4)$$

$$m_{ji} = f(w_i - w_j) \qquad (5)$$

wobei:

y = Wachstumsrate des Outputs (oder realen Einkommens)
k = Wachstumsrate des Kapitals
l = Wachstumsrate der Arbeit
t = Wachstumsrate des technischen Wissens
a = Anteil des Kapitals am Einkommen ($\Delta Y/\Delta K * K/Y$)
b = Anteil der Arbeit am Einkommen ($\Delta Y/\Delta L * L/Y$)
    Bei Annahme konstanter Skalenerträge gilt: $a + b = 1$; $b = 1 - a$
s = Sparquote (S/Y)
v = Kapitalkoeffizient (K/Y)
k_{ji} = jährlicher Nettokapitalstrom von Region j nach Region i, dividiert durch
    den Kapitalstock der Region i
n = natürliche Wachstumsrate der Bevölkerung
m_{ji} = jährlicher Nettomigrationsstrom von Region j nach Region i, dividiert
    durch die Bevölkerung der Region i
r = Kapitalzins (= Profitrate)
w = Lohnsatz

Gleichung (1) ist eine allgemeine Wachstumsgleichung; sie enthält die Determinanten der Wachstumsrate des Einkommens der einzelnen Regionen. Gleichungen (2) und (3) sind Definitionsgleichungen für die Wachstumsraten der Produktionsfaktoren Kapital und Arbeit. Sie beschreiben die Veränderungsraten des regionalen Faktorbestandes aus der Abhängigkeit von internen und externen Wachstumsdeterminanten. Die Wachstumsrate des Kapitals wird bestimmt durch die intraregionale Kapitalbildung – sie hängt ab von der Sparquote und dem Kapitalkoeffizienten – und dem Saldo der interregionalen Kapitalbewegungen. Die Wachstumsrate des Faktors Arbeit wird bestimmt von intraregionalen Veränderungen des Arbeitskräftebestandes – ausgedrückt durch das natürliche Bevölkerungswachstum – und dem Saldo der interregionalen Arbeitskräftewanderung. Die Gleichungen (4) und (5) sind Verhaltensgleichungen; sie beinhalten die Kernaussage des Modells, dass interregionale Unterschiede in der Faktorentlohnung interregionale Faktorwanderungen hervorrufen.

Betrachten wir zunächst eine einzelne Region i. Der Mechanismus, der die Wirtschaft auf dem Gleichgewichtspfad hält, ist der Kapitalzins (= Profitrate)[2]. Als grundlegende Gleichgewichtsbedingung des Modells gilt, dass der nationale Kapitalzins (r) dem Grenzprodukt des Kapitals

$(Y_i/\Delta K_i)$

entspricht

$$\Delta Y_i/\Delta K_i = a_i * Y_i/K_i = r \qquad (6)$$

Werden r als gegeben und a als konstant angenommen, müssen Output (Y_i) und Kapitalstock (K_i) die gleiche Wachstumsrate aufweisen. Die Berücksichtigung der Bedingung y = k_i in Gleichung (1) ergibt im Gleichgewicht als Wachstumsrate des Outputs und des Kapitals[3]:

$$y_i = k_i = l_i + (t_i / 1-a_i) \qquad (7)$$

In einem Zwei-Regionen-Modell ist Gleichgewichtswachstum dann erreicht, wenn Region 1 und Region 2 identische Wachstumsraten von Output und Kapitalstock aufweisen. Die Gleichgewichtsbedingung lautet:

$$l_1 + \frac{t_1}{1 - a_1} = l_2 + \frac{t_2}{1 - a_2} \qquad (8)$$

Bei den gegebenen Prämissen befindet sich das System zwangsläufig im Gleichgewicht, wenn die drei Variablen der Gleichung (8) – Wachstumsrate der Arbeit (l), Wachstumsrate des technischen Wissens (t), Anteil des Kapitals am Einkommen (a) – in beiden Regionen gleich sind. Wird jedoch das interregionale Gleichgewicht durch unterschiedliche Wachstumsraten von Arbeit, Kapital oder technischem Fortschritt gestört, führen dem neoklassischen Modell innewohnende Ausgleichsmechanismen wieder zu einem dynamischen Gleichgewicht. Sie beruhen auf der Annahme substituierbarer Produktionsfaktoren. Mit der Veränderung des Kapitals (bzw. des Arbeitseinsatzes) geht eine Veränderung der Faktorentlohnung ein-

---

[2]   Es wird vorausgesetzt, dass der Kapitalstock voll ausgelastet ist.
[3]   Die Gleichung (1) lautet: $y_i = a_i k_i + b_i l_i + t_i$
     da gilt:
     a + b = 1 sowie $y_i = k_i$ folgt:
     $k_i = a_i k_i + (1 - a_i) * l_i + t_i$
     $k_i - a_i k_i = (1 - a_i) * l_i + t_i$
     $k_i (1 - a_i) = (1 - a_i) * l_i + t_i$
     $k_i = l_i + (t_i / 1 - a_i)$

her, welche wiederum Faktorwanderungen zur Folge hat. *Harry W. Richardson* (1969, S. 350 f.) betont die in der regionalen Wachstumstheorie der Neoklassik enthaltenen Ansätze für eine Theorie der interregionalen Faktormobilität und erklärt Richtung und Stärke der Faktorwanderungen wie folgt: Grundvoraussetzung ist die vollständige Konkurrenz auf allen Märkten; dies ist eine hinreichende Bedingung dafür, dass die Produktionsfaktoren nach ihrem Wertgrenzprodukt entlohnt werden. Lohnniveau und Kapitalverzinsung hängen ab von der Höhe des Einsatzes der Faktoren in der Produktionsfunktion. Aus Abb. 4.1 ist zu ersehen, dass mit ansteigender Kapitalintensität (K/L) das Grenzprodukt des Kapitals ($\Delta Y/\Delta K$) sinkt und das Grenzprodukt der Arbeit ($\Delta Y/\Delta L$) ansteigt.

Bei den gegebenen Prämissen werden die Produktionsfaktoren mit ihren Grenzprodukten entlohnt, d. h. das Grenzprodukt des Kapitals ($\Delta Y/\Delta K$) ist gleich dem Kapitalzins (r) und das Grenzprodukt der Arbeit ($\Delta Y/\Delta L$) gleich dem Reallohn (w).

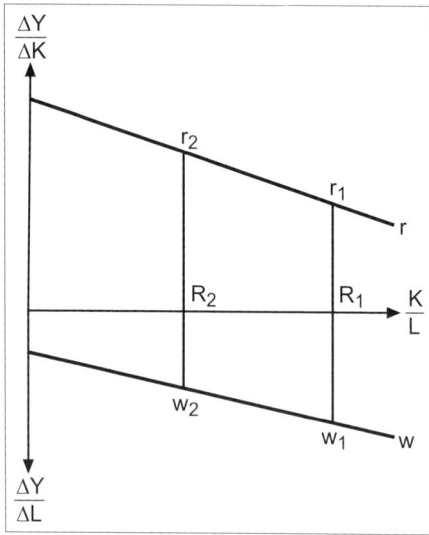

Abbildung 4.1: Zusammenhang zwischen Kapitalintensität, Faktorentgelte und Faktormobilität (Eigene Darstellung; Entwurf nach *H. W. Richardson* (1969, S. 351))

Da beide Regionen ein homogenes Gut bei identischen Produktionsfunktionen erzeugen, weist die Region mit der höheren Kapitalintensität (R_1) höhere Reallöhne (w_1), aber eine niedrigere Kapitalverzinsung (r_1) auf, und die Region mit der niedrigeren Kapitalintensität (R_2) hat niedrigere Reallöhne (w_2), aber höhere Kapitalzinsen (r_2). Um zu einem Gleichgewicht im Zwei-Regionen-System zu gelangen, fließt so lange Kapital von der Region mit niedrigeren Kapitalzinsen (R_1) in die Region mit höheren Kapitalzinsen (R_2), und Arbeit wandert in umgekehrter Richtung von der Region niedrigerer Reallöhne (R_2) in die Region höherer Reallöhne (R_1), bis sich die regionalen Unterschiede der Faktorentgelte ausgeglichen haben. Dieses Ergebnis, dass die Region niedriger Reallöhne eine höhere Wachstumsrate des Kapitals und einen größeren Anstieg der Löhne erfährt, wird als Hinweis für die Konvergenz des regionalen Pro-Kopf-Einkommens gedeutet.

Der Umfang der interregionalen Kapitalbewegungen kann durch einen Vergleich von Investitionen und Ersparnissen bestimmt werden. Das regionale System befindet sich im Gleichgewicht, wenn die Gesamtinvestitionen ($\sum I_i$) gleich den Gesamtersparnissen ($\sum S_i$) sind, wobei nach Definition $I_i = k_i K_i$ und $S_i = s_i Y_i$. Ist jedoch $k_i K_i > s_i Y_i$, wird eine Region Kapital importieren. Da, wie eingangs dargestellt, $k_i = y_i$ und $K_i/Y_i = v_i$, wird Kapital importiert, wenn

$$y_i > s_i/v_i . \qquad (9)$$

Dieses Ergebnis wird auf das Zwei-Regionen-Modell übertragen.

Ist $y_1 > s_1/v_1$, muss $y_2 < s_2/v_2$ sein, d. h. $s_2/v_2 > s_1/v_1$. Um ein Gleichgewicht im regionalen System zu erreichen, muss Kapital von Region 2 in Region 1 fließen. Dies ist nur möglich, wenn die Region 2 eine höhere Sparquote und/oder einen niedrigeren Kapitalkoeffizienten als Region 1 aufweist.

G. H. Borts und *J. L. Stein* (1964, S. 6) kommen zu nachfolgenden allgemeinen Ergebnissen: Erstens, je höher die Wachstumsrate des Einkommens einer Region ist, desto größer ist die Wahrscheinlichkeit, dass die Region Kapital importiert. Zweitens, die rasch wachsenden Regionen importieren Kapital von den langsam wachsenden Regionen, vorausgesetzt, alle Regionen weisen ähnliche Sparquoten und ähnliche auf das Kapital entfallende Einkommensanteile auf. Diese auf deduktivem Weg gewonnenen Resultate versuchten *G. H. Borts* und *J. L. Stein* (1964) empirisch zu überprüfen. Untersuchungen in den Vereinigten Staaten ergaben, dass die Bundesstaaten mit den höheren Wachstumsraten in aller Regel die Staaten mit niedrigem Pro-Kopf-Einkommen sind. Diese Ergebnisse stützen die Hypothese des Ausgleichs zumindest interregionaler Unterschiede des Pro-Kopf-Einkommens.

Aus den gesamtwirtschaftlichen Wachstumsmodellen der Neoklassik werden durch räumliche Disaggregation regionale Wachstumsmodelle abgeleitet. Für die regionale Wachstumstheorie neoklassischer Provenienz ergibt sich daraus – im Gegensatz zu anderen Ansätzen regionaler Wachstums- und Entwicklungstheorien – der Vorteil einer größeren systematischen Geschlossenheit; außerdem konnte in die regionale Wachstumstheorie eine Theorie der Faktormobilität integriert werden. Gleichzeitig mussten jedoch auch die den gesamtwirtschaftlichen Modellen zugrundeliegenden Restriktionen in den regionalen Modellen übernommen werden. Hierin liegt die entscheidende Schwäche der regionalen Wachstumstheorie der Neoklassik. Restriktive Annahmen wie Vollbeschäftigung, vollkommene Konkurrenz oder freie Faktormobilität sind in regionalwissenschaftlichen Analysen in besonderem Maße problematisch, da in der Realität gerade interregionale Unterschiede in der Faktorauslastung, Oligopole und regionale Monopole sowie räumliche Mobilitätshemmnisse den räumlichen Differenzierungsprozess der Wirtschaft bestimmen. Auch die Erklärung interregionaler Mobilität der Arbeit und des Kapitals allein aus Lohndifferenzen und unterschiedlicher Kapitalverzinsung ist zumindest unvollständig (vgl. hierzu Kapitel 3.1). Es liegt eine große Zahl von empirischen Untersuchungen vor, die nachweisen, dass interregionale Arbeitskräftewanderungen nicht nur eine Funktion der Reallöhne sind, sondern von zusätzlichen Variablen wie Arbeitsplatzangebot, Lebenshaltungskosten, Verstädterungsgrad, Wohn- und Freizeitwert, sozialer Position abhängen. Schließlich werden in der neoklassischen Theorie die Nachfrageseite und die raumdifferenzierte Wirkung der Agglomerationsfaktoren vernachlässigt.

Trotz dieser grundlegenden Einwände ist die Auseinandersetzung mit der regionalen neoklassischen Wachstumstheorie von Wichtigkeit, da Elemente dieser Theorie in den Standorttheorien, aber auch in Theorieansätzen, die räumlich ungleichgewichtiges Wirtschaftswachstum annehmen, verwendet werden und da die neoklassische Doktrin die Regionalpolitik in der Bundesrepublik Deutschland und anderer marktwirtschaftlich orientierter Staaten über lange Zeiträume stark beeinflusste.

4.2 Postkeynesianische Theorie

Während die neoklassische Wachstumstheorie die Angebotsseite betont, ist die postkeynesianische Wachstumstheorie nachfrageorientiert und betrachtet die Investitionstätigkeit als eine entscheidende Determinante des wirtschaftlichen Wachstums. Nettoinvestitionen haben einen Einkommens-, Kapazitäts- und Komplementäreffekt. Dabei wird die Wirkung zusätzlicher Investitionen auf Volkseinkommen und Gesamtnachfrage als Einkommenseffekt, die auf Produktionskapazität und Kapitalstock als Kapazitätseffekt und alle positiven oder negativen Wirkungen intrasektoraler und intersektoraler Beziehungen als Komplementäreffekt bezeichnet.

Die kurzfristige einkommenschaffende Wirkung von Nettoinvestitionen und deren Beziehungen zu Beschäftigungsschwankungen hat *John M. Keynes* (1936) untersucht. Ausgehend von den Definitionsgleichungen für das Sozialprodukt Y = C + I und Y = C + S (wobei Y = Sozialprodukt, C = Konsum, S = Nettoersparnisse, I = Nettoinvestitionen) lässt sich die Gleichgewichtsbedingung I = S ableiten. Bei Verwendung einer linear-homogenen Sparfunktion S = sY folgt als Gleichgewichtseinkommen Y = (1/s) * I . Der Einkommenseffekt der Investitionen besagt nun, dass nur durch ständig ansteigende Nettoinvestitionen ein Anstieg des Sozialprodukts und der Gesamtnachfrage erreicht wird:

$$\dot{Y} = (1/s) * \dot{I} \qquad (1)$$

Gleichung (1) beschreibt den Einkommenseffekt der Nettoinvestitionen; 1/s ist als Investitionsmultiplikator definiert. Die Ausdehnung der Gesamtnachfrage, des

Volkseinkommens, wird vom Verhältnis der Investitionszunahme (İ) zur Sparquote (s) bestimmt. Aufgrund der Multiplikatorwirkung einer autonomen Investition und der Akzeleratorwirkung induzierter Investitionen kann die im Zeitablauf eingetretene Einkommenserhöhung den Investitionsbetrag weit übersteigen.

Die Verknüpfung von Einkommens- und Kapazitätseffekt in der postkeynesianischen Wachstumstheorie vollzogen *Evsey D. Domar* (1946, S. 137-147) und *Roy F. Harrod* (1948)[4]. Der Grundgedanke ist, dass jede Nettoinvestition den Realkapitalbestand (K) vermehrt, d. h. I = K̇, und die Produktionskapazität der Wirtschaft erweitert. Unter der vereinfachenden Annahme einer proportionalen Beziehung zwischen Realkapitalbestand und der damit erzeugten Güterproduktion in der Form K = vY folgt für die zeitliche Einkommensveränderung:

$$\dot{Y} = 1/v * I \qquad (2)$$

Gleichung (2) beschreibt den Kapazitätseffekt der Nettoinvestitionen; 1/v bezeichnet *E. D. Domar* als Produktivität der Investition. Die Kapazitätszunahme wird vom Verhältnis der Investitionen (I) zum Kapitalkoeffizienten (v) bestimmt[5]. Gleichgewichtswachstum ist dann gegeben, wenn die Gesamtnachfrage in gleichem Maße zunimmt wie die Produktionskapazität, wenn also Einkommenseffekt und Kapazitätseffekt einander entsprechen. Aus den Gleichungen (1) und (2) folgt als Gleichgewichtsbedingung:

$$\dot{I}/I = s/v \qquad (3)$$

Aufgrund von vereinfachenden Modellannahmen wachsen auf dem Gleichgewichtspfad neben den Nettoinvestitionen auch die Variablen Einkommen, Nettoersparnisse, Kapitalstock[6] mit der Gleichgewichtsrate y = s/v .

Die Einbeziehung des Komplementäreffekts in die Theorie des wirtschaftlichen Wachstums ist das Verdienst von *Albert O. Hirschman* (1958, S. 98-119). Er unterteilt die durch Nettoinvestitionen direkt hervorgerufenen Anreize zur Durchführung komplementärer Investitionen in Vorwärtskopplungseffekte (*forward linkage effects*), die durch die Weiterverarbeitung des Outputs in Anschlussindustrien ent-

---

[4]   Dem Harrod-Domar-Modell liegen neben allgemeinen, auch in den neoklassischen Modellen verwendeten vereinfachenden Annahmen, wie Vollbeschäftigung, vollkommene Konkurrenz, konstante Skalenerträge, Ein-Gut-Produktion, noch folgende für das postkeynesianische Modell spezifische Restriktionen zugrunde: konstante Sparquote, konstante (limitationale) Faktoreinsatzverhältnisse, konstante Wachstumsrate der Arbeitskräfte, die gleich dem Bevölkerungswachstum ist.

[5]   Als Kapitalkoeffizient wird das Verhältnis zwischen Kapitalstock und Produktionskapazität bezeichnet.

[6]   Diese stark vereinfachende Darstellung von Einkommens- und Kapazitätseffekt wurde übernommen aus *G. Bombach* (1965, S. 776). Eine ausführliche Ableitung findet sich bei *S. Klatt* (1959, S. 166 ff.); *K. Rose* (1971, S. 19 ff.); *H. Walter* (1983).

stehen, und Rückwärtskopplungseffekte (*backward linkage effects*), die durch die Nachfrage nach Gütern und Diensten in anderen inländischen Betrieben des primären, sekundären und tertiären Sektors bewirkt werden. Induziert beispielsweise eine Nettoinvestition in Form einer Zementfabrik den Bau eines Zementsteinwerks, so wäre dies ein Vorwärtskopplungseffekt, die Errichtung einer Fabrik für Zementsäcke zu Verpackungszwecken wäre ein Rückwärtskopplungseffekt. Zusätzlich werden in der Literatur noch Komplementäreffekte der Endnachfrage (*final demand linkages*) sowie technologische und fiskalische Komplementäreffekte angeführt (vgl. *M. H. Watkins*, 1963, S. 141-158). So schafft eine Betriebsneugründung bzw. Erweiterung zusätzliches Faktoreinkommen, dessen Verbrauch die Nachfrage nach Gütern und Diensten erhöht, was weitere Investitionen induzieren kann. Technologische Komplementäreffekte entstehen, wenn der neue Betrieb zur Verbesserung und Verbreiterung des technischen Wissens der Bevölkerung beiträgt. Schließlich sind noch die Abgaben des Betriebs an den Staat anzuführen. Werden mit diesen Einnahmen der öffentlichen Hand Investitionen finanziert, so lösen diese ihrerseits wieder Einkommens-, Kapazitäts- und Komplementäreffekte aus. Wichtig ist, dass Komplementäreffekte in anderen Wirtschaftsbereichen nicht nur zu positiven internen und externen Ersparnissen sowie zu einer besseren Auslastung der Produktionsfaktoren führen können. Sie können auch einzelwirtschaftliche und gesamtwirtschaftliche Kosten verursachen, indem sie Agglomerationsnachteile und eine Unterbeschäftigung lokaler Ressourcen bewirken. Ein Beispiel hierfür ist die Verdrängung des arbeitsintensiven traditionellen Produktionshandwerks durch die kapitalintensive verarbeitende Industrie in vielen Entwicklungsländern.

Herbert Schmidt (1966) leistet einen Beitrag zur Erstellung einer raumbezogenen Wachstumstheorie, indem er die räumlichen Wirkungen der Investitionen analysiert. Der Kapazitätseffekt ist an den Standort der Investition gebunden. Die Bestimmungsgründe für die Verteilung der Investitionen im Raum wurden in Kapitel 2.1 (Standorttheorien) eingehend behandelt. Hier zeigt sich ein Ansatzpunkt zur Verknüpfung der Standorttheorie mit der regionalen Wachstumstheorie. Der Einkommenseffekt hat eine räumlich diffundierende Wirkung. Er wirkt am stärksten am Investitionsstandort und schwächt sich mit wachsender Entfernung von diesem ab. Die Reichweite hängt unter anderem vom Pendlereinzugsbereich eines Standorts ab, d. h. von der Bereitschaft der Bevölkerung, Entfernungen zwischen Produktions- und Wohnort zu überwinden, und von der Qualität des bestehenden Verkehrssystems. In Entwicklungsländern lässt die unzureichende Verkehrserschließung eine Konzentration des Einkommenseffektes auf die Kerngebiete der Investitionen erwarten. *Sigurd Klatt* (1959, S. 172) weist auf die entgegengesetzte räumliche und zeitliche Wirkung beider Effekte hin. Der Kapazitätseffekt hat eine längere Lebensdauer, ist aber räumlich lokalisiert, der Einkommenseffekt ist von kürzerer Dauer, hat jedoch die Tendenz, sich räumlich auszubreiten.

Die durch Nettoinvestitionen hervorgerufenen Komplementäreffekte haben eine räumlich, zeitlich und sektoral diffundierende Wirkung. Sie können am Investitionsstandort oder in anderen Gebieten, zum Investitionszeitpunkt oder zeitlich verzögert, im Investitionssektor oder in anderen Wirtschaftssektoren auftreten. Die räumliche Wirkung der Komplementäreffekte ist eine Funktion des Entwicklungsstandes einer Volkswirtschaft. Je niedriger das Entwicklungsniveau eines Landes, desto ausgeprägter ist der räumliche Polarisationseffekt, d. h. desto stärker sind die Komplementäreffekte im Kerngebiet der Investitionen lokalisiert. Für die regionale Wirtschaftsentwicklung sind die Komplementäreffekte von zentraler Bedeutung, zumal sie eine Möglichkeit aufzeigen, das Entwicklungsgefälle zwischen urbanen und ländlichen Gebieten abzubauen. Wichtig in diesem Zusammenhang ist der Rückwärtskopplungseffekt, da er in der Regel stärkere Wachstumsimpulse auslöst als der Vorwärtskopplungseffekt.

Unterschiede in der Verteilung von Investitionen im Raum und in der räumlichen Wirkung von Einkommens- und Komplementäreffekten führen zur Herausbildung von Wachstums-, Entleerungs- und Stagnationsgebieten[7]. Das charakteristische Merkmal eines Wachstumsgebietes ist, dass die Wachstumsrate des Volkseinkommens dieser Region deutlich über dem Landesdurchschnitt liegt. Der Wachstumsprozess wird hervorgerufen und begleitet von stetig ansteigenden Investitionen, Exportüberschuss der ansässigen Industrie, Zunahme des räumlichen Leistungspotentials und Zufluss mobiler Produktionsfaktoren. Den Wachstumsgebieten stehen Entleerungsgebiete gegenüber, in denen sich ein wirtschaftlicher Schrumpfungsprozess vollzieht. Ein Entleerungsgebiet ist gekennzeichnet durch eine Verminderung der regionalen Wertschöpfung, Abnahme der industriellen Investitionen und des Leistungspotentials sowie durch einen Abfluss von mobilen Produktionsfaktoren. Die Abwanderung von Arbeitskräften vollzieht sich selektiv; jüngere, qualifizierte und aktive Arbeitskräfte wandern zuerst ab. Stagnationsgebiete verharren auf ihrem erreichten Entwicklungsstand. Abhängig vom Industrialisierungsgrad unterscheidet *H. Schmidt* Stationär- und Indifferenzgebiete. Erstere sind industrialisierte Räume, in denen sich positive und negative Wachstumsimpulse aufheben. Indifferenzgebiete dagegen sind von der Gestaltungskraft der Industrie noch unberührt.

Dieser räumliche Differenzierungsprozess ist vom Entwicklungsstand einer Volkswirtschaft abhängig. Zu Beginn der Industrialisierung fallen Einkommens-, Kapazitäts- und Komplementäreffekte von Investitionen weitgehend an einem Standort zusammen. Die wachsende Anhäufung von produzierten Produktionsmitteln in Verbindung mit Agglomerationsvorteilen führt zu einem eigendynamischen Wirtschaftswachstum, das den räumlichen Konzentrationsprozess beschleunigt. Langfristig erwartet *H. Schmidt* jedoch, dass bei zunehmender Konzentration

---

[7]   *Fritz Voigt* (1960, S. 42 ff.) unterscheidet Entwicklungs-, Entleerungs- und Indifferenzgebiete. In Anlehnung daran gliedert *H. Schmidt* (1966, S. 176 ff.) in Wachstums-, Entleerungs-, Stationär- und Indifferenzgebiete.

ökonomische und politische Gegenkräfte wirksam werden[8]. Agglomerationsnachteile und regionalpolitische Maßnahmen fördern eine Umleitung der Investitionsströme in Stationär-, Indifferenz- und Entleerungsgebiete und im Zuge des langfristigen Entwicklungsprozesses zeigen die Einkommens- und Komplementäreffekte eine Tendenz, sich räumlich auszubreiten.

4.3 Polarisationstheorien

Eine geschlossene Theorie der sektoral und regional polarisierten Entwicklung ist bislang nicht erstellt worden. Es besteht jedoch eine Vielzahl von induktiv gewonnenen Polarisationshypothesen, die zunächst als Reaktion und Kritik zu den deduktiv abgeleiteten Gleichgewichtstheorien (Standortstrukturtheorien, regionale Wachstumstheorien der Neoklassik oder vom Harrod-Domar-Typ) aufgestellt wurden[9]. Im Gegensatz zu den restriktiven Annahmen der Gleichgewichtstheorien betonen einzelne polarisationstheoretische Ansätze:

- interregionale Unterschiede der internen Wachstumsdeterminanten, z. B. Unterschiede in der qualitativen und quantitativen Ausstattung mit Produktionsfaktoren, in der Sektoral- und Regionalstruktur, der Investitions- und Konsumfunktionen,
- partielle Immobilität der Wachstumsdeterminanten,
- interregionale Abhängigkeit regionaler Wachstumsprozesse, z. B. Abhängigkeit der Peripherie von den Zentren aufgrund bestehender interregionaler Interaktionen (Faktormobilität, Güter- und Dienstleistungsaustausch),
- oligopolistische und monopolistische Marktstrukturen.

Nicht zuletzt aufgrund der unterschiedlichen Modellannahmen kommen die deduktiven Gleichgewichtsmodelle zu dem Ergebnis, dass jede Störung eines in der Ausgangssituation bestehenden Gleichgewichts als Reaktion Gegenkräfte hervorruft, die in Richtung auf ein erneutes Gleichgewicht des Systems tendieren. Die Anhänger der Polarisationsmodelle erwarten hingegen, dass aufgetretene Ungleichgewichte einen zirkulär verursachten kumulativen Entwicklungsprozess in Gang setzen, der zu einer Verstärkung der Ungleichgewichte, d. h. zu einer sektoralen und/oder regionalen Polarisation führt.

Gunnar Myrdal (1957) war ein leidenschaftlicher Kritiker der deduktiv abgeleiteten Gleichgewichtstheorien, die er im Widerspruch zur Realität sah[10]. Der Hypothese vom stabilen (statischen bzw. dynamischen) Gleichgewicht setzt er die

---

[8]   Hier bestehen deutliche Parallelen zur Argumentation von *Albert O. Hirschman* und *John Friedmann* (Kapitel 4.3) sowie *Harry W. Richardson* (Kapitel 4.4).

[9]   Eine umfassende Zusammenstellung und kritische Würdigung polarisationstheoretischer Ansätze findet sich bei *I. Schilling-Kaletsch* (1976); *F. Buttler* (1973, S. 1-99)

[10] Zur Darstellung und Kritik der Thesen *Myrdals* siehe auch *F. Buttler* (1973, S. 11-57); *K. D. Klages* (1975, S. 61-71).

Hypothese der zirkulären Verursachung eines kumulativen sozioökonomischen Prozesses zur Erklärung wirtschaftlicher Unterentwicklung und Entwicklung entgegen. Unter marktwirtschaftlichen Bedingungen, d. h. im freien Spiel der Kräfte, sind die Variablen eines Systems in zirkulärer Verursachung so miteinander verbunden, dass die Veränderung einer Variablen die Veränderung einer anderen Variablen in gleicher Richtung bewirkt, diese wiederum aufgrund einer Rückkopplung die Intensität der ersten Veränderung verstärkt und im Zeitablauf einen kumulativen Prozess in Gang setzt. Ausgelöst wird dieser kumulative Prozess durch jede Veränderung interdependenter ökonomischer Faktoren, wie Nachfrage, Einkommen, Investitionen, Produktion, sofern diese von ausreichender Intensität und zeitlicher Kontinuität sind. Eine positive Veränderung bewirkt einen kumulativen Wachstumsprozess, eine negative Veränderung einen kumulativen Schrumpfungsprozess. Dieser Zusammenhang wird von *G. Myrdal* (1974, S. 35 f.) mittels eines einfachen Modells zirkulärer Verursachung mit kumulativen Effekten verdeutlicht.

In einer Gemeinde brennt eine Fabrik ab, die einen größeren Teil der Erwerbstätigen beschäftigte. Aus hier nicht zu diskutierenden Gründen wird die Fabrik nicht mehr am ursprünglichen Standort, sondern in einer anderen Gemeinde neu errichtet. Dieses Zufallsereignis ist der auslösende Faktor für nachfolgende Prozesse. Der unmittelbare Effekt der primären Veränderung ist, dass die Beschäftigten der Fabrik arbeitslos werden und ihre Einkommensverminderung zu einer reduzierten Nachfrage nach Gütern und Diensten führt. Gleichzeitig entfällt die Nachfrage der Fabrik nach lokalen Inputgütern und Dienstleistungen. Die bislang die Fabrik und ihre Beschäftigten versorgenden Wirtschaftsbereiche der Gemeinde erleiden Einkommenseinbußen und müssen ebenfalls Arbeitskräfte entlassen und ihre Inputeinheiten verringern. Die Folge ist die Abwanderung eines Teils der Erwerbslosen; einige nicht mehr voll ausgelastete Zuliefer- und Dienstleistungsbetriebe müssen die Produktion einstellen oder ebenfalls abwandern. Ein Mechanismus der zirkulären Verursachung mit kumulativen Folgen ist in Gang gesetzt. Beispielsweise führt das sinkende Einkommen zu einem Rückgang der Steuereinnahmen der Gemeinde. Um die öffentlichen Aufgaben erfüllen zu können, erhöht die Gemeindeverwaltung die Steuersätze. Die Steuererhöhung veranlasst einige Betriebe, ihren Standort in eine Gemeinde mit geringerer Steuerbelastung zu verlegen. Weitere Arbeitskräfte werden arbeitslos oder wandern ab. Das Einkommen, die Nachfrage und das Steueraufkommen sinken weiter. Auch neue Betriebe siedeln sich kaum in der Gemeinde an. Da die Abwanderung in aller Regel selektiv erfolgt, d. h. die jungen, leistungsfähigen und aktiven Kräfte zuerst abwandern, fehlt es an qualifizierten Arbeitskräften. Da auch ein Teil der Betriebe seinen Standort verlagert bzw. die Produktion eingestellt hat, fehlt es an Zuliefer- und Dienstleistungsbetrieben, und da das Steueraufkommen gesunken ist, fehlt es an öffentlichen Investitionsmitteln zur Wirtschaftsförderung. Zusammengefasst verschlechtert sich die Attraktivität der Gemeinde in zunehmendem Maße. In einer Gemeinde mit einer positiven primären Veränderung, etwa durch die Ansiedlung eines neuen Industriebetriebes ausreichender Größe, läuft ein umgekehrter kumulativer Prozess ab.

Die Polarisationshypothese von *G. Myrdal* hat einen eindeutigen räumlichen Bezug. Der zirkulär verursachte kumulative Prozess bewirkt sowohl innerhalb eines Landes als auch im internationalen Maßstab als sichtbares Ergebnis eine räumliche Differenzierung in Wachstumszentren und in Regionen, die in ihrer Entwicklung zurückbleiben. Das Ausmaß der interregionalen und internationalen Ungleichgewichte wie Disparitäten im Pro-Kopf-Einkommen, hängt ab von der Art und Intensität der durch das wirtschaftliche Wachstum der Zentren ausgelösten zentripetalen Entzugseffekte (*backwash effects*) und der zentrifugalen Ausbreitungseffekte (*spread effects*) (*G. Myrdal*, 1974, S. 38 ff.). Die Medien, durch die diese Effekte wirksam werden, sind mobile Produktionsfaktoren (Arbeitskräfte, Kapital, technischer Fortschritt) und der Handel als alternative Form der interregionalen Interaktionen. Entzugseffekte sind alle negativen Veränderungen, welche die wirtschaftliche Expansion eines Zentrums in anderen Regionen hervorruft. Die Zentren absorbieren mobile Produktionsfaktoren aus peripheren Gebieten. Bessere Arbeits- und Lebensbedingungen initiieren eine selektive Wanderung von Arbeitskräften. Günstigere Investitionsmöglichkeiten und die höhere Kapitalrendite bewirken einen Transfer privater Ersparnisse. Die Folge ist eine Erhöhung des Produktionspotentials in den Zentren bei dessen gleichzeitiger Reduzierung in den rückständigen Regionen. Im Bereich des interregionalen Handels geben interne und externe Ersparnisse den Industriebetrieben der Zentren einen Wettbewerbsvorsprung. Die Peripherie wird mit Industrieerzeugnissen überflutet, die das ortsansässige produzierende Handwerk und die verarbeitende Industrie zurückdrängen und die Gründung neuer Industriebetriebe erschweren.

Ausbreitungseffekte sind alle positiven Veränderungen, welche durch die wirtschaftliche Expansion im Zentrum in anderen Regionen hervorgerufen werden. Beispiele hierfür sind die Ausbreitung technischen Wissens und städtischer Verhaltensweisen oder die außerhalb der Zentren befriedigte Nachfrage nach Gütern (vorrangig Agrarprodukte und bergbauliche Rohstoffe) sowie Dienstleistungen (z. B. auf dem Gebiet des Naherholungs- und Fremdenverkehrs). Diese Effekte lösen in den zurückgebliebenen Regionen Entwicklungsimpulse aus, ohne jedoch zwangsläufig das Wachstum der Zentren zu beeinträchtigen.

G. Myrdal erwartet, dass in aller Regel die Entzugseffekte die Ausbreitungseffekte in ihrer Wirkung übertreffen. Außerdem nimmt er an, dass mit steigendem Entwicklungsstand – aufgrund des verbesserten Kommunikationswesens und des höheren Bildungsniveaus – die zentrifugalen Effekte des wirtschaftlichen Wachstums verstärkt bzw. die Widerstände gegen ihre Ausbreitung verringert werden. Je stärker die Ausbreitungseffekte wirken, desto schneller wächst die Wirtschaft eines Landes insgesamt, da ein größerer Teil des nationalen Wachstumspotentials ausgelastet wird. Diese Ergebnisse fasst *G. Myrdal* in zwei Gesetzen der wirtschaftlichen Unterentwicklung und Entwicklung zusammen. Sie besagen, dass erstens »dem freien Spiel der Kräfte eine Tendenz in Richtung auf regionale Ungleichheiten inhärent ist« und zweitens »diese Tendenz stärker wird, je ärmer ein Land ist« (*G. Myrdal*, 1974, S. 44). Die Gesetze beanspruchen nur unter der Annahme der Nichtintervention des Staates in die sozioökonomische Entwicklung Gültigkeit. Möglichkeiten der Reduzierung regionaler Einkommensdisparitäten vornehmlich in Entwicklungsländern und zwischen Industrieländern und Entwicklungsländern sieht *G. Myrdal* in Eingriffen des Staates in den Marktmechanismus, wobei er auf den Einsatz des Instrumentariums der Wirtschaftsplanung verweist.

Albert O. Hirschman vertritt sektorale und regionale Polarisationshypothesen, die in vielen Punkten Parallelen zur Argumentation von *G. Myrdal* aufweisen. Wirtschaftliches Wachstum wird bei *A. O. Hirschman* als Kette von sektoralen Ungleichgewichten definiert, wobei von den führenden Branchen (*leading sectors*) Wachstumsimpulse auf andere Wirtschaftsbereiche übertragen werden (*A. O. Hirschman*, 1958, S. 62 ff.). Die Übertragung der Wachstumsimpulse erfolgt, wie in Kapitel 4.2 behandelt, durch Vorwärts- und Rückwärtskopplungseffekte. Eine unvermeidbare Begleiterscheinung und Bedingung des Wachstums der Wirtschaft ist, dass es international und interregional ungleichgewichtig verläuft (*A. O. Hirschman*, 1958, S. 183 ff.) Zur Erklärung des räumlichen Differenzierungsprozesses bedient sich *A. O. Hirschman* eines Zwei-Regionen-Modells. Von einer wachsenden Nordregion werden auf eine in der Entwicklung zurückgebliebene Südregion positive Sickereffekte (*trickling down effects*) und negative Polarisationseffekte (*polarization effects*) übertragen. Dieses Begriffspaar entspricht im Inhalt den Ausbreitungs- und Entzugseffekten von *G. Myrdal*. In einer ersten Entwicklungsphase sind die Polarisationseffekte stärker als die Sickereffekte. Die Unternehmer in der wachsenden Nordregion realisieren interne und externe Ersparnisse – deren positive Wirkungen von den Entscheidungsträgern zudem überbewertet werden – und konzentrieren ihre Nettoinvestitionen auf den Norden. Die Folge ist eine Verschärfung der räumlichen Ungleichgewichte. Aufgrund der Konzentration ökonomischer Aktivitäten erwartet *A. O. Hirschman*, dass ökonomische – in Form von Agglomerationsnachteilen – und politische Gegenkräfte auftreten, die in Richtung auf einen Abbau interregionaler und internationaler Einkommensunterschiede zielen. Im Laufe des langfristigen Entwicklungsprozesses verstärken sich die positiven Sickereffekte kontinuierlich, übertreffen die Polarisationseffekte und führen wieder zu einem räumlichen Gleichgewicht.

Es ist das Verdienst von *G. Myrdal* und *A. O. Hirschman*, die wachstumstheoretische Diskussion auf das Problem räumlicher Ungleichgewichte gelenkt zu haben. Beide Autoren können als Begründer der regionalen Polarisationstheorie angesehen werden. Allerdings weist ihr Erklärungsansatz der interregionalen und internationalen Disparitäten Schwächen auf. Als Kritik ist insbesondere anzuführen, dass die Entstehung kumulativer Prozesse nicht modellintern, sondern über externe Faktoren erklärt wird; dass die räumliche Verteilung der Wachstums- und Rückstandsregionen als weitgehend historisch zufällig angesehen wird und dass die Ausführungen über die Stärke der zentrifugalen und zentripetalen Kräfte keine abschließenden Aussagen über deren Auswirkungen auf den räumlichen Differenzierungsprozess zulassen. Obwohl die theoretische Ausgangsbasis und die räumlichen Interaktionsmechanismen in beiden Ansätzen vergleichbar sind, erwartet *G. Myrdal* eine andauernde Divergenz des regionalen Pro-Kopf-Einkommens, zumal er die Möglichkeit der staatlichen Beeinflussung kumulativer Prozesse eher skeptisch beurteilt. *A. O. Hirschman* hingegen kommt zu dem Ergebnis, dass nach einer Phase ungleichgewichtiger Entwicklung *Counter-Balancing-Forces* einen Abbau der interregionalen Einkommensunterschiede bewirken (vgl. *D. E. Keeble*, 1967, S. 263). Abschließend ist darauf hinzuweisen, dass die fehlende Formalisierung der Polarisationshypothesen von *G. Myrdal* und *A. O. Hirschman* ihre empirische Überprüfung zunächst erschwerte. Eine umfassende Formalisierung dieser Hypothesen leistet *P. Krugman* mit der Entwicklung der *New Economic Geography* (vgl. Kapitel 5.5.4).

Die im Folgenden vorgestellten Zentrum-Peripherie-Modelle wenden sich als Fortführung polarisationstheoretischer Gedanken vornehmlich der Entwicklungsländerproblematik zu[11]. Als einer der ersten hat in den fünfziger Jahren *Raúl Prebisch* (1959, S. 251-273) ein Zentrum-Peripherie-Modell erstellt (vgl. *D. Beier*, 1965; *H. Sieber*, 1968). Die vereinfachenden Annahmen seines Zweiregionen- und Zweisektoren-Modells lauten:

- Region 1 (= Zentrum = Industrieländer) produziert vorwiegend Industrieerzeugnisse, Region 2 (= Peripherie = Entwicklungsländer) Rohstoffe.
- Der Industriesektor der Region 1 weist eine Arbeitsproduktivität auf, die – angenommen – dreimal so hoch ist wie diejenige des Industriesektors der Region 2. Umgekehrt produziert der primäre Sektor der Region 2 mit einer Arbeitsproduktivität, die dreimal so hoch ist wie diejenige des primären Sektors der Region 1.
- Die Gesamtnachfrage verteilt sich zu gleichen Teilen auf Industrieerzeugnisse und Rohstoffe.
- Das Gesamtproduktivitätsverhältnis beider Regionen ist ausgeglichen und beträgt 1. Beide Regionen weisen gleiches Lohnniveau auf und gleiche Zuwachsraten der Bevölkerung und des Pro-Kopf-Einkommens.
- Es bestehen keine interregionalen Disparitäten in der Nachfrageelastizität und im technischen Fortschritt (*R. Prebisch*, 1959, S. 261).

Unter diesen Restriktionen befindet sich der Außenhandel zwischen beiden Regionen (z. B. zwischen Industrie- und Entwicklungsländern) im Gleichgewicht. *R. Prebisch* nähert das Modell der Wirklichkeit an, indem er interregionale Disparitäten der Nachfrageelastizität und des technischen Fortschritts einführt.

R. Prebisch geht davon aus, dass in Entwicklungsländern die Einkommenselastizität der Nachfrage nach Industriegütern relativ hoch ist (der Elastizitätskoeffizient ist größer 1), während in den Industrieländern die Nachfrage nach Nah-

---

[11] Eine knappe Zusammenfassung der wichtigsten sich mit den Problemen der Entwicklungsländer befassenden Theorien erstellte *M. Bohnet* (1971 b, S. 49-64; 1982, S. 292-311).

rungsmitteln und Rohstoffen einkommensunelastisch ist. Die niedrige Einkommenselastizität der Nachfrage nach Nahrungsmitteln erklärt das Engelsche Gesetz, das besagt, dass mit zunehmendem Individualeinkommen der Anteil der Ausgaben für Nahrungsmittel sinkt, d. h. ein Einkommensanstieg um 1 % führt zu einem Anstieg der Nachfrage nach Nahrungsmitteln um weniger als 1 %. Die unelastische Nachfrage nach Rohstoffen hängt ab vom technischen Fortschritt in den Industrienationen, der eine Verminderung des Rohstoffgehalts im Fertigprodukt (z. B. bei Legierungen) und eine Substitution natürlicher Rohstoffe (etwa Naturgummi, Wolle) durch synthetische Rohstoffe ermöglicht. Unterschiede in der Einkommenselastizität der Nachfrage bewirken langfristig eine Verlagerung von Produktion und Beschäftigung vom primären zum sekundären Sektor, d. h. von ökonomischen Aktivitäten niedriger zu solchen höherer Elastizität der Nachfrage. Dadurch verbessert sich – bei den Prämissen des eingangs vorgestellten Modells – das Gesamtproduktivitätsverhältnis und entsprechend das Lohnniveau der Industrieländer (Zentrum) gegenüber dem der Entwicklungsländer (Peripherie).

Auch hinsichtlich der Höhe des technischen Fortschritts und seiner Ausbreitung sieht *R. Prebisch* Disparitäten zwischen Industrie- und Entwicklungsländern. Der technische Fortschritt ist in den Industrieländern insgesamt höher und setzt sich relativ homogen in allen Gebieten und Wirtschaftssektoren durch. In den Entwicklungsländern ist der technische Fortschritt weitgehend auf den Exportsektor beschränkt und führt zur Herausbildung eines regionalen und sektoralen Dualismus. Durch technischen Fortschritt wird in den Industrieländern die Produktivität erhöht. Die Preise für Industrieerzeugnisse werden jedoch nicht im Umfang des Produktivitätsanstiegs sinken, sondern ansteigen, da sich die Einkommen der Produktionsfaktoren Arbeit und Kapital über den Produktivitätszuwachs hinaus erhöhen. Als Gründe hierfür werden Knappheitstendenzen auf dem industriellen Arbeitsmarkt sowie die Macht der Gewerkschaften und der Unternehmerorganisationen genannt. In den Entwicklungsländern steigert technischer Fortschritt ebenfalls die Produktivität, vornehmlich im Exportsektor. Der resultierende Anstieg der Produktion homogener Güter in Verbindung mit der niedrigen Elastizität der Nachfrage nach Rohstoffen führt jedoch zu einer Preissenkung und zu einer Einkommensentwicklung, die geringer als der Produktivitätsanstieg ist. Die Entwicklungsländer müssen somit einen Teil des Produktivitätsgewinns aus technischem Fortschritt als Realeinkommen in die Industrieländer transferieren (vgl. *R. Prebisch*, 1959, S. 252; *D. Beier*, 1965, S. 63; *H. Sieber*, 1968, S. 7 ff.).

An Hand obiger Ergebnisse lässt sich die grundlegende These von *R. Prebisch* wie folgt zusammenfassen: Strukturelle Unterschiede zwischen Zentrum (Industrieländer) und Peripherie (Entwicklungsländer) – dargestellt am Beispiel interregionaler Disparitäten in der Einkommenselastizität der Nachfrage und im technischen Fortschritt – verursachen eine säkulare Verschlechterung der *Terms of Trade* der Peripherie gegenüber dem Zentrum und bewirken einen Realeinkommenstransfer von der Peripherie in das Zentrum. Dieses Ergebnis steht in eklatantem Gegensatz zu den Aussagen der klassischen und neoklassischen Außenhandelstheorie.

R. Prebisch argumentiert rein ökonomisch. Der Interaktionsmechanismus zwischen Zentrum und Peripherie wird mittels der Gütermobilität erklärt. Dagegen berücksichtigt das Zentrum-Peripherie-Modell von *John Friedmann* (1973, S. 41-64) neben ökonomischen auch soziologische, psychologische und politische Kriterien. Er setzt sich das Ziel, eine Theorie des Entwicklungsprozesses in seiner räumlichen Dimension zu erarbeiten. Ausgehend von historischen Erfahrungen stellt *J. Friedmann* (1973, S. 47 f.) die grundlegende Hypothese auf, dass in großen und dynamisch wachsenden urbanen Systemen die Bedingungen für Innovationen (Invention, Imitation) besonders günstig sind. Es wird eine positive Korrelation einerseits zwischen Stadtgröße und Dynamik der Verstädterung und andererseits der Intensität der Innovationsausbreitung erwartet. Regionen mit hoher Innovationsdichte definiert *J. Friedmann* als Zentren (*core regions*), alle übrigen Gebiete als Peripherie. Zentrum und Peripherie sind durch Autoritäts-Abhängigkeitsbeziehungen verbunden und bilden ein geschlossenes, räumliches System. Autorität ist als sozial legitime Macht definiert; sie gibt dem Zentrum die Möglichkeit, über autonome Entscheidungen Einfluss auf die Entwicklung der Peripherie auszuüben. Die Peripherie ist durch Abhängigkeitsbeziehungen vom Zentrum gekennzeichnet. Die polarisierte Entwicklung vollzieht sich auf unterschiedlichen hierarchischen Systemebenen. Mögliche räumliche Systeme sind die Welt, multinationale Regionen, die Nation, subnationale Regionen.

Hinsichtlich der Beziehungen zwischen Zentrum und Peripherie stellt *J. Friedmann* vier Hauptthesen auf:

1. Das Zentrum erzwingt Bedingungen für eine organisierte Abhängigkeit der Peripherie. Dies geschieht mittels der Durchdringung der Peripherie mit Institutionen des Zentrums. Diese Institutionen treffen die für die periphere Bevölkerung lebenswichtigen Entscheidungen.
2. Das Zentrum konsolidiert seine Herrschaft über die Peripherie durch selbstverstärkende Polarisationsmechanismen.

J. Friedmann nennt sechs *Feedback*-Effekte, die das Wachstum des Zentrums fördern:

- Dominationseffekte, d. h. die Schwächung der peripheren Wirtschaft durch einen Nettotransfer des Wachstumspotentials in das Zentrum.
- Informationseffekte, d. h. die Zunahme des Interaktionspotentials des Zentrums aufgrund seines Bevölkerungs-, Produktions- und Einkommenswachstums.
- Psychologische Effekte, d. h. die Schaffung günstiger Bedingungen für einen andauernden Innovationsprozess im Zentrum.
- Modernisierungseffekte, d. h. die Transformation des bestehenden sozialen Systems des Zentrums in Richtung auf eine größere Aufnahmebereitschaft des durch Innovationen verursachten kumulativen Wandels.
- Kopplungseffekte (*linkage effects*), d. h. durch Innovationen induzierte Innovationen in anderen Wirtschaftsbereichen.

- Produktionseffekte, d. h. eine Reduzierung der Innovationskosten aufgrund interner und externer Ersparnisse.
3. Als nicht vorhergesehener Nebeneffekt der Herrschaft werden Innovationen des Zentrums in der Peripherie eingeführt und der Informationsfluss in die abhängigen Gebiete verstärkt. Ein Teil der peripheren Bevölkerung wird sich der Abhängigkeit bewusst. Um gewaltsame Konflikte zu vermeiden, können die Eliten der Zentren eine Politik der begrenzten Dezentralisation betreiben und in der Peripherie neue subsidiäre Zentren schaffen.
4. Liegt die Konfliktlösung im Interesse der Eliten der Zentren, werden die Ausbreitungseffekte in die peripheren Regionen beschleunigt und führen zu einer echten Teilung der Entscheidungsmacht zwischen alten und neubegründeten Zentren. Die Autoritäts-Abhängigkeitsbeziehungen zwischen Zentren und ihren Peripherien verschwinden allmählich. Diesen Interessenausgleich sieht *J. Friedmann* (1973, S. 51 ff.) allerdings nur in hochentwickelten und integrierten räumlichen Systemen, wie beispielsweise in den Vereinigten Staaten, der Bundesrepublik Deutschland oder in Schweden.

Die Arbeiten von *R. Prebisch* und *J. Friedmann* betonen die Notwendigkeit, regionale Polarisation mittels eines interdisziplinären Forschungsansatzes zu erklären. Die wesentlichen Kernthesen der Zentrum-Peripherie-Modelle, die in allen Arbeiten – allerdings mit unterschiedlicher Gewichtung – wiederkehren, lauten:
- Fundamentale interregionale Strukturunterschiede können zur Bildung von Zentren und davon abhängigen peripheren Gebieten führen.
- Zentrum und Peripherie bilden ein geschlossenes, räumliches System.
- Zentrum und Peripherie sind durch Autoritäts-Abhängigkeitsbeziehungen verbunden.
- Zur Überwindung der Autoritäts-Abhängigkeitsbeziehungen müssen die peripheren Gebiete Zentralitätseigenschaften erringen. Als Strategien zur Erreichung dieses Ziels werden Evolution und Revolution genannt (vgl. *D. Senghaas*, 1972 und 1974; *T. T. Evers* und *P. v. Wogau*, 1973, S. 404-454).

4.4 Wirtschaftsstufentheorien

Die Theorie der Wirtschaftsstufen beschreibt die langfristige Entwicklung der Wirtschaft unter Berücksichtigung der Interdependenz ökonomischer, demographischer, sozialer und politischer Einflussgrößen.

Entsprechend dem komplexen Ansatz wurden von verschiedenen Wissenschaftszweigen, vornehmlich von der Nationalökonomie und der Wirtschaftsgeschichte, aber auch von der Wirtschaftsgeographie und der Regionalforschung, Wirtschaftsstufentheorien entwickelt. Die historisch-deskriptiven Betrachtungen verbindet eine einheitliche Grundaussage, nach der sich die Aufeinanderfolge der Wirtschaftsstufen in Richtung auf eine evolutionäre Höherentwicklung vollzieht.

Die Gliederung dieses Entwicklungsprozesses in einzelne Stufen erfolgt durch eine Kombination zeitlicher, sachlicher und räumlicher Kriterien.

Die von *Walt W. Rostow* (1960)[12] entwickelte Wirtschaftsstufentheorie unterteilt den historischen Ablauf des wirtschaftlichen Wachstums einer Nation in fünf Wachstumsstadien und geht davon aus, dass alle vergangenen und gegenwärtigen Gesellschaften einem dieser Stadien zugeordnet werden können. Seine Arbeit soll einen Beitrag zur Bildung einer Theorie des wirtschaftlichen Wachstums und einer Theorie der neueren Geschichte leisten. Im Folgenden werden die charakteristischen Merkmale der fünf Wachstumsstadien kurz beschrieben.

1. Die traditionelle Gesellschaft. Wegen der in dieser Gesellschaft bestehenden Wirtschaftsstruktur findet wirtschaftliches Wachstum nur in begrenztem Umfang statt. Nicht verfügbare oder nicht genutzte Wissenschaft und Technologie lassen die Produktion pro Kopf über ein bestimmtes Niveau nicht ansteigen. Die traditionelle Gesellschaft ist durch folgende Merkmale gekennzeichnet: Ein hoher Prozentsatz der Erwerbstätigen ist in der Landwirtschaft beschäftigt. Die hierarchische Gesellschaftsstruktur im landwirtschaftlichen System lässt nur wenig Raum für vertikale Mobilität. Die politische Macht liegt in den Händen der Grundbesitzer. Historisch gesehen, reicht das Stadium der traditionellen Gesellschaft weltweit bis zur Zeit *Newtons*.

2. Die Gesellschaft im Übergang. Im zweiten Wachstumsstadium werden die Voraussetzungen für den wirtschaftlichen Aufstieg geschaffen. Langsame, aber doch tiefgreifende Veränderungen im ökonomischen, technischen, sozialen, psychologischen und politischen Bereich charakterisieren diese Entwicklungsphase, wobei die Wandlungen durch endogene Kräfte (Beispiel England) oder durch exogene Kräfte (Beispiel Libyen) ausgelöst werden können. Auf dem ökonomischen Gebiet gilt der Anstieg der Investitionsrate als zentrale Voraussetzung zur Erreichung dieser Stufe. Die tragenden Sektoren des wirtschaftlichen Wachstums sind die Landwirtschaft und der Bergbau sowie Investitionen im Infrastrukturbereich. Der gesellschaftliche Wandel in dieser Anlaufperiode kann sich in langfristigen Zeiträumen bis zu über einem Jahrhundert vollziehen.

3. Der wirtschaftliche Aufstieg. Das Wachstumsstadium des *Take-off* stellt den entscheidenden Wendepunkt im Leben einer modernen Gesellschaft dar. Die Volkswirtschaft geht zu einem eigendynamischen Wachstum über. Zur Erreichung dieses selbsttragenden Wachstumsprozesses müssen folgende Bedingungen erfüllt sein: Die Investitionsrate steigt auf mindestens 10 % des Volkseinkommens; diese Erhöhung wird durch Kapitalimporte oder durch Einkommensumverteilung erreicht. Es entwickeln sich ein oder mehrere führende Industriezweige mit hohen Wachstumsraten. Von diesen Leitsektoren gehen Wachstumsimpulse auf andere Wirtschaftsbereiche über; dies ist nur

---

[12]   Eine sorgfältige Beschreibung, Analyse und Kritik der Wirtschaftsstufentheorie *W. W. Rostows* erstellte *Bruno Knall* (1962; vgl. auch *D. E. Keeble*, 1967, S. 249-254).

möglich, wenn geeignete politische, soziale und institutionelle Rahmenbedingungen bestehen oder geschaffen werden. Der wirtschaftliche Aufschwung wird von W. W. Rostow als Durchbruchsperiode gesehen, die zwei bis drei Jahrzehnte dauert. Dieses Stadium durchliefen England Ende des 18. Jahrhunderts; Frankreich, Belgien, die Vereinigten Staaten, Deutschland um die Mitte des 19. Jahrhunderts und Japan, Russland, Kanada um die Wende zum 20. Jahrhundert.

4. Die Entwicklung zur Reife. In diesem vierten Wachstumsstadium nutzt die Gesellschaft mit Hilfe der modernen Wissenschaft und Technologie einen zunehmend größeren Teil ihrer Ressourcen effizient aus. Der technische Fortschritt dehnt sich auf weite Bereiche der Wirtschaft und Gesellschaft aus. 10 % bis 20 % des Volkseinkommens werden ständig investiert. Die Zuwachsrate der Produktion liegt kontinuierlich über der Zuwachsrate der Bevölkerung; d. h. das Pro-Kopf-Einkommen steigt. Als Hauptantriebskräfte des Wachstums werden die Leitindustrien der Periode des wirtschaftlichen Aufstiegs (Kohlebergbau, Eisen- und Stahlindustrie) durch neue Wachstumsbranchen (Maschinenindustrie, Elektroindustrie, Chemische Industrie) abgelöst. Im Stadium der Reife zeichnen sich Wandlungstendenzen ab, die den Übergang zur nächsten Stufe bewirken. Hierzu zählen Änderungen in der Beschäftigungsstruktur (z. B. in der Qualifikation und Entlohnung der Arbeitskräfte), Änderungen in der Art der Unternehmensführung (z. B. der Übergang vom Eigentümer-Unternehmer zum Manager und Technokraten) sowie eine zunehmend kritische Einstellung der Menschen zum wirtschaftlichen Wachstum. Nach W. W. Rostow wird das Reifestadium etwa sechzig Jahre nach dem Beginn der wirtschaftlichen Aufstiegsperiode erreicht.

5. Zeitalter des Massenkonsums. Im fünften Wachstumsstadium hört die Gesellschaft auf, eine weitere Ausdehnung moderner Technologie und ein weiteres Ansteigen des Pro-Kopf-Einkommens als überragendes Ziel anzuerkennen. Im Zeitalter des Massenkonsums – und nach W. W. Rostow nur hier – ist ein Entwicklungsniveau erreicht, das der Gesellschaft die Möglichkeit lässt, unterschiedliche Wahlentscheidungen zu treffen. Eine reife Nation kann nach äußerer Macht und nach Einfluss streben, sich in einen Wohlfahrtsstaat verwandeln oder als dritte Alternative den Konsum von existenznotwendigen Gütern (Grundnahrungsmittel, Wohnung, Kleidung) in Richtung auf den Massenkonsum hochwertiger Verbrauchsgüter und Dienstleistungen (Personenwagen, Fernsehgeräte, Ferienreisen) ausdehnen. Die Ära des Massenkonsums haben die Vereinigten Staaten, Westeuropa und Japan erreicht.

Präzise Aussagen über die Periode nach dem Massenkonsumzeitalter hat W. W. Rostow nicht gemacht.

Nach den Vorstellungen W. W. Rostows durchlaufen die Nationen einen Einkommenspfad in Form einer S-Kurve (vgl. Abb. 4.2). Das wirtschaftliche Wachstum beginnt langsam, beschleunigt sich allmählich, wächst überproportional und verlangsamt sich wieder, bis es bei einer bestimmten Einkommenshöhe asymptotisch verläuft. *Ch. P. Kindleberger* (1965, S. 56) weist auf die Möglichkeit hin, dass ein neuer Stimulus das Abflachen der Kurve zeitlich verzögern kann und die Einkommensgrenze auf ein höheres Niveau verschiebt.

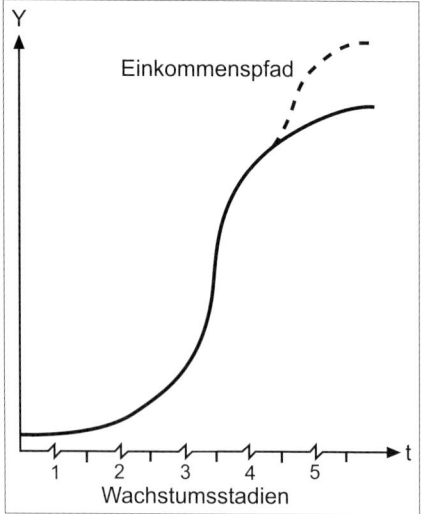

Abbildung 4.2: Stadien des wirtschaftlichen Wachstums (Eigene Darstellung)

Eine interessante Variante zur Theorie der Wirtschaftsstufen, die in der Raumwirtschaftslehre eine gewisse Bedeutung erlangte, stellt die Sektor-Theorie dar. Die Haupthypothese der Sektor-Theorie, deren bekannteste Repräsentanten *Colin Clark* (1940), *Edgar M. Hoover* (1948) und *Jean Fourastié* (1954) sind, besagt, dass wirtschaftliches Wachstum zwangsläufig begleitet wird von einer Verlagerung des Schwergewichts der Wirtschaftstätigkeit vom primären über den sekundären zum tertiären Sektor. Die Geschwindigkeit der Strukturverschiebungen in der Produktion und Beschäftigung wird als wesentliche Determinante des Anstiegs des Volkseinkommens angesehen. Der Strukturwandel wird durch Veränderungen der Einkommenselastizität der Nachfrage und auf der Angebotsseite durch Unterschiede in den sektoralen Zuwachsraten der Produktivität erklärt. Die Argumentation lautet, dass die Einkommenselastizität der Nachfrage nach Industriegütern und Dienstleistungen höher ist als nach Agrarprodukten. Eine Zunahme des Einkommens führt folglich zu einer Verschiebung der Nachfrage von Gütern des primären Bereichs zu Industriegütern und schließlich zu Dienstleistungen. Des Weiteren wird die Ansicht vertreten, dass der sekundäre und tertiäre Sektor höhere Produktivitätszuwächse als die Landwirtschaft aufweisen, was einen Transfer der Ressourcen (Arbeit, Kapital) in die Bereiche höherer Produktivität und damit eine Verschiebung in der Wirtschaftstätigkeit bewirkt.

Für eine Reihe von Volkswirtschaften wurde der langfristige Wandel des Schwergewichts der Produktions- und Beschäftigungsstruktur vom primären über den sekundären zum tertiären Sektor empirisch nachgewiesen. Die Sektor-Theorie weist die Bedeutung der intraregionalen Zuordnung der Ressourcen auf Sektoren mit hoher Produktivität als wichtige Determinante des volkswirtschaftlichen Wachstums nach. Andererseits werden weitere intraregionale Einflussfaktoren des

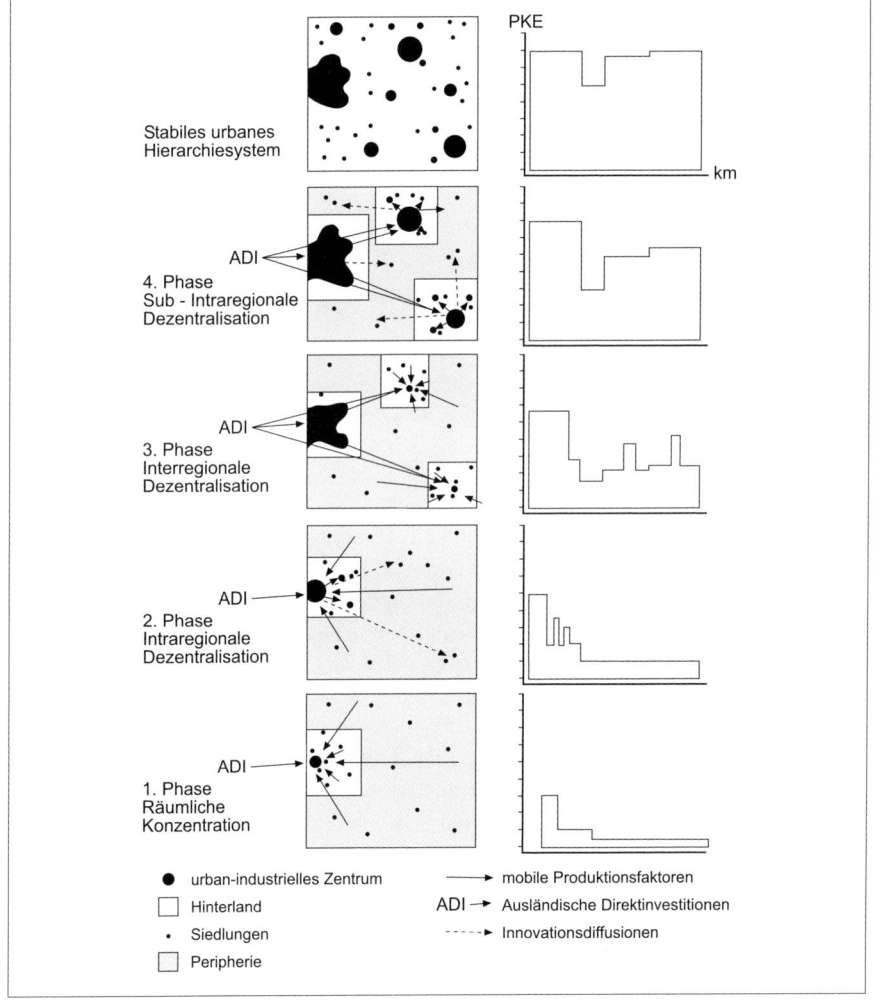

Abbildung 4.3: Modell der Veränderung von Raumstruktur und Pro-Kopf-Einkommen nach der Polarization-Reversal-Hypothese (Eigene Darstellung; Entwurf nach *H. W. Richardson*, 1980; *K. Koschatzky*, 1987, S. 15)

Wirtschaftswachstums, wie etwa Veränderungen der Produktionsfaktoren Arbeit, Kapital, technischer Fortschritt, vor allem aber der Komplex der externen Wachstumsdeterminanten, weitgehend vernachlässigt. Dies schränkt die Anwendbarkeit der Sektor-Theorie zur Erklärung des Wirtschaftswachstums von Gebietseinheiten auf subnationaler Ebene erheblich ein[13].

Wichtige Beiträge zur stufentheoretischen Diskussion haben *John Friedmann* (1966) und *Harry W. Richardson* (1980) geleistet, indem sie Entwicklungsstufen charakteristische Raumstrukturen zuordnen. Die Polarization-Reversal-Hypothese von *Harry W. Richardson* (1980) besagt, dass sich auch in Entwicklungsländern im Zuge des langfristigen Entwicklungsprozesses eine Trendwende in der räumlichen Konzentration vollzieht (vgl. auch *L. Schätzl*, 1983). Abb. 4.3 zeigt in einem Phasenmodell die erwartete Veränderung von Raumstruktur und regionalem Pro-Kopf-Einkommen.

- Der urban-industrielle Prozess nationaler Entwicklung beginnt aufgrund der Knappheit von Investitionsmitteln in einer oder wenigen Regionen mit hoher Standortgunst (z. B. Ressourcenausstattung, Hafen, Marktgröße). Hier setzen interne und externe Ersparnisse und die Zuwanderung mobiler Produktionsfaktoren (z. B. qualifizierte Arbeitskräfte, Kapital) aus anderen Landesteilen, aber auch ausländische Direktinvestitionen einen kumulativen Wachstumsprozess in Gang. Agglomerationsvorteile im Zentrum in Verbindung mit dem Entzug von Produktionspotential aus dem Rest der Raumwirtschaft führen zur räumlichen Konzentration ökonomischer Aktivitäten und zur Bildung einer Zentrum-Peripherie-Raumstruktur mit erheblichen Disparitäten im regionalen Pro-Kopf-Einkommen.
- Im weiteren Entwicklungsverlauf setzt zunächst innerhalb der Zentralregion (Zentrum und Hinterland) ein räumlicher Transformationsprozess ein. Hohe Wachstumsraten ökonomischer Aktivitäten und eine über das Arbeitsplatzangebot hinausgehende Zuwanderung von Erwerbsfähigen verursachen im Zentrum Agglomerationsnachteile (Slumbildung, temporärer Zusammenbruch der öffentlichen Infrastruktur, steigende Bodenpreise usw.). Sie bewirken im ökonomischen Bereich eine Erhöhung der Produktionskosten und machen eine Auslagerung bestehender bzw. eine Ansiedlung neuer Betriebe in Satellitenstädten im Hinterland des Zentrums rentabel. Die Folge ist eine intraregionale Dezentralisation innerhalb der Zentralregion.
- In einer fortgeschritteneren Entwicklungsphase erwartet *Richardson* neben der intraregionalen auch eine interregionale Dezentralisation, d. h. die Entstehung von nationalen Subzentren. In einigen ausgewählten Standorten in der Peripherie, zumeist in größeren Städten, entstehen Bedingungen, die einen eigendynamischen Wachstumsprozess ermöglichen. Es bilden sich Agglomerationsvor-

---

[13]   Eine kritische Analyse der Sektor-Theorie findet sich u. a. bei *H. W. Richardson* (1969, S. 340 f.); *K. D. Klages* (1975, S. 47-54).

teile, die im Zusammenhang stehen können mit der Verbesserung der materiellen, personellen und institutionellen Infrastruktur, der Erschließung und dem Abbau lokaler natürlicher Ressourcen mit niedrigen Input-Kosten, einem durch die Investitionstätigkeit induzierten Anstieg von Einkommen, Bevölkerung und Marktgröße, der Diffusion technischen Wissens und urbaner Verhaltensweisen aus der Zentralregion usw. Die Agglomerationsvorteile in den Subzentren in Verbindung mit sich verschärfenden Agglomerationsnachteilen in der Zentralregion bewirken eine Umlenkung des Investitionsstroms (durch Betriebsverlagerungen bzw. Gründung von Zweigbetrieben) von der Zentralregion in die Subzentren; zunehmend investieren dort auch ausländische Unternehmen. Die Folge ist die Migration von Arbeitskräften aus der Zentralregion und der verbleibenden Peripherie in die neuen Subzentren. Diese interregionale Dezentralisation ökonomischer Aktivitäten mit nachfolgenden Wanderungsbewegungen stellt die Kernaussage der Polarization-Reversal-Hypothese dar.

- In einer späteren Entwicklungsphase wiederholt sich auch im Einzugsbereich der neuen Subzentren ein Prozess intraregionaler Dezentralisation, d. h. eine Verlagerung ökonomischer Aktivitäten in ihr Umland. Das Ergebnis des gesamten Prozesses intraregionaler und interregionaler Dezentralisation sind über die Raumwirtschaft verteilte, stabile urbane Hierarchiesysteme sowie eine weitgehende Angleichung der regionalen Unterschiede im Pro-Kopf-Einkommen.

Die Polarization-Reversal-Hypothese von *H. W. Richardson* hat in der Regionalwissenschaft nicht zuletzt aus zwei Gründen Beachtung gefunden. Erstens stellt sie den verdienstvollen Versuch dar, wesentliche Elemente polarisationstheoretischer und neoklassischer Ansätze einzubeziehen sowie regionale Wachstumstheorien mit Standortstrukturtheorien zu verknüpfen. Zweitens scheint eine theoretische Begründung geliefert zu sein, dass der Marktmechanismus auch in Entwicklungsländern, zumindest langfristig, zum räumlichen Gleichgewicht führen kann. Dabei gilt es allerdings zu bedenken, dass das beschriebene Modell des langfristigen räumlichen Entwicklungsprozesses ursprünglich aus empirischen Beobachtungen in einigen marktwirtschaftlichen Industrieländern entwickelt und von *Richardson* auf die heutige Situation der Entwicklungsländer übertragen wurde. Dies ist nicht unproblematisch, da zwischen den Industrieländern und den Entwicklungsländern tiefgreifende Unterschiede in der Ausstattung mit internen Wachstumsdeterminanten (z. B. Bevölkerungswachstum, Sozial- und Wirtschaftsstruktur, Siedlungssystem, Niveau des technischen Wissens) bestehen. Auch bleiben die Auswirkungen von Intensität und Struktur internationaler Wirtschaftsbeziehungen auf den räumlichen Differenzierungsprozess in den Entwicklungsländern weitgehend unberücksichtigt.

Als zusammenfassende Kritik lässt sich festhalten, dass die Wirtschaftsstufentheorien zu einem besseren Verständnis der langfristigen Wachstums- und Entwicklungsprozesse beitragen. Für deren Erklärung ist dieser historisch-deskriptive Ansatz jedoch nur bedingt geeignet. In den einzelnen Theorien wird die Stufenfolge sehr unterschiedlich und zum Teil einseitig definiert. Die bislang erstellten Stufentheorien lassen keine wissenschaftlich exakten Aussagen zu über die zeitliche Abgrenzung der einzelnen Stadien, über die Art des Kurvenverlaufs und über die Zwangsläufigkeit des Übergangs von einem Entwicklungsstadium zum nächsten. Schließlich ist darauf hinzuweisen, dass die Stufentheorien aus der begrenzten Sicht der heutigen Industrienationen erstellt wurden und die angestrebte Allgemeingültigkeit – etwa ihre Anwendbarkeit für Entwicklungsländer – zumindest umstritten ist.

Die Wirtschaftsstufentheorien geben keine notwendigen ökonomischen Entwicklungsgesetze wieder, sondern sind geeignete Hilfsmittel, um komplexe wirtschaftliche Zusammenhänge typisierend darzustellen.

4.5 Dynamisch-zyklische Ansätze

Die dynamisch-zyklischen Ansätze betonen, dass sich die Wirtschaft in einem ständigen Strukturwandel befindet. Im Zuge dieses wirtschaftlichen Transformationsprozesses kommt es zu intraregionalen, interregionalen und internationalen Verlagerungen ökonomischer Aktivitäten. Als entscheidende Antriebskraft der Transformation der Wirtschaft ist der technische Fortschritt anzusehen. Technischer Fortschritt führt zur Herstellung neuer Produkte bzw. zur Bereitstellung neuer Dienstleistungen, aber auch zur Entwicklung neuer Produktionsverfahren und neuer Organisationsformen. Der Zusammenhang zwischen dem durch technischen Fortschritt verursachten Strukturwandel der Wirtschaft und der Raumentwicklung wird im folgenden aus mikroökonomischer Sicht am Beispiel der Produktzyklus-Hypothese und aus makroökonomischer Sicht am Beispiel der Theorie der langen Wellen herausgearbeitet.

4.5.1 Produktzyklus-Hypothese und Raumentwicklung

Die Produktzyklus-Hypothese besagt, dass Produkte nur eine begrenzte Lebensdauer besitzen. Im Laufe der Zeit unterliegt ein Produkt Veränderungen hinsichtlich der Produktgestaltung, der Produktionsbedingungen und der Absatzbedingungen. Generalisierend lässt sich der Lebenszyklus eines neuen Gutes (oder einer neuen Branche) in vier Phasen gliedern (vgl. Abb. 4.4):
1. In der Entwicklungs- und Einführungsphase ist eine große Zahl von Innovationen im Bereich der Produktgestaltung notwendig, da verschiedene technologische Optionen bei der Herstellung und Unsicherheit über Käuferpräferenzen bestehen. Die Produktion setzt erhebliche Forschungs- und Entwicklungsinvestitionen und den Einsatz hochqualifizierter Arbeitskräfte voraus. Obwohl eine Quasi-Monopolstellung des Unternehmens die Durchsetzung hoher Preise ermöglicht, ergeben sich in dieser ersten Phase aufgrund der geringen Absatzmenge Verluste.

2. In der Wachstumsphase setzt sich das Produkt zunehmend am Markt durch. Das Schwergewicht der Innovationen verlagert sich auf den Produktionsprozess. Gleichzeitig verringert sich die Humankapitalintensität, und es steigt die Sachkapitalintensität der Produktion. Exponentiell wachsende Erlöse und hohe Gewinne kennzeichnen diese Phase.

3. In der Reifephase ermöglichen ausgereifte Produkte und standardisierte Produktionsverfahren Massenproduktion. Marktsättigung und steigender Konkurrenzdruck führen jedoch trotz arbeitssparenden Rationalisierungsinvestitionen zu abnehmenden Gewinnen.

4. Die Schrumpfungsphase ist durch rasch fallende Erlöse gekennzeichnet. Nach *J. J. van Duijn* (1984) besitzen Unternehmen allerdings verschiedene Möglichkeiten, Absatzeinbußen und Verluste zu vermeiden, d. h. den Übergang von der Reifephase in die Schrumpfungsphase zu vermeiden oder zumindest zu verzögern. Vier Variationen sind in Abb. 4.5 dargestellt:

- die Substitution des alten durch ein neues Produkt der gleichen Güterart (z. B. der Ersatz des Schwarz-Weiß-Fernsehens durch das Farbfernsehen),
- die Ausdehnung des Lebenszyklus durch ständige Produktmodifikationen; dadurch lassen sich zusätzliche Märkte erschließen,
- die Verbesserung der Produktionstechnologie, um die Wettbewerbsfähigkeit zu erhöhen,
- die Ausdehnung der Reifephase durch Rationalisierung und Senkung der Arbeitskosten.

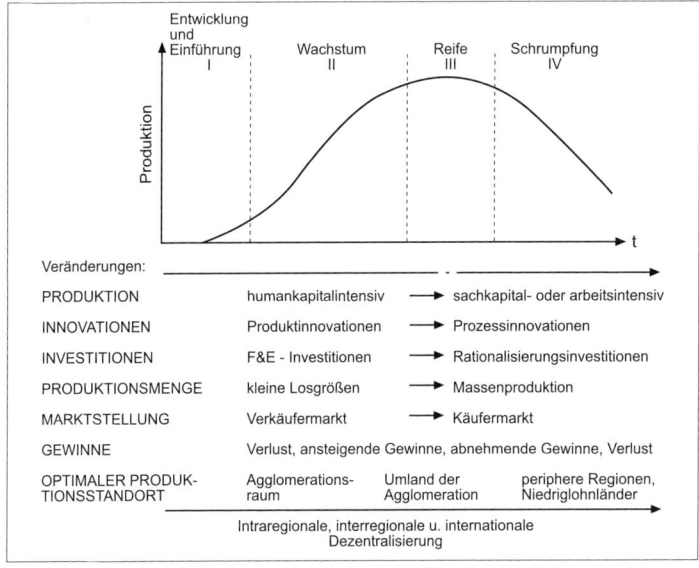

Abbildung 4.4: Phasen des Produktzyklus (Eigene Darstellung)

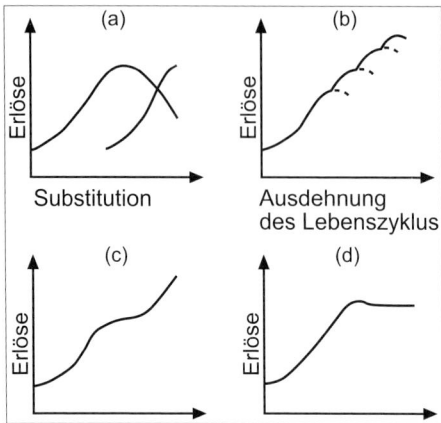

Abbildung 4.5: Unterschiede im Verlauf des Produktzyklus (Eigene Darstellung; Entwurf nach *J. J. v. Duijn* (1984, S. 21))

Im Lauf des Produktlebenszyklus vollzieht sich, wie aus Abb. 4.4 zu ersehen ist, eine Schwerpunktverschiebung von humankapitalintensiver zu sachkapital- oder arbeitsintensiver Produktion, von Produktinnovationen zu Prozessinnovationen, von FuE-Investitionen zu Rationalisierungsinvestitionen, von kleinen Losgrößen zur Massenproduktion sowie vom Verkäufermarkt zum Käufermarkt. Auch hinsichtlich der Gewinne, dem entscheidenden Motiv unternehmerischen Handelns, treten tiefgreifende Veränderungen ein.

A. *Markusen* (1985) spricht von Profitzyklen. Abb. 4.6 zeigt Verluste in der Entwicklungs- und Einführungsphase, exponentiell wachsende Gewinne in der Wachstumsphase, abnehmende Gewinne in der Reifephase und mit zunehmendem Abschwung den Übergang zu erneuten Verlusten. Es ist offensichtlich, dass Unternehmen,

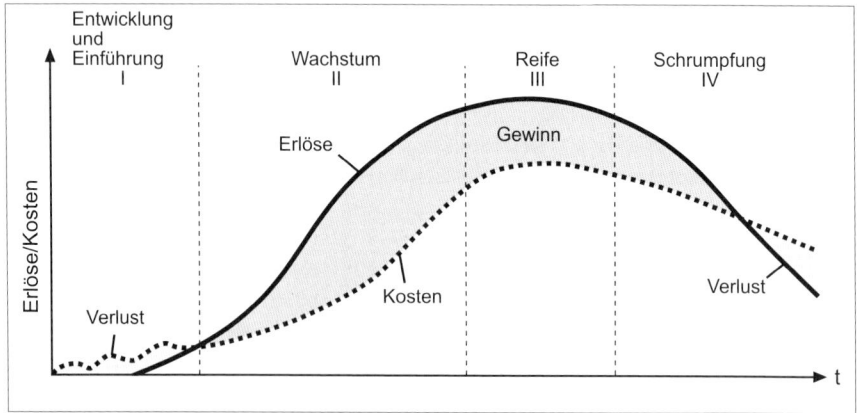

Abbildung 4.6: Phasen des Profitzyklus (Eigene Darstellung)

die überwiegend Güter herstellen, die am Beginn des Produkt- und Profitzyklus stehen, ebenso wie Regionen mit einem hohen Anteil von »jungen« Gütern bzw. Branchen, die günstigsten Entwicklungsperspektiven besitzen. Ungünstig hingegen sind die Zukunftsaussichten von Unternehmen, die vorrangig »ältere« Güter produzieren, die sich bereits in der Reifephase befinden. Für Regionen, in denen sich »ältere« Güter bzw. Branchen konzentrieren, besteht die Gefahr, dass sie in ihrer wirtschaftlichen Entwicklung stagnieren und einen relativen Bedeutungsverlust erleiden.

Beim Übergang eines Produkts von der Entwicklungs- und Einführungsphase über die Wachstums-, die Reife- bis zur Schrumpfungsphase verändern sich, wie dargelegt, die Produktions- und Absatzbedingungen. Daraus lässt sich folgern, dass phasenspezifische Standortanforderungen der Güterherstellung bestehen und sich folglich im Laufe des Lebenszyklus eines Produkts der betriebswirtschaftlich optimale Produktionsstandort verändert.

Die Entwicklung eines neuen Produkts ist humankapitalintensiv und erfordert hohe FuE-Investitionen; Innovationspotential, qualifizierte Arbeitskräfte und Risikokapital sind vornehmlich in urban-industriellen Zentren vorhanden. Zunehmende Standardisierung des Herstellungsverfahrens, steigende Sachkapitalintensität, sich verschärfender Qualitäts- und Preiswettbewerb verändern die Standortanforderungen. Sie erzwingen eine funktionale Standortspaltung oder Zweigbetriebsgründungen im Hinterland des Zentrums, in peripher gelegenen Standorten innerhalb nationaler Grenzen, aber auch in Niedriglohnländern. Aufgrund der Standortvorteile errichten dort auch neu auf den Markt dringende Konkurrenten ihre Betriebe. Im Lebenszyklus eines Produkts verschiebt sich der optimale Produktionsstandort vom Zentrum in Richtung auf die Peripherie; diese Standortverlagerung lässt sich auch als Diffusion von Produktionsstätten neuer Güter interpretieren. Es besteht somit eine Tendenz zur intraregionalen, interregionalen und internationalen Dezentralisierung der Produktion (vgl. Abb. 4.4). In Abb. 4.7 sind das Produktionsvolumen eines Gutes bzw. einer Branche an den Standorten A, B, C, D sowie die Schwerpunktverlagerung dieser ökonomischen Aktivitäten innerhalb des Gesamtraumes (E) modellhaft dargestellt (vgl. *J. Hampe* und *R. Koll*, 1989).

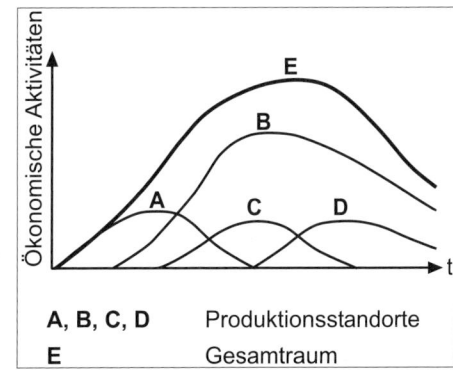

Abbildung 4.7: Standortverlagerung der Produktion eines Gutes bzw. einer Branche (Eigene Darstellung; Entwurf nach *J. Hampe* und *R. Koll*, 1989, S. 47)

A, B, C, D	Produktionsstandorte
E	Gesamtraum

Mit vergleichbarer Argumentation lassen sich mittels der Produktzyklus-Hypothese Veränderungen der interregionalen und internationalen Handelsbeziehungen erklären (vgl. S. *Hirsch*, 1967, *R. Vernon*, 1966, 1979). Bei der Herstellung eines Gutes besitzen einzelne Länder (Regionen) in bestimmten Phasen des Produktlebenszyklus komparative Vorteile. Eine mögliche Folge ist eine langfristige Verschiebung der Außenhandelsüberschüsse vom hochindustrialisierten Land der Produktinnovation über andere Industrieländer zu weniger entwickelten Ländern (vgl. Abb. 4.8). Das Land der Produktinnovation erzielt bei Gütern, die sich in der frühen Phase ihres Produktlebenszyklus befinden, hohe Exportüberschüsse und wechselt mit fortschreitender Reife des Produkts in die Rolle des Importeurs über. Weniger entwickelte Länder sind hingegen nur bei der Herstellung von Gütern, die bereits eine fortgeschrittene Phase ihres Lebenszyklus erreicht haben, international wettbewerbsfähig.

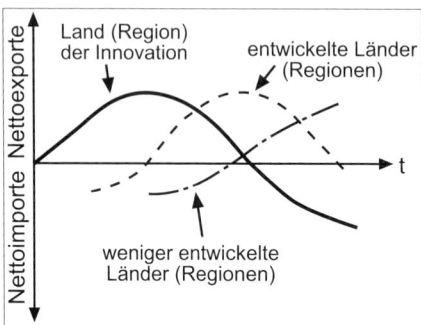

Abbildung 4.8: Produktzyklus und Außenhandel (Eigene Darstellung)

Das Konzept des Produktlebenszyklus bildet eine Grundlage zur Dynamisierung der einzelwirtschaftlichen Standorttheorie. Es hilft auch den regionalen Strukturwandel, z. B. den wirtschaftlichen Aufstieg und Niedergang von Regionen, besser zu verstehen und bietet schließlich Möglichkeiten der Verknüpfung mit außenhandelstheoretischen Fragen. *Gunther Tichy* (1991) weist in einem beachtenswerten Aufsatz auf Limitationen dieses theoretischen Ansatzes hin.

1.   Nicht alle Güter unterliegen einem »regionalen« Produktzyklus. *G. Tichy* (1991, S. 46 ff.) unterscheidet Produktzyklusgüter und Güter, die keinem regionalen Produktzyklus folgen. Wie bereits dargestellt, entstehen Produktzyklusgüter in der Regel in urban-industriellen Zentren (*high-income agglomerations*), und im Verlauf des Lebenszyklus verschiebt sich der optimale Produktionsstandort in Richtung auf die Peripherie. Güter, die diesem regionalen Produktzyklus nicht folgen, sind:

a) Ricardo-Güter; ihre Produktion ist an die Standorte von Rohstoffen gebunden (Rohstofforientierung).

b) Lösch-Güter; hierbei handelt es sich um Produkte, die im Wesentlichen nur für den lokalen Markt des Agglomerationsraums hergestellt werden. Der

Produktionsstandort wird im Regelfall im Einzugsbereich des Zentrums liegen (Marktorientierung).

c) Thünen-Güter; zur Herstellung dieser Produkte sind qualifiziertes Humankapital und spezialisierte Dienstleistungen notwendig, die nur im Agglomerationsraum verfügbar sind. Ihr Produktionsstandort muss daher ebenfalls im urbanen Zentrum liegen (*High-Skill*-Orientierung).

2. Der regionale Transformationsprozess ist in der Realität vielschichtiger als dies »Lehrbuchdarstellungen« der Produktzyklus-Hypothese vermuten lassen. So ist die Entwicklung neuer Produkte nicht auf Agglomerationen beschränkt; sie konzentrieren sich jedoch dort aufgrund günstiger Bedingungen für die Entstehung von Inventionen und die Durchsetzung von Innovationen.

J. Cantwell (1995) weist darauf hin, dass in Zeiten der Globalisierung der Wirtschaft multinationale Unternehmen zunehmend Innovationen an optimalen Standorten innerhalb ihrer weltweiten Unternehmensnetzwerke realisieren. Auch erfolgt die Verlagerung reifer Produkte in die Peripherie nicht mechanisch. In den Zentren versuchen Unternehmer, Gewerkschaften und politische Entscheidungsträger, ihre Abwanderung zu verhindern; in der Peripherie müssen innovative Unternehmer vorhanden sein, um die Produktion reifer Produkte aufzunehmen. Schließlich ist eine Rückverlagerung der Produktion in die Zentren in der Folge erfolgreich durchgeführter Prozessinnovationen nicht auszuschließen.

4.5.2 Theorie der langen Wellen und Raumentwicklung

Die wirtschaftliche Bedeutung neuer Produkte, neuer Dienstleistungen, neuer Produktionsverfahren und neuer Organisationsformen kann sehr unterschiedlich sein. Grundlegende technische Neuerungen werden als Basisinnovation bezeichnet. Nach heute vorherrschender Meinung treten diese Basisinnovationen in zyklischen Abständen gehäuft (»in Schwärmen«) auf, und können lange Wachstumsschübe (»lange Wellen«) auslösen. Die Basisinnovationen schaffen nach *G. Mensch* (1975) als Produktinnovationen neue Märkte und Wachstumsindustrien und verändern als Prozessinnovationen auch bereits bestehende Wirtschaftszweige tiefgreifend (z. B. Mikroelektronik).

Die wissenschaftliche Auseinandersetzung mit zyklischen Schwankungen in der Wirtschaftsentwicklung hat eine lange Tradition. Sie lässt sich zeitlich in drei Phasen gliedern (vgl. *U. Weinstock*, 1964; *J. Delbeke*, 1984). Zunächst bemühten sich die niederländischen Marxisten *J. van Geldern* und *S. de Wolff* sowie der russische Agrarökonom *N. D. Kondratieff* (1926) um einen empirisch statistischen Nachweis zyklischer Schwankungen in der Wirtschaftsentwicklung kapitalistischer Industrieländer. Es war *N. D. Kondratieff* (nach ihm werden die langen Wellen auch Kondratieff-Zyklen genannt), der technologische Innovationen und Investitionen in Kapitalgüter als wichtige Theorieelemente identifizierte. Den entscheidenden

Beitrag zur Entwicklung einer Theorie der langen Wellen leistete jedoch *J. A. Schumpeter* (1939). Im Mittelpunkt seiner Betrachtungen stehen technische Neuerungen und der dynamische Unternehmer. Die Innovation, d. h. die von einem dynamischen Unternehmer durchgesetzte technische Neuerung, ist Anstoß und Ursache der Schwankungen der Wirtschaft. Art und Ausreifungszeit der Innovation erklären die Zyklenlänge. *J. A. Schumpeter* unterscheidet nach der Bedeutung von Innovationen drei sich überlagernde Wellen mit unterschiedlicher Länge; der Kitchin-Zyklus dauert 40 Monate, der Juglar-Zyklus 9-10 Jahre und der Kondratieff-Zyklus 48-60 Jahre. Die Kondratieff-Zyklen, d. h. die langen Wellen, sind von größter Bedeutung und prägen den Verlauf der kürzeren Fluktuationen der Wirtschaft. Schließlich erlebte in den 1970er Jahren, angesichts von Strukturproblemen mit hoher Arbeitslosigkeit in westlichen Industrieländern und negativer Auswirkungen des drastischen Anstiegs der Rohölpreise, die theoretische und empirische Analyse der langfristigen Wirtschaftsentwicklung eine Renaissance.

Die neueren historisch-deskriptiven Untersuchungen unterscheiden vier lange Wellen; sie sind in Abb. 4.9 in einem vereinfachten Phasenmodell der wirtschaftlichen Entwicklung dargestellt. Der jeweilige Aufschwung wird durch Basisinnova-

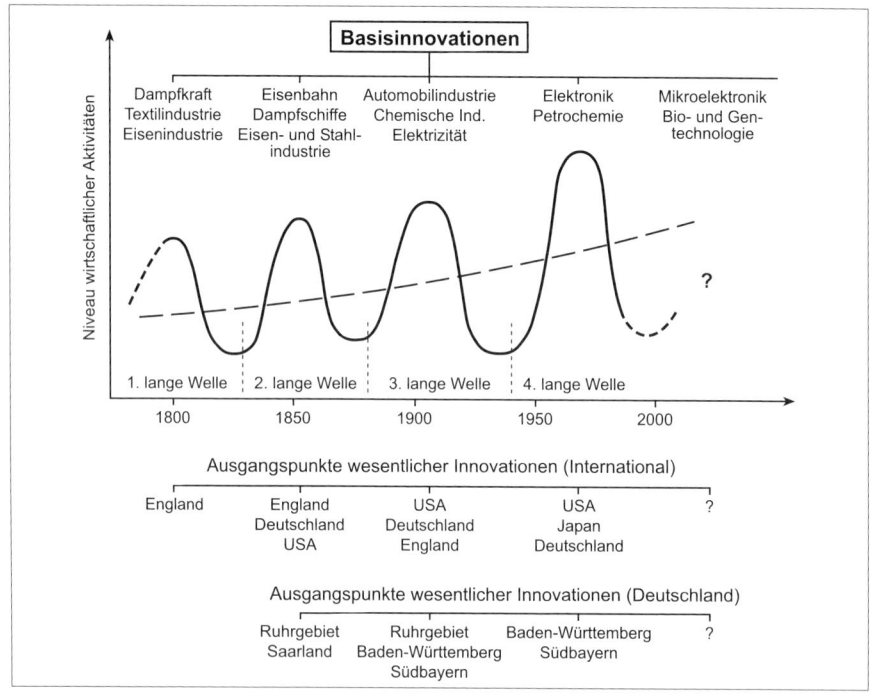

Abbildung 4.9: Modell der wirtschaftlichen Entwicklung in »langen Wellen« (Eigene Darstellung; Entwurf nach *P. Dicken* (1998, S. 148).)

tionen ausgelöst, der Abschwung tritt ein, wenn sich die Innovationskraft der neuen Technologie erschöpft. Zu den herausragenden Innovationen zählten bei der ersten langen Welle (auch industrielle Revolution genannt) die Dampfkraft und Fortschritte in der Textil- und Eisenindustrie, bei der zweiten langen Welle Neuerungen im Verkehrswesen (Eisenbahn, Dampfschiffe) und in der Eisen- und Stahlindustrie, im dritten Zyklus u. a. der Einsatz von Benzin- und Elektromotoren und im vierten Zyklus der Einsatz von Elektronik im Produktionsprozess sowie u. a. Erfindungen in der Petrochemie. Als Basisinnovationen für eine künftige (fünfte) lange Welle werden neben der Mikroelektronik, einer Steuerungs- und Kommunikationstechnologie, die in allen Bereichen der Wirtschaft Anwendung finden kann, die Bio- und Gentechnologie angesehen.

Die Kritik an der Theorie der langen Wellen konzentriert sich auf Unzulänglichkeiten sowohl der empirischen Befunde als auch des theoretischen Erklärungsgehalts. Nach *K. Eklund* (1980) konnte bislang nur die Existenz säkularer Fluktuationen von Preisen, nicht jedoch von Produktionsmengen empirisch nachgewiesen werden. Auch geben die vorliegenden Theorien lediglich Aufschluss über Ursachen von Aufschwung, Wendepunkt bzw. Abschwung bei einzelnen langen Wellen; nicht überzeugend gelungen ist es, die Gesetzmäßigkeit zyklischer Schwankungen in regelmäßiger zeitlicher Abfolge zu erklären.

Die Theorie der langen Wellen kann zur Erklärung internationaler und interregionaler Verlagerungen ökonomischer Aktivitäten herangezogen werden. Zu unterscheiden sind erstens räumliche Differenzierungsprozesse, die sich im Verlauf einer einzigen langen Welle vollziehen, und zweitens räumliche Schwerpunktverlagerungen ökonomischer Aktivitäten beim Übergang von einer zur nächsten langen Welle.

1. Nach dem heutigen Kenntnisstand ist davon auszugehen, dass sich bei jeder langen Welle die ökonomischen Aktivitäten auf ein bzw. wenige räumliche Zentren konzentrieren, dass aber auch weltweit eine charakteristische industrielle Standortstruktur entsteht sowie eine charakteristische Vernetzung der Standorte über die Mobilität von Gütern und Produktionsfaktoren. Im Laufe eines einzelnen Kondratieff-Zyklus verändert sich das gesamte globale Raumsystem tiefgreifend. Das räumliche Zentrum einer langen Welle prosperiert, bis die Innovationskraft der neuen Technologie erschöpft ist. Zum Ende eines Zyklus häufen sich Firmenkäufe und Fusionen, und die Gründung von Zweigwerken und Tochterunternehmen bewirkt einen auf die Peripherie gerichteten Wachstumsschub. Aber genauso wie der räumliche Kristallisationskern einer langen Welle die Phasen Wachstum, Stagnation, Schrumpfung durchläuft, unterliegen auch die als Folge der Basisinnovation außerhalb der Kernregion entstehenden Industriestandorte einem wirtschaftlichen Transformationsprozess; sie durchlaufen sog. »regionale Wachstumszyklen«. Städte bzw. Regionen, die aufgrund von Standortvorteilen (günstige Faktorausstattung, Lagegunst usw.) extern entstandene Basisinnovationen zuerst durchsetzen können, entwickeln sich zu Wachstumsregionen. Die Wachstumsdynamik hält solange an, wie es

gelingt, die Produktion an den technischen Fortschritt anzupassen. Vermindert sich die Fähigkeit und Bereitschaft zum kontinuierlichen Umstrukturierungsprozess, kommt es zur Stagnation und langfristig zur Schrumpfung der regionalen Wirtschaft (vgl. *E. v. Böventer*, 1987). *W. B. Stöhr* (1981) erwartet, dass jeweils in der Aufschwungphase langer Wellen eine Entwicklung »von oben« mit weiträumigen Interaktionen und in der Phase des Abschwungs eher eine Entwicklung »von unten« mit kleinräumiger Vernetzung und ländlichen Aktivitäten dominieren.

2. Bislang hat jede neue Welle ein eigenes räumliches Zentrum gebildet; der räumliche Kristallisationskern der neuen langen Welle lag in der Regel fernab von jenem des alten Zentrums. Bei globaler Betrachtung war während der ersten langen Welle Manchester und während der zweiten langen Welle u. a. das Ruhrgebiet das industrielle Zentrum. Wie Abb. 4.9 zeigt, traten neben westeuropäischen Ländern die USA und während der vierten langen Welle Japan als Ausgangspunkt und erster Kristallisationskern von Basisinnovationen hinzu. Zu Beginn der fünften langen Welle wird erwartet, dass sich der pazifische Raum zu einer führenden Industrieregion der Welt entwickeln könnte. Bei Betrachtung einzelner Länder lässt sich beispielsweise in Deutschland im Laufe des dritten und vierten Kondratieff-Zyklus eine Schwerpunktverschiebung ökonomischer Aktivitäten in die Regionen Stuttgart und München empirisch belegen. In den USA kam es zu einer Verlagerung der Wachstumsdynamik von den Neu-England-Staaten über den mittleren Westen nach Kalifornien (vgl. *D. E. Booth*, 1987). Die Gründe für die räumliche Verlagerung des Ausgangspunktes und ersten Produktionsschwerpunktes einer neuen langen Welle sind vielfältig. Ein wesentlicher Grund ist sicherlich, dass die Zentren der alten Welle nicht den Standortanforderungen der neuen Wachstumsindustrien genügen und statisches Verhalten von Großunternehmen, Gewerkschaften und Regierungen die notwendigen Anpassungsprozesse behindert; die Zentren der alten Welle verkrusten zu sog. »Altindustrieregionen«.

4.6 Neue Wachstumstheorie

Die wachstumstheoretische Modellbildung in den Wirtschaftswissenschaften geht in jüngerer Zeit zunehmend von realitätsnahen Annahmen aus (z. B. unvollständiger Wettbewerb, keine abnehmenden Grenzerträge des Kapitals, steigende Skalenerträge, endogene Erklärung des technischen Fortschritts). Die Ansätze versuchen, das Wirtschaftswachstum aus dem Modell heraus, d. h. endogen, zu begründen; folglich wird die »neue« auch als »endogene« Wachstumstheorie bezeichnet. Schließlich bedient sich die Modellierung eines mathematischen Instrumentariums von beachtlicher Komplexität. Aus dem breiten Spektrum der vorliegenden neuen Ansätze wird ein Innovationsmodell von *Paul M. Romer* (1990) vorgestellt.

Das Innovationsmodell von *P. M. Romer* aus dem Jahr 1990 erklärt endogen die Bedeutung des technischen Fortschritts für das Wirtschaftswachstum einer geschlossenen Volkswirtschaft (vgl. *M. Frenkel; H.-R. Hemmer*, 1999, S. 239 ff.). Humankapital und Wissen sind die entscheidenden Wachstumsdeterminanten und sie bilden die Grundlage für Innovationen. Humankapital stellt die in Personen gebundenen Kenntnisse und Fähigkeiten dar[14]. Diese werden durch formale Bildung oder On-the-job-Training erworben und lassen sich nur durch den Einsatz der Personen im Arbeitsprozess nutzen (Rivalität in der Nutzung). Wissen bezeichnet personenungebundene Kenntnisse, die z. B. aus Publikationen, Blaupausen, Datenbanken bekannt sind. Das Wissen können verschiedene Personen gleichzeitig verwenden (Nichtrivalität in der Nutzung). Da die personenungebundenen Kenntnisse auch Wirtschaftssubjekten zur Verfügung stehen, die keinen Beitrag zur Erstellung leisteten, haben sie den Charakter eines öffentlichen Gutes. Investitionen in den Produktionsfaktor Wissen führen somit zu technologischen externen Effekten (Wissensspillover). Der gesellschaftliche Nutzen der Investition ist größer als der einzelwirtschaftliche Nutzen.

Das *Romer*-Modell unterteilt die Volkswirtschaft in drei Sektoren: einen Forschungssektor, einen Zwischenproduktsektor und einen Endproduktsektor.

- Der Forschungssektor produziert »Designs« (Blaupausen). Für die Herstellung eines Designs werden Humankapital und Wissen verwendet. Die Produktionsfunktion für zusätzliche Designs lautet:

$$\dot{T} = \Theta H_T \cdot T$$

wobei
H_T = eingesetztes Humankapital im Forschungssektor
Θ = kennzeichnet die Produktivität des Unternehmens
T = Bestand an technischem Wissen
$\dot{T}$ = Bestandsveränderung des technischen Wissens

Der technische Fortschritt hängt demnach ab vom Humankapitalbestand, der Humankapitalproduktivität und dem Bestand an technischem Wissen. Bei der Entwicklung zusätzlicher Designs entsteht zusätzliches Wissen, das allen Wirtschaftssubjekten im Forschungssektor zur Verfügung steht. Über intrasektorale Wissensspillover-Effekte können sich folglich die Produktivität des Humankapitals und der Humankapitalbestand erhöhen. Der Outputmarkt des Forschungssektors ist durch vollständige Konkurrenz gekennzeichnet. Die Vermarktung erfolgt über Patentierung der Designs durch die Erfinder und Verkauf der Patente auf dem Wettbewerbsmarkt an den Zwischenproduktsektor.

---

[14] Diese Definition des Humankapitals weist große Ähnlichkeit mit dem Begriff *Tacit Knowledge* auf (vgl. Kapitel 5.2.1).

- Im Zwischenproduktsektor werden Zwischenprodukte bzw. Kapitalgüter hergestellt. Da die Produzenten aus dem Forschungssektor Patente für eine ganz bestimmte Zwischenproduktvariante bzw. Kapitalgütervariante erwerben, erlangen sie genau für diese Variante eine Monopolstellung. Die Produzenten erzielen Monopolgewinne, die sich zum Kauf neuer Designs verwenden lassen. Der Outputmarkt ist durch monopolistische Konkurrenz gekennzeichnet.

- Der Endproduktsektor stellt Konsumgüter her. Für die Produktion werden die Produktionsfaktoren einfache Arbeit und Humankapital benötigt sowie Zwischenprodukte bzw. Kapitalgüter eingesetzt. Durch eine zunehmende Vielfalt an Zwischenprodukten bzw. Kapitalgütern können die Konsumgüterhersteller Produktivitätsvorteile erzielen. Der Outputmarkt ist durch vollständige Konkurrenz gekennzeichnet.

Der Wachstumsmotor im *Romer*-Modell sind die Forschungs- und Entwicklungsaktivitäten im Forschungssektor. Je mehr Humankapital im Forschungssektor zum Einsatz kommt, desto stärker wächst die Volkswirtschaft. »Je mehr geforscht wird, desto zahlreicher sind die Neuerfindungen, desto stärker wächst die Zahl der Varianten an Kapitalgütern (bzw. Zwischenprodukten) und desto umfangreicher ist der prozentuale Produktionsanstieg im Konsumgütersektor in jeder Periode« (*M. Frenkel; H.-R. Hemmer*, 1999, S. 255).

Das bislang behandelte *Romer*-Modell erklärt endogenes Wachstum für eine geschlossene Volkswirtschaft. Darüber hinaus versucht die Wirtschaftswissenschaft, endogene Wachstumsmodelle auch für offene Volkswirtschaften zu entwickeln. Im Folgenden wird ein Beitrag von *L. H. Rivera-Batiz* und *P. Romer* (1991a, b) vorgestellt, der das *Romer*-Modell um außenwirtschaftliche Effekte des technischen Fortschritts erweitert (vgl. *M. Frenkel, H.-R. Hemmer*, 1999, S. 272-295). Dieser um die Außenwirtschaft erweiterte *Romer*-Ansatz unterscheidet erstens Außenhandel zwischen zwei Ländern mit gleicher ökonomischer Struktur und zweitens Außenhandel zwischen zwei Ländern und ungleicher ökonomischer Struktur.

Zu 1. Außenhandel zwischen zwei Ländern mit gleicher ökonomischer Struktur. Hier gilt im Autarkiefall für beide Länder das eingangs beschriebene endogene Wachstumsmodell für geschlossene Volkswirtschaften. Grenzöffnung führt bei den gegebenen Modellannahmen in beiden Ländern zu einer Wachstumsbeschleunigung. Diese positive Integrationswirkung begründen *Rivera-Batiz* und *Romer* mit drei Effekten: dem Skaleneffekt, dem Allokationseffekt und dem Redundanzeffekt.

- Der Skaleneffekt tritt ein, da durch die Grenzöffnung nun beide Länder Zugang haben nicht nur zu den im Inland, sondern auch zu den im Ausland produzierten Kapitalgütern. Dies erhöht die Produktivität des Kapitalstocks, da dieser mit zunehmender Vielfalt der Kapitalgüter die Produktion im Endproduktsektor (d. h. von Konsumgütern) steigert.

- Der Allokationseffekt resultiert daraus, daß sich durch die Grenzöffnung der Humankapitaleinsatz vom Endproduktsektor zum Forschungssektor verlagert. Dies läßt sich an Hand von zwei Wirkungsketten begründen. Erstens vergrößert die Grenzöffnung die Anzahl der Kapitalgütervarianten und den Markt für jede Kapitalgütervariante. Dies führt zu Monopolrenten der Kapitalgüterproduzenten, zu vermehrter Nachfrage nach Patenten, zu höheren Patentpreisen und letztendlich zu einem Anstieg des Lohnsatzes für Humankapital im Forschungssektor.

  Zweitens erhöht die Grenzöffnung auch die Diffusion des Wissens. Dadurch stehen dem Forschungssektor nicht nur das im Inland entwickelte Wissen, sondern auch das Wissen aus dem Ausland zur Verfügung. Da sich das Inland an den Kosten der Wissensproduktion im Ausland nicht beteiligt hat, entstehen internationale Wissensspillover-Effekte. Diese Wissensvermehrung steigert die Produktivität der Forschungs- und Entwicklungsaktivitäten mit der Folge eines Lohnanstiegs des Humankapitals im Forschungssektor.

  Nach beiden Argumentationen kommt es zu einem Lohnanstieg des Humankapitals im Forschungssektor, der eine Verlagerung von Humankapital bewirkt, und zwar vom Endproduktsektor zum Forschungssektor, dem Wachstumsmotor im *Romer*-Modell.

- Der Redundanzeffekt besagt, daß durch die internationale Diffusion des Wissens Erfindungen im Inland auch im Ausland bekannt werden und sich daher der Einsatz von Ressourcen zur Entwicklung bereits bekannter Neuerungen vermeiden läßt.

Zu 2. Außenhandel zwischen zwei Ländern mit ungleicher ökonomischer Struktur. Diese zweite Version des erweiterten *Romer*-Ansatzes berücksichtigt internationale Unterschiede bezüglich des Wissensstandes, des Humankapitaleinsatzes, der Produktivität des Humankapitals und der Präferenzen der Konsumenten. Die modelltheoretische Analyse ergibt auch für den Fall ungleicher Länder positive Außenhandelseffekte. Durch Wissenszuwachs und Technologietransfer profitieren insbesondere die weniger entwickelten Volkswirtschaften von der Integration. Die Grenzöffnung führt zur Konvergenz der Produktions- und Einkommenswachstumsraten. Bei der Interpretation dieses Ergebnisses ist zu beachten, dass sich in der Realität die Einkommenskluft zwischen den Industrieländern und vielen Entwicklungsländern vertieft. Offensichtlich überlagern andere, die Wachstumsdivergenz verursachende Faktoren mögliche positive außenwirtschaftliche Effekte des technischen Fortschritts.

Literatur

Eine Zusammenfassung der wichtigsten regionalen Wachstums- und Entwicklungstheorien enthält:

Armstrong, H.; Taylor, J., 2000: Regional Economics and Policy. Oxford.

Eine Anwendung theoretischer Konzepte auf Probleme der Globalisierung erfolgt bei:

Dicken, P., 2007: Global Shift. Mapping the Changing Contours of the World Economy. (5. Aufl.). London, Thousand Oaks, New Delhi.
Knox, P.; Agnew, J., 1998: The Geography of the World Economy. An Introduction to Economic Geography. (3. Aufl.). London.

Zur Vertiefung ausgewählter Theorieansätze wird empfohlen:

Frenkel, M.; Hemmer, H.-R., 1999: Grundlagen der Wachstumstheorie. München (Vahlens Handbücher der Wirtschafts- und Sozialwissenschaften).
Koschatzky, K., 2001: Räumliche Aspekte im Innovationsprozess. Ein Beitrag zur neuen Wirtschaftsgeographie aus Sicht der regionalen Innovationsforschung. Wirtschaftsgeographie 19, Münster, Hamburg, London.
Krieger-Boden, C., 1995: Die räumliche Dimension in der Wirtschaftstheorie. Ältere und neuere Erklärungsansätze. Kiel: Institut für Volkswirtschaft (=Kieler Sonderpublikationen).

5. Räumliche Organisations- und Netzwerktheorien

Die in diesem Kapitel vorgestellten räumlichen Organisations- und Netzwerktheorien erklären Strukturen, Interaktionen und Entwicklungsprozesse in ökonomischen Raumsystemen der Wissensgesellschaft, die sich durch eine enge Vernetzung von Unternehmen und Standorten auszeichnen. Die mit der Vernetzung verbundenen dominierenden räumlichen Entwicklungstrends sind Globalisierung und Regionalisierung.

Kapitel 5.1 erläutert die Facetten des Begriffs Wissensgesellschaft und Kapitel 5.2 diskutiert die Ursachen der zunehmenden Vernetzung wirtschaftlicher Aktivitäten. Die weiteren Kapitel widmen sich den Strukturen und Wirkungen ausgewählter Netzwerke (Kapitel 5.3), den Interaktionen zwischen vernetzten Unternehmen (Kapitel 5.4) sowie dem Zusammenhang zwischen regionaler Entwicklungsdynamik und enger Vernetzung (Kapitel 5.5). Dabei argumentieren die Kapitel 5.2 bis 5.4 aus der Unternehmensperspektive, d. h. betriebswirtschaftlich. Kapitel 5.5 argumentiert aus regionalökonomischer Sicht.

5.1 Übergang von der Industrie- zur Wissensgesellschaft

Die wirtschaftswissenschaftliche Theoriebildung der vergangenen drei Jahrzehnte zeichnet sich – ebenso wie Ansätze zur Theoriebildung in der Wirtschaftsgeographie – durch ein zunehmendes Interesse am Produktionsfaktor Wissen (Technologie) aus. Ein Beispiel ist die »Neue Wachstumstheorie« (*P. Romer*, 1990), der derzeit vorherrschende volkswirtschaftliche Erklärungsansatz für langfristiges Wirtschaftswachstum. In dieser Theorie bildet die Produktion von neuem Wissen die Grundlage für das Hervorbringen neuer Produkte, zunehmenden Wohlstand und steigende Lebensqualität. Zeitgleich zur Entwicklung der neuen Wachstumstheorie wendet sich die wirtschaftswissenschaftliche Theoriediskussion verstärkt dem »ressourcenbasierten« oder »wissensbasierten« Unternehmensbegriff zu (*B. Wernerfelt*, 1984; *K. R. Conner* und *C. K. Prahalad*, 1996). Vertreter dieses Ansatzes führen die Existenz von Unternehmen auf die Tatsache zurück, dass sich heterogene Wissensbestände innerhalb von Unternehmen produktiver einsetzen lassen, als dies in Marktbeziehungen geschehen könnte. Ebenfalls seit den 1980er Jahren erneuert sich das Interesse an der Argumentation der älteren Theorieansätze aus dynamisch-zyklischer und evolutionärer Perspektive, z. B. der Theorie der langen Wellen. Deren Grundideen, vor allem zur Bedeutung von Innovationen für die Wirtschaftsentwicklung, fließen in die Entwicklung dynamisch-evolutionärer Erklärungsansätze ein (*R. R. Nelson* und *S. G. Winter*, 1982).

Die Theorieentwicklung greift damit gesellschaftliche und wirtschaftliche Veränderungen auf, die vielfach als Übergang in die Wissensgesellschaft beschrieben werden. Dieser Übergang hat tiefgreifende Auswirkungen auf die räumliche Struktur und Organisation der Wirtschaft. Die Fragen, wodurch sich ökonomische Raumsysteme in der Wissensgesellschaft auszeichnen und wie sie sich entwickeln, sind Gegenstand einer großen Zahl anregender aber auch z. T. unvollständiger und missverständlicher Thesen und Theorieansätze. Weitgehende Einigkeit besteht bezüglich der Beschreibung der sich ergebenden fundamentalen Veränderungen. Diese betreffen die Bedeutungszunahme des Produktionsfaktors Wissen (a), Veränderungen der Produktionsorganisation (b) sowie deren räumlichen Implikationen (c). Keine Einigkeit besteht bei der Identifikation von Ursachen und Wirkungen dieser Veränderungen sowie bei ihrer Bewertung.

a) In der Wissensgesellschaft wird der Produktionsfaktor Wissen zur entscheidenden Ressource für langfristig wettbewerbsfähige wirtschaftliche Entwicklung (*P. Cooke*, 1998, S. 13). Andere Produktionsfaktoren erfahren einen relativen Bedeutungsverlust; sie haben angesichts der weltweit großen Informations-, Kapital- und Arbeitskräftemobilität zunehmend den Charakter von Ubiquitäten (*M. Porter*, 1998, S. 77; *M. Storper*, 1997, S. 34). Die industrielle Produktion vieler Sektoren kennzeichnet eine zunehmende Orientierung in Richtung Forschung, Entwicklung und Wissensintensivierung. Innovationsprozesse beziehen verschiedene Unternehmen aus Industrie und Dienstleistung ein und erstrecken sich auch auf Universitäten, Forschungseinrichtungen sowie unterstützende staatliche Organisationen (*P. Cooke* et al., 1997). Daher ist in der Wissensgesellschaft die Qualität des Bildungssystems eine maßgebliche Determinante der Wettbewerbsfähigkeit von Ländern bzw. Regionen. Besonderes wissenschaftliches Augenmerk erfahren Hochtechnologiesektoren und –regionen (*A. Saxenian*, 1994), sowie die Fähigkeit von Regionen, Unternehmen beim Hervorbringen von Innovation zu unterstützen (*K. Morgan*, 1997).

b) In der Wissensgesellschaft konzentrieren sich die einzelnen Unternehmen auf ihre Kernkompetenzen. Ihre Geschäftsprozesse einschließlich der Innovationsprozesse sind in Netzwerken organisiert (*A.-P. de Man*, 2008, S. 15). Die damit verbundenen grundlegenden Veränderungen der Produktions- und Arbeitsorganisation lassen sich als vertikale Desintegration (*M. Storper*, 1997, S. 6-8), als zweite Entkopplung (*R. Baldwin*, 2006), als Übergang vom Fordismus zum Postfordismus (*P. Cooke*, 1998, S. 3-4) oder als Schwerpunktverschiebung von der Massenproduktion zur flexiblen Produktion (*M. J. Piore* und *C. F. Sabel*, 1989, S. 286-307) bezeichnen. In der Industriegesellschaft dominierte die Ende des 19. und Anfang des 20. Jahrhunderts eingeführte industrielle Massenfertigung, wie sie z. B. Henry Ford in der amerikanischen Automobilproduktion perfektionierte (daher der Name Fordismus). Charakteristische Merkmale waren u. a. die Massenfertigung homogener Produkte mit dem Ziel, durch *Economies of Scale* die Stückkosten zu senken, die umfassende Mechanisierung des Produktionsprozesses sowie große Lagerbestände. Die raumwirtschaftlichen Folgen waren u. a. ein regionaler Konzentrationsprozess durch große Fabrikkomplexe in oder am Rand von großen Städten, eine weltweite Beschaffung von Rohstoffen und Halbfabrikationen sowie die Verlagerung der Fertigung von Massengütern in Regionen und Länder mit niedrigen Lohnkosten. Die Wissensgesellschaft ist geprägt von einer Schwerpunktverschiebung von der (fordistischen) Massenproduktion zu einer (postfordistischen) flexiblen Produktion und Spezialisierung (vgl. *M. J. Piore* und *C. F. Sabel*, 1984). Charakteristisch für die Produktionsorganisation ist die vertikale Untergliederung von Produktionsprozessen entlang von Wertschöpfungsketten, die Verteilung der Produktion auf unterschiedliche, miteinander vernetzte Firmen und eine damit verbundene räumliche Verteilung der Herstellung eines Gutes (*R. Baldwin*, 2006). Damit verbunden ist eine geringe lokale Fertigungstiefe. Nachdem mit der Industrialisierung Produktion und Konsum räumlich getrennt wurden, kommt es nun zu einer räumlichen Trennung der einzelnen Teilaktivitäten bei der Herstellung eines Produkts.

c) Die Diskussion um die räumlichen Implikationen dieses Wandels wird von der »Globalisierungsthese« und der »Regionalisierungsthese« geprägt (*A. Amin* und *N. Thrift*, 1992). Die »Globalisierungsthese« stellt die Bedeutung moderner Informations- und Kommunikationstechnologien in den Mittelpunkt. Die IuK-Technologien ermöglichen eine räumliche Trennung von Fertigung und Dienstleistungen sowie einzelnen Fertigungsschritten (*A.-P. de Man*, 2008, S. 17-18). Räumliche Entfernung verliert in vielerlei Hinsicht an Bedeutung, verdeutlicht mit dem Schlagwort des »*Death of Distance*« (*F. Cairncross*, 1997, S. 3; *M. Porter*, 1998, S. 77). Nach der »Regionalisierungsthese« profitiert eine vertikal desintegrierte Produktion dagegen von räumlicher Nähe von Fertigung, betriebsinternen und –externen Dienstleistungen und Zulieferbetrieben (*A. Marshall*, 1961, S. 225; vgl. *M. Storper*, 1997, S. 10). Produkt- und Prozessinnovationen erfordern einen kontinuierlichen, persönlichen Informations- und Erfahrungsaustausch zwischen Fertigung, Forschung und Entwicklung, Marketing, Finanzierung, usw. (vgl. *G. G. Bell* und *A. Zaheer*, 2007, S. 957-968). Nach dieser Argumentation gewinnen Räume mit einer Konzentration eng vernetzter Unternehmen in der Wissensgesellschaft an Bedeutung.

Aus der einschlägigen Literatur wird bislang nicht hinreichend deutlich, welche Zusammenhänge zwischen diesen drei Veränderungen bestehen und durch welche gemeinsamen Ursachen sie hervorgerufen wurden. Vielfach blenden einschlägig wirtschaftsgeographische Arbeiten den Ursachenkomplex vollständig aus oder beschränken sich auf z. T. ideologisch vorgeprägte, aber nicht im Detail hinterfragte Erklärungsmuster. Ein Beispiel ist die vielfach anzutreffende Formulierung, die Bedeutungszunahme von Wissen und Innovation sowie die veränderte Produktionsorganisation seien das Ergebnis immer kürzerer Produktlebenszyklen und zunehmender Konsumentensouveränität (*A. Amin* und *N. Thrift*, 1992, S. 572; vgl. *A. Markusen*, 1999, S. 873). Eine ursächliche Erklärung ist mit dieser Behauptung nicht verbunden. Ebenso wenig überzeugen die marxistisch geprägten Aussagen, die veränderte Produktionsorganisation sei Ausdruck krisenhafter Veränderungen der kapitalistischen Wirtschaftsordnung oder einer globalen Neuorientierung des damit verbundenen Ausbeutungsmechanismus (vgl. *E. Swyngedouw*, 2000, S. 542-547; vgl. *M. Storper* und *R. Walker*, 1989, S. 1-5).

In den folgenden Kapiteln werden die Ursachen der oben skizzierten Veränderungen – der Bedeutungszunahme des Produktionsfaktors Wissen, der veränderten Produktionsorganisation und deren räumlicher Implikationen – ausgehend vom Begriff des ressourcenbasierten Unternehmens dargestellt. Dieses Vorgehen ermöglicht eine widerspruchsfreie und didaktisch geeignete Diskussion der Ursachen und Wirkungen der Veränderungen durch den Übergang in die Wissensgesellschaft bei gleichzeitiger Vermeidung von Alltagsvorstellungen und Fehlurteilen[1]. Ausgehend vom Begriff des ressourcenbasierten Unternehmens lassen sich sämtliche Veränderungen im Zuge dieses Übergangs auf das Gewinnerzielungsmotiv von Unternehmen in Marktwirtschaften zurückführen. Außerökonomische Faktoren haben ermöglichende aber keine ursächliche Funktion. Anders als von manchen oben genannten Autoren postuliert ist die Marktwirtschaft durch die genannten Krisen und den Übergang in die Wissensgesellschaft nicht ihrem Ende näher gekommen. Sie hat ihre Funktionalität durch Nutzung neuer technisch-organisatorischer Spielräume ausgedehnt und dadurch in zahlreichen Regionen einen umfassenden Strukturwandel initiiert.

Als neues strukturprägendes Organisationselement von Raumwirtschaftssystemen in der Wissensgesellschaft ist das Netzwerk anzusehen. Um die Entstehung, Steuerung und Funktionsweise von Netzwerken zu verstehen, ist der Blick auf Unternehmensressourcen, strategische Unternehmensentscheidungen, Wettbewerbsfähigkeit und das Zusammenspiel von Unternehmensressourcen und räumlich gebundenen Ressourcen notwendig. Die Bestimmungsfaktoren unternehmerischer Wettbewerbsfähigkeit haben sich beim Übergang von der Industrie- zur Wissensgesellschaft stark gewandelt (*R. Venkatesan*, 1992, S. 100).

- In der Industriegesellschaft galt beispielsweise die Größe eines Unternehmens als wettbewerbsrelevanter Faktor, da sie die Ertragsstärke und Kreditwürdigkeit positiv beeinflusst. Eine große Vielfalt des Produktangebots galt als Vorteil, da sie die Stabilität des Absatzes bei kurzfristigen Nachfrageänderungen verbessert. Ferner strebten Unternehmen danach, möglichst das gesamte Spektrum nötiger Produktionsschritte abzudecken, da dies die Transaktionskosten bei der Beschaffung reduziert und eine große Wertschöpfungstiefe erhält. Letzteres sichert einen hohen Beschäftigungsstand im Unternehmen und damit auch das Wohlwollen von Arbeitnehmervertretungen und Politik. Stark integrierte und diversifizierte Großunternehmen galten daher bis in die 1980er Jahre als vorbildlich (vgl. *C. K. Prahalad* und *G. Hamel*, 1990). *Oliver E. Williamson* (1990) begründet diesen empirischen Befund mit einer Transaktionskos-

---

[1]   Die Bedeutung des Unternehmensbegriffs und insbesondere der ressourcenbasierten Organisationstheorie für die Wirtschaftsgeographie erörtert *P. Maskell* (2001).

tenersparnis durch vertikale Integration. Ein Beispiel ist die Integration des Vertriebswegs durch ein produzierendes Unternehmen zum Zweck der Qualitätskontrolle und des Erhalts der Reputation von Produkt und Hersteller (*O. E. Williamson*, 1990, S. 126-129).

- In der Wissensgesellschaft herrscht Wettbewerb mit neuen Produkten. Angestrebt wird die Technologieführerschaft – oder zumindest eine von den Kunden anerkannte spezifische Kompetenz – in einem bestimmten Technologiefeld, d. h. ein tiefes Verständnis für die technologischen Grundlagen der Funktionalität einer bestimmten, möglicherweise auch heterogenen Produktgruppe (*C. K. Prahalad* und *G. Hamel*, 1990, S. 85). Damit geht einerseits die Fähigkeit einher, im Rahmen der beherrschten Technologie fortlaufend neue Produkte hervorzubringen. Andererseits prägt dies die Wahrnehmung des Unternehmens und seiner Marke(n) durch die Kunden. Technologieführerschaft verlangt danach, in einem bestimmten Technologiebereich über einen längeren Zeitraum einen hinreichend großen Stab an hochqualifizierten Mitarbeitern im Unternehmen aufzubauen und zu halten, deren Wissen (*tacit knowledge, Humankapital*) die Kernkompetenz des Unternehmens verkörpert.

Die damit verbundene technologische Spezialisierung ist nur schwer mit breiter Diversifikation und großer Wertschöpfungstiefe vereinbar. Selbst große Unternehmen können nur in wenigen Bereichen eine sichtbare Kernkompetenz aufbauen und der Wettbewerbsdruck führt zur Konzentration auf eng definierte Kompetenzfelder (*C. K. Prahalad* und *G. Hamel*, 1990, S. 84; *J. B. Quinn* und *F. G. Hilmer*, 1994, S. 45). Umgekehrt können nur wenige Unternehmen dieselbe Kernkompetenz besitzen, anderenfalls würde diese im Wettbewerb dramatisch an Wert verlieren (*J. Barney*, 1991). Kernkompetenzen sind nicht deckungsgleich mit Produkten; stattdessen korrespondieren sie mit bestimmten Tätigkeiten (Fertigkeiten, Aktivitäten) im Produktionsprozess und anderen Unternehmensprozessen (siehe 5.2.1). Sie versetzen ihr Unternehmen in die Lage, im betreffenden Technologiefeld durch Neukombination von Wissen und Ideen fortlaufend neue und auch unerwartete Produkte hervorzubringen (*C. K. Prahalad* und *G. Hamel*, 1990, S. 81).

Die veränderten Wettbewerbsbedingungen in der Wissensgesellschaft und die Konzentration auf Kernkompetenz haben erhebliche Konsequenzen für die unternehmerische Organisationsstruktur. Diese werden im folgenden Abschnitt aus Sicht der ressourcenbasierten Organisationstheorie erörtert.

5.2 Ressourcenbasierte Organisationstheorie

Dem Übergang von der Industrie- zur Wissensgesellschaft steht auf Seite der wirtschaftswissenschaftlichen Organisationstheorie ein Wandel des Unternehmensbegriffs gegenüber, der die Existenz von Unternehmen zunehmend aus dem Wesen der Ressource Wissen heraus begründet.

Dieses Kapitel erläutert die Ursachen veränderter Unternehmens- und Standortorganisation aus der Sicht betrieblicher Organisationstheorien, vor allem der ressourcenbasierten Organisationstheorie (*resource-based view of the firm*).

5.2.1 Das ressourcenbasierte Unternehmen

Ein Kernproblem der wirtschaftswissenschaftlichen Organisationstheorie ist die Begründung der Existenz von Unternehmen. Die Organisationstheorie versucht zu erklären, warum Unternehmen existieren, und die Tätigkeiten der Unternehmen nicht von eigenständig handelnden und am Markt agierenden Individuen ausgeführt werden (*R. H. Coase* 1937, S. 388 und 390). Sie sucht somit nach Begründungen für einen Produktivitätsvorsprung von Unternehmen gegenüber Märkten (*K. R. Conner* und *C. K. Prahalad*, 1996, S. 477).

Die frühen Arbeiten hierzu kamen ohne Rückgriff auf den Begriff Wissen aus. *R. H. Coase* (1937) begründete die Existenz von Unternehmen mit der Existenz von Transaktionskosten. Transaktionskosten – weit definiert als Kosten für Vertragsverhandlungen und Vertragserfüllungskontrolle – verteuern Markttransaktionen im Verhältnis zu firmeninternen Transaktionen, die ohne permanentes Aushandeln von Verträgen auskommen. Dadurch erzielen Unternehmen unter bestimmten Bedingungen eine höhere Produktivität als am Markt agierende Individuen.

Eine wichtige Weiterentwicklung erfuhr die Organisationstheorie durch die Arbeiten von *H. A. Simon*, der den Begriff des eingeschränkten Rationalverhaltens (*bounded rationality*) in die Argumentation einführte (1965, S. XXII-XXVI). Der Begriff des eingeschränkten Rationalverhaltens unterscheidet sich vom Konzept des *Homo Oeconomicus*. Er unterstellt, dass Individuen zwar versuchen, sich rational zu verhalten, z. B. gewinn- oder nutzenmaximierend zu wirtschaften. An der vollständigen Umsetzung dieses Ziels müssen sie jedoch scheitern, da ihre Fähigkeit begrenzt ist, sich Informationen zu beschaffen und diese zu verarbeiten. Aus der Einsicht in diese Beschränkung kann z. B. ein Verhalten resultieren, dass sich mit hinreichendem Zielerreichungsgrad zufrieden gibt (*Satisficing*-Verhalten). Jedoch bleibt es für Unternehmen bei einer generellen Orientierung am Motiv der Gewinnmaximierung (vgl. *E. Penrose*, 1959, S. 29). Aus der Annahme des eingeschränkten Rationalverhaltens leitete *Simon* ab, dass manche Individuen es vorziehen, in stabilen, firmeninternen Abhängigkeitsverhältnissen zu arbeiten, anstatt frei am Markt aufzutreten.

Die Abkehr von der Annahme des *Homo Oeconomicus*, verbunden mit der Abkehr von der Annahme vollkommener Märkte, führt zu einer erheblichen Erweiterung des Problemspektrums der Organisationstheorie. Sie wendet sich stärker den Fragen der Unternehmensstrategie und des Wettbewerbs sowie den Unterschieden zwischen Unternehmen zu, die aus unterschiedlicher Ressourcenausstattung resultieren (*D. J. Teece*, 1984)[2]. Methodisch orientiert sie sich von statischen

---

[2]   Das Konzept des *Homo Oeconomicus* verbunden mit der Annahme vollkommener Märkte geht vereinfachend davon aus, dass sich Unternehmen in ihrem Informationsstand und ihrer Kapa-

Gleichgewichtsmodellen mit restriktiven Annahmen hin zu einer realitätsnahen und dynamischen Perspektive (*D. J. Teece*, 1984, S. 89-91).

Eine weitere, aus Sicht der Wirtschaftsgeographie entscheidende Fortentwicklung erfuhren die Organisationstheorien mit der Etablierung der ressourcenbasierten Organisationstheorie, des *Resource-based View of the Firm* (*B. Wernerfelt*, 1984) bzw. der *Resource-based Theory of the Firm* (*K. R. Conner* und *C. K. Prahalad*, 1996). Dieser Ansatz definiert Unternehmen nicht über das von ihnen hergestellte Produktportfolio sondern über die ihnen zur Verfügung stehenden Ressourcen, vor allem ihr Wissen (*B. Wernerfelt*, 1984; vgl. *E. Penrose*, 1959, S. 77). Die ressourcenbasierte Organisationstheorie argumentiert ebenfalls auf Grundlage des Konzepts des eingeschränkten Rationalverhaltens. Eine formalisierte Version der Theorie stellen *K. R. Conner* und *C. K. Prahalad* (1996) vor. Ihr Kernargument lautet, dass sich Individuen in ihrem Wissen unterscheiden und dass das Angleichen des Wissenstands mehrerer Individuen durch Lernen Zeit braucht und Kosten verursacht. Im Fall von Markttransaktionen müssten sich die Individuen auf Verträge einigen und dies würde optimaler weise vorab ein Angleichen ihrer Wissensbestände erfordern. Im Rahmen einer hierarchischen Unternehmensorganisation müssen die Wissensbestände dagegen nicht oder nicht sofort angeglichen werden. Das Individuum mit überlegenem Wissen kann anderen Individuen Arbeitsanweisungen erteilen, deren Hintergrund den Empfängern der Anweisung nicht sofort und vollumfänglich verständlich sein muss. Dieser Vorteil kann die Produktivität eines Unternehmens gegenüber dem Markt erhöhen (*knowledge-substitution effect*, *K. R. Conner* und *C. K. Prahalad*, 1996, S. 485). Dies gilt umso mehr, wenn sich ändernde Nachfrage- oder Angebotsbedingungen Anpassungen erfordern, die wiederum nicht allen Beteiligten unmittelbar einsichtig sind, aber von wenigen Individuen mit überlegenem Wissen angeordnet werden können (*flexibility effect*, *K. R. Conner* und *C. K. Prahalad*, 1996, S. 486ff.). Der ressourcenbasierten Organisationstheorie gelingt es damit, die Existenz von Unternehmen allein aus der Existenz von Wissensunterschieden zwischen Personen heraus zu begründen. Der Produktivitätsvorteil von Unternehmen resultiert aus dem Management ihrer heterogenen Wissensressourcen.

Zahlreiche einschlägige Arbeiten diskutieren die Merkmale derjenigen Ressourcen, die Unterschiede zwischen Unternehmen und die Existenz langfristiger Wettbewerbsvorteile begründen. *B. Wernerfelt* (1984, S. 172) zählt hierzu all das, was mittelfristig an ein Unternehmen gebunden ist (Sachkapital, Eigentumsrechte, Marken, Wissen usw.). Einschränkend weist *J. Barney* (1991, S. 106) darauf hin, dass strategisch wichtige Ressourcen selten sein müssen. Wichtige Konkretisierungen liefern *I. Dierickx* und *K. Cool* (1989). Sie weisen darauf hin, dass strategisch wichtige Ressourcen zumindest kurzfristig nicht handelbar, nicht imitierbar und

---

zität zur Informationsbearbeitung nicht unterscheiden. Daher gibt es in diesem Theoriegebäude keine Möglichkeit, unterschiedliche Unternehmensressourcen, Wettbewerbsvorteile oder Wettbewerbsstrategien zu betrachten (vgl. Kapitel 2.1.1).

nicht substituierbar sein dürfen (vgl. *D. J. Teece* et al., 1997, S. 514). Zu solchen Ressourcen gehören vor allem firmenspezifische Fähigkeiten, firmenspezifisches Wissen und Werte, die sich die Mitarbeiter im Laufe ihrer Firmenzugehörigkeit aneignen (*I. Dierickx* und *K. Cool*, 1989, S. 1505). Dieses an den Kontext des Unternehmens gebundene Wissen ist nicht handelbar. Es entspricht dem von *D. J. Teece* (1984, S. 89) als strategische Ressource benannten *Tacit Knowlegde*[3]. Der Begriff der strategischen Ressource ist deckungsgleich mit dem bereits genannten Begriff der Kernkompetenz. So definieren *B. Kogut* und *U. Zander* (1992, S. 390) die Kernkompetenz eines Unternehmens als das Wissen seiner Beschäftigten sowie die unternehmensinternen Organisationsprinzipien, die eine umfassende Nutzung dieses Wissens ermöglichen. Kernkompetenz baut demnach auf vorhandenem Wissen und etablierten Managementroutinen auf, die interne Rekombinationen von Wissen ermöglichen (*B. Kogut* und *U. Zander*, 1992, S. 395). Der Wert einer Kernkompetenz bzw. strategischen Ressource drückt sich in dem damit zu erreichenden Wettbewerbsvorteil aus. Er ist abhängig von Ort, Zeit und der allgemeinen technologischen Entwicklung (*J. Barney*, 1991, S. 107-108).

Aus der Definition strategischer Ressourcen und Kernkompetenz folgt, dass Wissensaneignung, Wissensmanagement und Lernen zu den wichtigsten Aufgaben von Unternehmen gehören (*D. J. Teece* et al., 1997, S. 514). Laut *I. Nonaka* (1991) ist die Organisation innerbetrieblicher Lernprozesse, auch unter Aufnehmen von Wissen von außen, der zentrale Mechanismus zur Bildung von Kernkompetenz. Erfolgreich lernenden Unternehmen gelingt es, Wissen von außen in den eigenen Wissensbestand einzufügen und daraus Innovationen und langfristige Wettbewerbsvorteile zu generieren. Nach dieser Argumentation ist das Erkennen der

---

[3] Auf den Begriff *Tacit Knowledge* greift nicht nur die Organisationstheorie zurück. Er ist grundlegend für viele der in den folgenden Kapiteln vorgestellten Theorien und Konzepte. *J. Howells* (1996) diskutiert die Bedeutung von *Tacit Knowledge* als Basis der Kernkompetenz von Unternehmen. Für ein Unternehmen gilt, dass *Tacit Knowledge* im Gegensatz zu den greifbaren Ressourcen (*tangible assets*), z. B. Produkte, Gebäude, Maschinen, zu den nicht greifbaren Ressourcen (*intangible assets*) zählt. Zu letzterer Gruppe zählen auch z. B. Patente, Lizenzen, FuE-Tätigkeiten oder andere Eigentumsrechte. Bei *Tacit Knowledge* handelt es sich um nicht kodifiziertes und nicht in Produkten beinhaltetes Wissen. Es ist ein Wissen, dessen sich die besitzende Person zwar möglicherweise bewusst ist; für die Artikulation und Vermittlung dieses Wissens reicht dessen Kenntnis dagegen nicht aus (*J. Howells*, 1996, S. 93). *Tacit Knowledge* ist daher personenbezogen und kann nur durch das informelle Sich-Aneignen von erlernten Verhaltensweisen und Prozeduren aufgenommen werden. Zum Erlernen von *Tacit Knowledge* ist daher eine direkte Exposition des Lernenden (Person-zu-Person, Person-zu-Maschine) erforderlich. Innerhalb von Unternehmen können zusammenarbeitende Personen einen gemeinsamen Pool von *Tacit Knowledge* durch gemeinsame Lernprozesse aufbauen. Möglich ist auch die Aufnahme solchen Wissens von außerhalb, allerdings nur durch direktes, unmittelbares Erfahren vor Ort (*J. Howells*, 1996, S. 95). Weitere Voraussetzungen hierfür sind intensive Kooperation und Kommunikation sowie eine ausreichende Lernkapazität der Beteiligten. Insgesamt ist *Tacit Knowledge* jedoch eine schwer imitierbare Ressource und daher ein wesentlicher Bestandteil von Wettbewerbsvorteilen. *J. Howells* (1996, S. 94, 101) weist einschränkend darauf hin, dass fließende Übergänge zwischen *Tacit Knowledge* und stärker formalisierten und kodifizierten Wissensformen bestehen.

Qualität und Quantität des firmeninternen Wissens, der Defizite im Wissensbestand und der Möglichkeiten zur Initiierung von Lernprozessen von entscheidender Bedeutung für Unternehmen. Das Identifizieren der eigenen Kernkompetenz hat zusätzlich die relative Qualität des eigenen Wissens im Vergleich zu dem der Wettbewerber zu berücksichtigen. Mit der Entscheidung über die Kernkompetenz entscheidet sich auch die Frage, welche Tätigkeiten ein Unternehmen selbst ausführt und welche Tätigkeiten es abgibt. Letztere sind diejenigen Produktionsschritte bzw. Aktivitäten, die nicht der eigenen Kernkompetenz entsprechen und die daher in die Kernkompetenz anderer Unternehmen fallen müssen.

5.2.2 Outsourcing und Vernetzung

Als Outsourcing bezeichnet man die Auslagerung und Fremdvergabe bestimmter Unternehmenstätigkeiten aus einem Unternehmen an andere Unternehmen, seltener aus einem Betrieb an andere Betriebe[4]. Der Begriff Outsourcing bezieht sich dabei allein auf die Unternehmens- und Produktionsorganisation. Eine Aussage über den Ort der ausgelagerten Tätigkeit ist damit nicht verbunden. Er ist daher vom Begriff Offshoring zu unterscheiden (*S. Manning* et al., 2008, S. 39). Letzterer bezeichnet die Verlagerung einer beliebigen Tätigkeit in das Ausland bzw. den Bezug von Leistungen aus dem Ausland (s. Kapitel 5.3.2 und 5.3.3).

Die strategische Entscheidung, bestimmte Tätigkeiten anderen Firmen zu überlassen, lässt sich in drei Teilschritte untergliedern. Erstens ist zu klären, weshalb die Vergabe von Tätigkeiten an einen Zulieferer ökonomisch sinnvoll ist. Zweitens sind diejenigen Tätigkeiten zu identifizieren, die für Outsourcing in Frage kommen. Drittens ist zu klären, welche Formen der Zusammenarbeit mit Zulieferern sich aus der Auslagerung ergeben. Zu diesen drei Fragen hat die induktiv argumentierende empirische Organisationsforschung wesentliche Erkenntnisse geliefert (*R. Venkatesan*, 1992; *J. B. Quinn* und *F. G. Hilmer*, 1994). Diese Erkenntnisse stehen in engem Zusammenhang mit der ressourcenbasierten Organisationstheorie, schlagen aber zusätzlich die Brücke zur Betrachtung konkreter Produkte und Tätigkeiten im Produktionsprozess. Die folgenden Ausführungen zeichnen die Outsourcing-Entscheidung am Beispiel eines Produzenten der Automobilindustrie nach (*R. Venkatesan*, 1992).

1. Gründe für die Fremdvergabe von Tätigkeiten (Vorteile von Zulieferern):
Spezialisierte Zulieferer verfügen gegenüber ihren Abnehmern über drei universelle Vorteile, interne Skalenerträge, eine günstigere Kostenstruktur sowie stärkere Leistungsanreize (*R. Venkatesan*, 1992, S. 98 u. 100). Dies lässt sich am Beispiel des Automobilherstellers verdeutlichen. Dieser Hersteller verfügt über die techni-

---

[4]   Als Betrieb ist in diesem Zusammenhang die einzelne Produktionsstätte, also die bauliche Einheit an einem bestimmten Standort zu verstehen; als Unternehmen die organisatorische Gesamtheit ggf. mehrerer Produktionsstätten (Betriebe) an verschiedenen Standorten.

schen Fähigkeiten, eine bestimmte Komponente des Motors seiner Fahrzeuge selbst herzustellen, z. B. ein Ventil. Er könnte die entsprechende Komponente in den unternehmensintern benötigten Varianten entwickeln und der intern benötigten Stückzahl produzieren. Ein Zulieferer, der sich auf diese Komponente spezialisiert, kann sie dagegen verschiedenen Abnehmern anbieten, in erheblich größerer Anzahl produzieren, und somit Skalenerträge (*economies of scale*) realisieren. Dies verbessert seine Kostenstruktur im Vergleich zum betrachteten Automobilhersteller. Zudem lohnt sich für spezialisierte Zulieferer der Aufbau einer umfangreichen Forschungs- und Entwicklungskompetenz bezogen auf das betrachtete Bauteil. Die Auslagerung der Herstellung dieser Komponente an den Zulieferer und die damit verbundene vertikale Zergliederung des Wertschöpfungsprozesses dient somit dem Ziel der Kostenreduktion durch das Ausnutzen von Spezialisierungsvorteilen (vgl. *B. Kogut* und *U. Zander*, 1992, S. 394).

2. Entscheidung über die auszulagernden Tätigkeiten (Outsourcing):
Die Entscheidung über die selbst auszuführenden und nach außen abzugebenden Tätigkeiten erläutert *R. Venkatesan* (1992, S. 103) mittels eines Entscheidungsbaums (Abbildung 5.1):

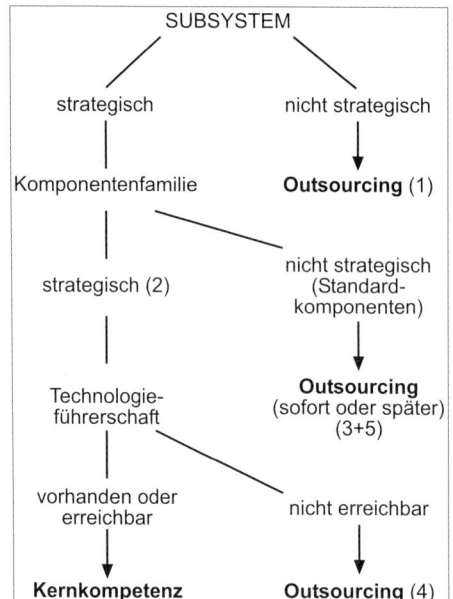

Abbildung 5.1: Systematische Outsourcingentscheidungen (Eigene Darstellung; Entwurf nach *R. Venkatesan*, 1992, S. 103)

Schritt 1: In einem ersten Schritt hat der Automobilhersteller die strategische Bedeutung der einzelnen Subsysteme des Endprodukts zu beurteilen, z. B. des Motors, des Bremssystems oder der Steuerungselektronik eines Autos. Dabei geht es um die Fragen, welche Subsysteme aus Sicht der Nachfrager essentiell für die eigene Marke und das Wesen des Produkts sind, wie wettbewerbsfähig das Unternehmen bei der Entwicklung und Herstellung dieses Subsystems gegenüber Konkurrenten ist und ob ausreichende Ressourcen vorhanden sind, bei der Herstellung des Subsystems dauerhaft höchste Standards zu erreichen. Erweist sich ein Subsystem im Sinne dieser Prüfung als nicht strategisch, ist die eigene Produktion aufzugeben und das gesamte Subsystem von Zulieferern zu beziehen. Das eigene Unternehmen sollte lediglich das Wissen über die Funktionalität und Einbindung des Subsystems in das Endprodukt kultivieren.

Schritt 2: Im zweiten Schritt werden die Komponentenfamilien betrachtet, aus denen die als strategisch eingeschätzten Subsysteme bestehen. Dabei ist eine Gruppierung nach der verwendeten Prozesstechnologie vorzunehmen, z. B. Einlass- und Auslassventile, elektronische Schaltungen usw. Ist eine Komponentenfamilie entscheidend für die Leistung des Subsystems, so gilt sie als strategisch, anderenfalls hat sie den Charakter von Standardkomponenten.

Schritt 3: Für Standardkomponenten in strategischen Subsystemen gilt Outsourcing generell als sinnvoll. In diesem Fall geht es lediglich um die Frage, ob die intern vorhandenen Fertigungskapazitäten unter Kostengesichtspunkten wettbewerbsfähig sind. Falls dies nicht der Fall ist, sind die entsprechenden Tätigkeiten sofort auszulagern, anderenfalls kann die Auslagerung hinausgezögert werden.

Schritt 4: Bei strategisch bedeutenden Komponentenfamilien in strategischen Subsystemen strebt das betrachtete Unternehmen die Technologieführerschaft an. Ob diese vorhanden oder erreichbar ist, hängt vom benötigten Entwicklungs- und Fertigungswissen ab, von der Qualität dieses Wissens im Unternehmen im Vergleich zu Wettbewerbern, und von den Kosten und Zeiträumen, die zur Schließung einer bestehenden Wissenslücke nötig wären. Scheint die Ausgangsposition günstig und die Investition gerechtfertigt, entspricht die Entwicklung und Herstellung dieser Komponentenfamilie der Kernkompetenz des betrachteten Unternehmens und wird selbst ausgeführt. Im anderen Fall ist Outsourcing die Konsequenz.

Schritt 5: Gelten die internen Fertigungskapazitäten bei nicht strategischen Komponentenfamilien als wettbewerbsfähig, ist zu fragen, ob Qualität und graduelle Verbesserungsraten ebenfalls wettbewerbsfähig sind. Ist dies zu bejahen, kann der Rückzug aus der Produktion dieser Komponentenfamilie graduell und unter Bedingungen rentabler Produktion erfolgen. Anderenfalls kann die Fertigung nur bei der Realisierung erheblicher interner Effizienzgewinne aufrechterhalten werden.

Mit diesen fünf Schritten lassen sich für alle Unternehmenstätigkeiten systematische Outsourcing-Entscheidungen treffen. Diese hängen letztlich von den internen Ressourcen, der Konkurrenzsituation und den Zukunftserwartungen ab. Daher können Hersteller gleicher Produkte zu unterschiedlichen Outsourcing-Entscheidungen kommen (vgl. *R. Mudambi* und *M. Venzin*, 2010). Es ist offensichtlich, dass das Ergebnis dieser Entscheidungen eine abnehmende Fertigungstiefe und eine auf verschiedene Firmen verteilte Produktion ist. Für diese Veränderung gibt es zahlreiche empirische Belege. Für Deutschland gilt beispielsweise, dass die Fertigungstiefe der Industrie in den Jahren von 1970 bis 2003 von mehr als 40 % auf 34 % abgenommen hat (*H.-W. Sinn*, 2005, S. 5). Besonders ausgeprägt ist die Abnahme im Fahrzeugbau, dessen Fertigungstiefe allein zwischen 1991 und 2002, also dem Zeitraum der Ostöffnung, um mehr als 10 Prozentpunkte zurückging (*H.-W. Sinn*, 2005, S. 6). Entsprechend stieg in diesem Zeitraum der in- und ausländische Vorleistungsbezug. Die *DIHK* (2009, S. 8) beziffert den Anteil des Vorleistungsverbunds an der deutschen Bruttowertschöpfung auf 7,6 %. Der Vorleistungsimport aus dem Ausland, bedingt durch Offshore-Outsourcing, steigt noch deutlich rascher an (*H.-W. Sinn*, 2005, S. 9) und belegt einen Zusammenhang zwischen Outsourcing und Globalisierung (s. Kapital 5.2.3). Laut *DIHK* (2009, S. 18) wird sich der Vorleistungsbezug aus dem Ausland zukünftig weiter verstärken und den inländischen Wertschöpfungsanteil in zahlreichen Industriebranchen auf unter 50 % drücken. Outsourcing-Entscheidungen werden jedoch ebenso von Dienstleistungsunternehmen getroffen (vgl. *R. Mudambi* und *M. Venzin*, 2010, S. 1522 ff.) und reichen von der Auslagerung von Buchführung, Vertrieb, Reinigungsdiensten oder Logistik über den Zukauf von Zwischenprodukten und Bauteilen bis hin zur Fremdvergabe von Forschungsaktivitäten, Werbung oder Imagepflege. Erhalten bleiben Tätigkeiten, für deren Ausführung das eigene Unternehmen gegenwärtig über vergleichsweise gut ausgeprägte Fähigkeiten verfügt, bei denen das eigene Unternehmen große Lernfähigkeit besitzt und die für die Erstellung zukünftig relevanter Produkte gefragt sind (*B. Kogut* und *U. Zander*, 1992, S. 394).

3. Formen der Zusammenarbeit mit Zulieferern:
Mit den Outsourcing-Entscheidungen der Schritte 1 bis 5 korrespondieren charakteristische Formen der Kooperation mit Zulieferern (*R. Venkatesan*, 1992, S. 102-105). Dabei lassen sich drei verschiedene Fälle der Zusammenarbeit unterscheiden.

Im ersten Fall wurde ein komplettes Subsystem als »nicht strategisch« identifiziert (Schritt 1). Das betrachtete Unternehmen gibt die Fertigung des kompletten Subsystems an einen Zulieferer ab. Die spätere Integration des komplett zugekauften Subsystems in das Endprodukt erfordert jedoch eine enge Abstimmung mit dem Zulieferer bezüglich der Leistungen des Subsystems und der technischen Bedingungen seiner Integration. Dies gilt umso mehr bei der Neuentwicklung von Endprodukten, mit denen veränderte Anforderungen an das Subsystem einhergehen. Der daraus resultierende hohe Abstimmungsbedarf führt dazu, dass der Produzent und sein Zulieferer eine enge technologische Partnerschaft eingehen. Der Endproduzent sollte allerdings eine hinreichende technologische Kapazität im eigenen Unternehmen vorhalten, die eine reibungslose Integration des zugekauften Subsystems in das Endprodukt sicherstellt und es ihm ermöglicht, Adaptionsbedarf zu erkennen und Problemlösungen zu entwickeln. Das nötige Wissen um das Zusammenspiel des Subsystems mit dem Gesamtprodukt wird als *Architectural Knowledge* bezeichnet (*R. M. Henderson* und *K. B. Clark*, 1990, S. 11; *R. Venka-*

tesan, 1992, S. 102). *Architectural Knowledge* verhindert aus Sicht des Endproduzenten zudem eine technologische Abhängigkeit vom Zulieferer und erleichtert bei Bedarf den Wechsel des Zulieferers.

Im zweiten Fall wurde eine Komponentenfamilie eines strategischen Subsystems als strategisch definiert (Schritte 2 und 4). Bei ihrer Herstellung hat das betrachtete Unternehmen jedoch einen Wettbewerbsnachteil gegenüber konkurrierenden Anbietern, der es unwahrscheinlich oder sehr kostspielig erscheinen lässt, die Technologieführerschaft anzustreben. In diesem Fall gelten ähnliche Bedingungen wie im oben beschriebenen ersten Fall, Zulieferer und Abnehmer kooperieren eng miteinander.

Im dritten Fall hat eine Komponentenfamilie den Charakter von Standardkomponenten und die eigenen Fertigungskapazitäten des Unternehmens haben Kostennachteile gegenüber anderen Herstellern (Schritte 3/5). Die Herstellung dieser Komponentenfamilie ist auszulagern. Da es sich um Standardkomponenten handelt, ist es unnötig, umfangreiches Integrationswissen vorzuhalten. Zudem existieren mehrere Anbieter für diese Komponente, sodass keine strategischen Partnerschaften mit Zulieferern einzugehen sind. Die Komponentenfamilie wird am Markt zugekauft.

Damit ist deutlich, dass der Grad der Vernetzung bzw. die Intensität der Zusammenarbeit der Partner von der ausgelagerten Aktivität und deren strategischer Bedeutung für das Endprodukt abhängen. Aus dieser Überlegung leiten *J. B. Quinn* und *F. G. Hilmer* (1994, S. 50) eine Rangfolge von Kooperationsformen zwischen Zulieferer und Abnehmer ab. Mit steigendem Koordinations- bzw. Kontrollbedarf und abnehmender Bedeutung der Flexibilität bei der Einbindung ausgelagerter Aktivitäten verändern sich die optimalen Kooperationsformen von kurzfristigen Kontrakten über Rahmenvereinbarungen, langfristige Kontrakte, gemeinsame Entwicklungspartnerschaften, begrenzte Kapitalbeteiligungen bis hin zu einer Fusion der Partner oder vollständigen Akquisition eines Partners durch den anderen. Während die erstgenannten Formen der Zusammenarbeit den Charakter reiner Markttransaktionen haben, lassen sich alle weiteren als unterschiedliche Formen der Vernetzung von Herstellungsbetrieben auffassen. Diese Formen unterscheiden sich vorrangig in der Intensität des Wissensaustauschs. Die Spezialisierung auf bestimmtes Wissen macht Unternehmen notwendigerweise abhängig von anderen Unternehmen, die über komplementäres Wissen verfügen (*A.-P. de Man*, 2008, S. 19). Zusätzlich kommen Kapitalbeteiligungen und damit die Kontrolle der Geschäftsprozesse eines Partners durch den anderen in Betracht.

5.2.3 Maßnahmen zur Stärkung der Kernkompetenz

Durch Outsourcing konzentrieren sich Unternehmen zunehmend auf ihre Kernkompetenz. Mit dem Verzicht auf ausgelagerte Tätigkeiten und dafür nötige Fertigungskapazitäten kommen sie der Technologieführerschaft näher und steigern ihre Innovationsfähigkeit. Dem gleichen Zweck dienen direkte Maßnahmen zur Stärkung der Kernkompetenz von Unternehmen. Hierzu gehört einerseits die Vergrößerung des Humankapitalbestands durch Einstellung geeignet qualifizierter Mitarbeiter (*J. Howells*, 1996, S. 100). Diese Maßnahme hat üblicher Weise keine unmittelbaren Konsequenzen für die räumliche Organisation von Produktionsprozessen und wird daher hier nicht weiter betrachtet. Andererseits erweitern Unternehmen ihre Kernkompetenz durch die Übernahme und Eingliederung anderer Unternehmen mit vergleichbarem oder ergänzendem Kompetenzprofil, durch das Eingehen strategischer Allianzen oder durch den gezielten Aufbau zusätzlicher Betriebe an anderen Standorten. Im Gegensatz zum Begriff Outsourcing hat sich in der wissenschaftlichen Literatur kein einheitlicher Begriff für das Einbinden zusätzlicher Kompetenz in ein Unternehmen etabliert. Die damit zusammenhängenden unternehmerischen Maßnahmen werden am häufigsten mit dem Begriff der Wissenssuche (*knowledge seeking*) in Verbindung gebracht, der das Motiv, nicht aber die Organisationsentscheidungen bezeichnet (vgl. *S. Manning* et al., 2008; vgl. Kapitel 5.3.3).

- Übernahmen: Übernahmen sind eine Möglichkeit, nicht handelbare Ressourcen zu erwerben, z. B. die gebündelte technologische Kompetenz eines Unternehmens (*B. Wernerfelt* 1984, S. 175; *A. D. James*, 2002, S. 300). Die Übernahme eines anderen Unternehmens mit ähnlichem Kompetenzprofil bringt daher eine sofortige und unmittelbare Stärkung der eigenen Kernkompetenz mit sich. Dieser Effekt ist umso größer, je mehr es gelingt, gemeinsame Lernprozesse der beiden vormals unabhängig bestehenden Unternehmensteile zu initiieren (*A. D. James*, 2002). Aus Sicht des ressourcenbasierten Unternehmens spielt es keine Rolle, ob die Übernahme und Eingliederung aus einer Fusion oder Akquisition hervorgegangen ist.

- Allianzen: Die Bildung strategischer Allianzen zweier Unternehmen mit gleichen oder komplementären Kernkompetenzen erlaubt diesen eine Bündelung ihrer Innovationskapazitäten und damit die Durchführung sehr kostenintensiver und unsicherer Produktentwicklungen (*J. Hagedoorn* und *G. Duysters*, 2002). Die Kombination der Kernkompetenzen ist zumeist befristet und auf bestimmte Entwicklungsvorhaben beschränkt.

- Neugründungen: Eine Stärkung der Kernkompetenz lässt sich unter Umständen am besten durch den Aufbau neuer Betriebe erreichen. Dies gilt einerseits, wenn benötigtes hochqualifiziertes Personal räumlich immobil ist und sich nicht am bestehenden Unternehmensstandort befindet. Andererseits stellt eine starke Zunahme des Humankapitalbestands in bestimmten Weltregionen, vor allem in Schwellenländern, einen Anreiz dar, dort Betriebe aufzubauen, die die Kernkompetenz des Gesamtunternehmens langfristig ergänzen (*S. Manning* et al., 2008). Aus diesem Motiv wird das Duplizieren von FuE-Einrichtungen und Produktentwicklungszentren verständlich, das unter dem Begriff *Innovation Offshoring* diskutiert wird (*D. Ernst*, 2006; vgl. *DIHK*, 2009, S. 19). Es dient der Einbindung von örtlich gebundenem Wissen in die Organisationsstruktur des Unternehmens und erfordert daher den Aufbau eines globalen, aber firmeninternen Wissensmanagements (*S. Manning* et al., 2008, S. 49).

Bei Übernahmen und Neugründungen führt die Stärkung der Kernkompetenz zum Wandel des Unternehmens in ein Mehrbetriebsunternehmen. Entsprechend wandelt sich das unternehmensinterne Wissensmanagement in ein betriebs- und standortübergreifendes Wissensmanagement (vgl. Kapitel 5.4.1). Lern- und Innovationsprozesse in strategischen Allianzen erfordern ebenfalls einen intensiven Informationsaustausch und einen hohen Grad der Vernetzung der beteiligten Betriebe. Die Spezialisierung auf Kernkompetenzen begründet somit auch eine Tendenz zur vernetzten Organisation unternehmensinterner und –externer Innovationsprozesse (vgl. *K. Koschatzky*, 2001, S. 120-125; *E. W. Schamp*, 2000, S. 65). Die bewusste Beschränkung eines Unternehmens auf die Wissensbasis eines einzigen Betriebs an einem einzigen Standort ist nur in Ausnahmefällen vorstellbar, z. B. wenn Wettbewerber durch Marktzugangsbeschränkungen oder langfristigen Patentschutz gebremst werden. Anderenfalls ist die globale Technologieführerschaft eines Unternehmens bei Verzicht auf das Ausnutzen des Humankapitalbestands anderer Standorte permanent gefährdet. Daher setzt die Konzentration auf Kernkompetenzen in der Regel auch die Präsenz an Standorten im Ausland voraus (s. 5.3.3).

Einschlägige Arbeiten zu Innovationsprozessen in Mehrbetriebsunternehmen und den vorausgehenden Organisationsentscheidungen weisen zudem auf dynamische Effekte im Übergangsbereich von Outsourcing und direkten Maßnahmen zur Stärkung der Kernkompetenz hin. Das Outsourcing der Herstellung strategischer Subsysteme und Komponenten erfordert eine sehr enge Vernetzung der beteiligten Partner bis hin zu einer Kapitalbeteiligung (vgl. Abbildung 5.1). Eine derartige Arbeitsteilung kann im Laufe der Zeit zur Entwicklung einer gemeinsamen Kernkompetenz beider Partner an der Schnittstelle der betrachteten Technologiebereiche führen (vgl. auch *R. Mudambi* und *M. Venzin*, 2010, S. 1528). In einem solchen Fall ist die Grenze zwischen Outsourcing und der direkten Stärkung der eigenen Kernkompetenz fließend.

5.2.4 Vernetzung und räumliche Organisation der Wirtschaft

In der Industriegesellschaft wurde die betriebliche Standortwahl allein durch das Zusammenspiel von den Standortgegebenheiten und den Standortanforderungen der Herstellung eines bestimmten *Produkts* bestimmt. Dies spiegeln die in Kapitel 2.2 vorgestellten Theorien betrieblicher Standortwahl aber auch beispielsweise die Produktzyklushypothese (Kapitel 4.5.1) wider. In der Wissensgesellschaft wird die Standortwahl dagegen durch das Zusammenspiel der Standortanforderungen einer bestimmten *Tätigkeit*, der Standortgegebenheiten sowie des erforderlichen Grades der Vernetzung der an der Herstellung des Produkts beteiligten Unternehmen determiniert. Die Entscheidungen, ein Unternehmen an Kernkompetenzen auszurichten und Aktivitäten auszulagern oder zu akquirieren und die betriebliche Standortentscheidung beeinflussen sich gegenseitig. So ist es einerseits möglich, dass eine organisatorisch begründete Outsourcingentscheidung die Standortverlagerung einer Tätigkeit nach sich zieht. Andererseits kann die Attraktivität bestimmter Standorte eine Auslagerungsentscheidung hervorrufen oder erleichtern (*R. Mudambi* und *M. Venzin*, 2010, S. 1515). So gelten Standortfaktoren als entscheidend für die Verortung mancher leicht auszulagernder, standardisierter Tätigkeiten, z. B. Programmierung, Call Center, Buchführung (*J. P. Doh*, 2005, S. 698). Ebenso kann das Motiv des *Knowledge Seeking* allein die Wahl zusätzlicher Betriebsstandorte hervorrufen (vgl. *D. Ernst*, 2006). Die Komplexität des Standortverhaltens und des betrieblichen Standortsuchproblems nimmt daher insgesamt zu.

Die Folgen der Veränderungen in der Unternehmens- und Produktionsorganisation für die Standortwahl lassen sich vereinfacht in 5 Punkten zusammenfassen:

1. Die Standortfrage stellt sich insgesamt häufiger, wenn komplexe Produktionsprozesse in einzelne Tätigkeiten zerlegt und diese an unterschiedlichen Standorten ausgeführt werden.

2. Damit gewinnen die klassischen Standorttheorien vom Typ *Weber* und *Smith* (Kapitel 2.2) aber auch zahlreiche ältere regionale Wachstums- und Entwicklungstheorien unter Umständen an Bedeutung. Sie können immer dann zur Erklärung von Standortwahl, interregionalen Faktorbewegungen und Wachstumsdifferenzen herangezogen werden, wenn es um die Auslagerung und die Standortwahl solcher Tätigkeiten geht, die nicht auf enge Vernetzung mit anderen Betrieben angewiesen sind. Ein Beispiel ist die Verlagerung der Herstellung standardisierter elektronischer Bauteile in sogenannte Billiglohnländer Asiens, Lateinamerikas und Osteuropas. In diesem Fall sind oftmals die niedrigen Standortkosten im Zielland ausschlaggebend.

3. Die klassischen Standorttheorien verlieren dagegen an Bedeutung, wenn solche Tätigkeiten ausgelagert werden, die eine enge Vernetzung mit anderen Unternehmen erfordern. In diesem Fall kann der Bedarf an räumlicher Nähe der kooperierenden Unternehmen andere Standortfaktoren überlagern und ausblenden. In ähnlicher Weise verliert die Produktzyklushypothese an Bedeutung, die die räumliche Verlagerung des optimalen Produktionsstandorts kompletter Güter und nicht der mit der Produktion verbundenen Teilaktivitäten erklärt (*J. P. Doh*, 2005, S. 697). Wann immer organisatorisch und räumlich getrennte Tätigkeiten ein hohes Maß an Vernetzung erfordern, gewinnen neuere Theorieansätze an Bedeutung, die den Zusammenhang zwischen Kooperationsintensität, Wissensmobilität, (räumlicher) Nähe und Wachstum beleuchten. Diese Ansätze werden im weiteren Verlauf des Kapitels 5 vorgestellt.

4. Für organisatorische Maßnahmen zur Stärkung der Kernkompetenz (Übernahmen, Allianzen, Neugründungen) stellen die Qualitäten des neu erschlossenen Standorts oder des zu übernehmenden standortgebundenen Betriebs das entscheidende Motiv dar. Zusätzlich bedarf es enger Vernetzung. Die Erklärung des Standortverhaltens muss daher sowohl auf standortfaktorenorientierte als auch auf netzwerkorientierte Ansätze zurückgreifen.

5. Das komplexe Zusammenwirken von Standortanforderungen, Standortgegebenheiten und Vernetzungsbedarf eröffnet ein weites Spektrum an Standort-

entscheidungen. So ist erklärbar, dass Betriebe benachbarte Standorte wählen, obwohl ihre Tätigkeiten unterschiedlichen Faktoreinsatz erfordern und somit prinzipiell unterschiedliche Standortanforderungen stellen. Ein Beispiel wäre die Anwesenheit von Dienstleistungsunternehmen auf dem Gelände großer Industriebetriebe. Im anderen Extremfall lassen sich Tätigkeiten an solche Standorte auslagern, die sich gegenüber dem Standort des auslagernden Betriebs durch eine komplett abweichende Faktorausstattung und ein entsprechend anderes Kostenprofil auszeichnen. Die standortübergreifende Vernetzung räumlich getrennter Tätigkeiten führt insgesamt zu einer zunehmenden Komplexität von Strukturen, Interaktionen und Prozessen in ökonomischen Raumsystemen.

Die Veränderungen der Organisation der Produktion und der Unternehmen selbst, und damit der Übergang in die Wissensgesellschaft, waren offensichtlich an Voraussetzungen gebunden, die sich erst in den letzten etwa drei Jahrzehnten eingestellt haben (vgl. *L. Schätzl*, 2000a, S. 126). Einen entscheidenden Beitrag hat die Entwicklung leistungsfähiger Kommunikations- und Informationstechnik (Telefon, Fax, Email, Internet) geleistet. Solange diese Möglichkeiten nicht zur Verfügung standen, war der Wissensaustausch im Produktionsprozess nur betriebsintern hinreichend effektiv organisierbar. Eine Auslagerung strategisch wichtiger Tätigkeiten hätte höhere Transaktionskosten verursacht als Einsparungen realisiert. Die heute zur Verfügung stehenden Technologien erlauben dagegen eine standortverteilte und vernetzte Produktion bei geringen Transaktionskosten, die unterhalb der durch Outsourcing zu realisierenden Kostenvorteile liegen. Der technische Wandel hat den Wandel der Organisation der Produktion und eine Konzentration auf Kernkompetenzen somit ermöglicht (vgl. *S. Manning* et al., 2008, S. 46). Motiviert und verursacht ist er jedoch durch das unternehmerische Ziel der langfristigen Gewinnmaximierung durch das Ausnutzen von Spezialisierungsvorteilen.

A.-P. de Man (2008, S. 17-18) führt weitere Gründe für zunehmende Vernetzung an, die in engem Zusammenhang mit den hier diskutierten Prozessen des Outsourcing und Offshoring stehen und deren zeitliches Auftreten begründen. Dazu gehören erstens die marktwirtschaftliche Transformation ehemaliger Planwirtschaften in den 1980er und 1990er Jahren, die zur Öffnung von Märkten führte und den Zugang zu räumlich gebundenem Wissen und anderen Ressourcen in diesen Ländern ermöglichte. Eine zweite Voraussetzung war die Entwicklung von Managementtechniken zur erfolgreichen Steuerung internationaler Kooperationen und Netzwerkbeziehungen. Drittens hat eine zunehmende Nachfrage nach maßgeschneiderten Produkten, v. a. im Handel mit Komponenten und Systemen zwischen Unternehmen, die Differenzierung der Unternehmenslandschaft gefördert. Einen weiteren Beitrag hat viertens der rasche technische Fortschritt in Querschnittstechnologien (Mikroelektronik, Biotechnologie, Nanotechnologie, Optische Technologien) geleistet.

Die Folgen der zunehmenden Vernetzung für die räumliche Organisation der Wirtschaft wurden bereits in Kapitel 1 skizziert und sollen in diesem Zusammenhang erneut aufgegriffen werden. Die Herstellung eines Produkts ist heute in der Regel mehreren Betrieben zuzuordnen. Je nach Form der Zusammenarbeit – bzw. dem Charakter der ausgelagerten Tätigkeit – gehören diese Betriebe zu einem oder zu verschiedenen Unternehmen. Die beteiligten Betriebe könnten sich theoretisch am selben oder an verschiedenen Standorten befinden. Die Betrachtung isolierter Standorte ist daher für die Wirtschaftsgeographie zunehmend weniger sinnvoll, denn die Entwicklungsperspektiven eines Betriebs hängen nicht nur von den eigenen Kapazitäten und den Gegebenheiten des Standorts sondern auch von der Gesamtentwicklung des Netzwerks bzw. der Netzwerke ab, in die ein Betrieb eingebunden ist. Standortstrukturen sind bei vernetzter Produktion daher nur unter Berücksichtigung der Netzwerkstrukturen voll verständlich. Entsprechendes gilt für Interaktionen zwischen den Standorten. Die Palette der Interaktionen wird erheblich erweitert um den Austausch von spezifischen Komponenten und damit verbundenem technischen Wissen sowie um die temporäre Mobilität von Wissensträgern (Humankapital). Bei der Betrachtung des Systemelements Prozess treten Lernen und Innovation in den Vordergrund. Das Outsourcing strategischer Subsysteme und Komponentenfamilien erfordert die Schaffung einer gemeinsamen Wissensbasis der beteiligten Partner (Lernen) sowie die gemeinsame, standortübergreifende Schaffung und Umsetzung von neuem Wissen (Innovation).

Das Verdienst der in diesem Kapitel vorgestellten Organisationstheorien besteht aus Sicht einer Anwendung für wirtschaftsgeographische Fragestellungen zunächst in der Identifikation von Wissen und Wissensmanagement als Kern der Unternehmung. Damit liefert die Organisationstheorie eine Begründung für die Konzentration auf Kernkompetenzen, die Trennung der Produktion in einzelne Teilaktivitäten, Outsourcing und die damit verbundene Standortdynamik sowie abnehmende Fertigungstiefe. Ferner liefert die Organisationstheorie eine Begründung für die zunehmende Vernetzung ökonomischer Tätigkeiten unabhängig von der betrachteten Maßstabebene und weist auf das Entstehen unterschiedlicher Formen und Intensitäten der Vernetzung hin. Damit erklären die Organisationstheorien auch die Ursachen der Globalisierung und der Regionalisierung (vgl. *R. Baldwin*, 2006).

Als Kritik an den organisationstheoretischen Erklärungsansätzen und v. a. am ressourcenbasierten Unternehmensbegriff wird angeführt, dass die Identifikation von Kernkompetenzen und zugehörigen Ressourcen ein Einbeziehen des Wettbewerbs- und Länderkontexts nötig macht. Die Qualität bestimmter Ressourcenbündel hängt unter anderem von der Umwelt ab, in der sie genutzt werden, und variiert daher mit der räumlichen Ausweitung der Unternehmenstätigkeit (*M. Kutschker* und *S. Schmid*, 2008, S. 844-845).

5.3 Netzwerktheorien

Netzwerke sind die bestimmende Organisationsform der Wissensökonomie (*A.-P. de Man*, 2008, S. 15). Dennoch existiert bis dato keine umfassende Theorie der Vernetzung ökonomischer Prozesse. Die in den Teilkapitel 5.3.1 bis 5.3.3 vorgestellten Ansätze diskutieren die Struktureigenschaften von Netzwerken aus unterschiedlichen Perspektiven.

5.3.1 Graphentheorie und soziale Netzwerktheorie

Die ressourcenbasierte Organisationstheorie sieht in der zunehmenden Vernetzung das Ergebnis strategischer Unternehmensentscheidungen. Der Zweck der Vernetzung und die Leistungen des Netzwerks ergeben sich aus den Motiven, die zur Vernetzungsentscheidung geführt haben, allen voran dem Gewinnstreben durch das Realisieren von Spezialisierungsvorteilen. Die in diesem Abschnitt vorgestellten Theorien argumentieren umgekehrt. Sie gehen von existierenden Vernetzungen aus und fragen, welche Folgen die Zugehörigkeit zu Netzwerken hat. Die Motive der Unternehmen, die zur Entstehung des Netzwerks geführt haben, werden nicht oder nur nachrangig betrachtet.

Aus dieser Perspektive ist eine Vielzahl sich inhaltlich stark überlappender Arbeiten mit theoretisch-konzeptionellem Anspruch entstanden. *K. Koschatzky* (2001, S. 120-155) ordnet sie zwei Argumentationsrichtungen zu. Arbeiten aus transaktionskostenökonomischer Perspektive vertreten die Auffassung, dass die Transaktionskosten bestimmter Interaktionen in Netzwerken geringer sind als auf Märkten oder innerhalb von Unternehmen. Arbeiten aus dem Bereich der Netzwerkökonomie betonen die Fähigkeit von Netzwerken, Informationen zu verteilen und kooperative Lernprozesse zu organisieren (vgl. auch *W. W. Powell*, 1990, S. 304). Beide Richtungen sehen Netzwerke neben Märkten und Unternehmen als dritte, eigenständige Organisationsform an (*W. W. Powell*, 1990).

Die beiden im Folgenden vorgestellten Netzwerktheorien erklären, welche Wirkungen von der Einbindung in Netzwerke und von der Struktur der Verbindungen im Netzwerk auf den einzelnen Netzwerkakteur ausgehen. Eine weitere Gemeinsamkeit von Graphentheorie und sozialer Netzwerktheorie besteht in der Verwendung einfacher und abstrakter Begriffe, die es erlauben, grundlegende Eigenschaften von Netzwerken zu identifizieren.

5.3.1.1 Grundtypen unterschiedlicher Netzwerke

Die Graphentheorie erklärt die Eigenschaften von Netzwerken allein aus mathematischen Überlegungen. Sie lässt sich dem Feld der Analyse komplexer Systeme zuordnen und wird von Vertretern der statistischen Physik geprägt. Aufgrund der Tatsache, dass sich die Graphentheorie auf die Erklärung grundlegender Eigenschaften unterschiedlicher Netzwerke konzentriert, lassen sich ihre Erkenntnisse prinzipiell auf verschiedenste reale Netzwerke übertragen (*D. J. Watts* und *S. H. Strogatz*, 1998; *S. H. Strogatz*, 2001; *M. E. J. Newman*, 2003, S. 174-180). Die Graphentheorie definiert ein Netzwerk als bestehend aus drei oder mehr miteinander verbundenen Knoten. Dem Begriff Knoten (*node, vertex*) entspricht in den Wirtschafts- und Sozialwissenschaften der Begriff Akteur (*actor, player*). Verbindungen im Netzwerk werden in der Graphentheorie auch als Kanten (*edges*) bezeichnet, in den Wirtschafts- und Sozialwissenschaften auch als *Links, Linkages* oder *Ties*.

Die Graphentheorie reduziert jedes erdenkliche Netzwerk, z. B. Familien, Freundeskreise, Unternehmensnetzwerke, das Internet, Ökosysteme, bis hin zum Metabolismus einer Zelle, auf seine mathematische Grundform aus Knoten und Verbindungen (vgl. *M. E. J. Newman*, 2003, S. 174-180). Diese wird auch als Graph bezeichnet. So lassen sich eine Reihe idealtypischer Netzwerkformen, bzw. Graphen unterscheiden (Abb. 5.2).

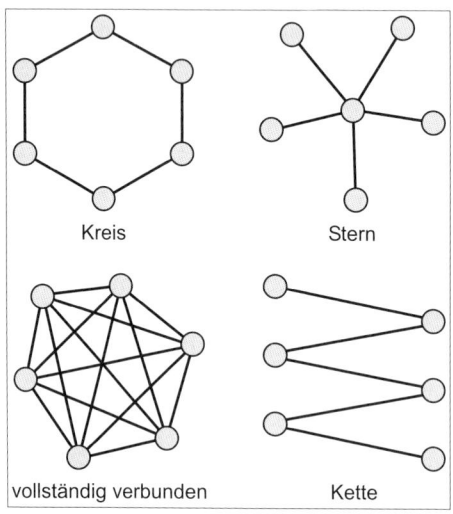

Abbildung 5.2: Netzwerkformen. (Eigene Darstellung nach *S. Goyal*, 2007, S. 10-14)

Die dargestellten Netzwerkformen haben charakteristische Eigenschaften. Beispielsweise unterscheiden sich die Anzahl der direkten Verbindungen, über die die Knoten verfügen, und ihre durchschnittlichen Entfernungen voneinander. Zur Charakterisierung der Netzwerke (vgl. *M. E. J. Newman*, 2003, S. 173) werden einerseits Eigenschaften der gesamten Netze betrachtet, z. B. die durchschnittliche Weglänge zwischen den Knoten, die längste der vorkommenden kürzesten Verbindungen zwischen zwei Knoten, oder das Vorkommen vollständig untereinander verbundener Teilnetze. Diese Parameter lassen Schlüsse auf die Leistungsfähigkeit eines Netzes oder dessen Störanfälligkeit zu (*S. H. Strogatz*, 2001, S. 268; *M. E. J. Newman*, 2003, S. 190). Anderseits erklärt die Graphentheorie die

Netzwerkeigenschaften aus der Sicht einzelner Knoten. Relevante Parameter sind hier die Zahl der über direkte Verbindungen erreichten anderen Knoten (*degree*), die durchschnittliche Entfernung eines Knotens von allen anderen Knoten (Netzwerkzentralität, *closeness*) und die Anzahl kürzester Verbindungen im Netzwerk, die durch einen bestimmten Knoten verlaufen (Durchflusszentralität, *betweenness*). Aus diesen Merkmalen lässt sich die Position eines Knotens im Netzwerk bestimmen.

Übertragen auf räumliche Unternehmensnetzwerke erlauben es diese Begrifflichkeiten prinzipiell, die Effektivität von Interaktionen im Netzwerk zu bestimmen oder für jeden Akteur (z. B. Unternehmen, Regionen) festzustellen, welche Vor- und Nachteile mit der eigenen Netzwerkposition verbunden sind. Eine explizite Verknüpfung der Graphentheorie mit derart angewandten Problemstellungen geschieht jedoch noch selten, vor allem aufgrund fehlender Datengrundlagen (*A.-L. Barabási*, 2009, S. 413). Die Graphentheorie entwickelt sich daher vorrangig durch die Analyse idealer Netzwerke und deren Simulation weiter.

Trotz dieser Beschränkung leistet sie einen wesentlichen Beitrag zum Verständnis realer Netzwerke, vor allem durch die Diskussion sogenannter skalenfreier Netze (*A.-L. Barabási* und *R. Albert*, 1999). Dem liegt die Überlegung zugrunde, dass sich die Struktur eines Netzwerks während seiner Entwicklung bildet. Aus der Kenntnis des Mechanismus der Netzwerkentstehung lässt sich auf seine spätere Struktur schließen. Laut *A.-L. Barabási* und *R. Albert* besteht für Knoten, die neu in ein Netzwerk hinzukommen, ein Anreiz, sich direkt mit einem Knoten zu verbinden, der bereits über viele andere direkte Verbindungen verfügt (bevorzugte Verknüpfung, *preferential attachment*). Auf diese Weise gelingt es dem neuen Knoten, sich über eine einzige unmittelbare Verbindung (Verbindung ersten Grades) mit vielen anderen Knoten mittelbar zu vernetzen (Verbindungen zweiten Grades). Würde sich der neue Knoten dagegen mit einem solchen verbinden, der peripher im Netzwerk liegt und nur über wenige Verbindungen verfügt, würden sich viele andere Knoten frühestens über Verbindungen dritten Grades erreichen lassen. Das Zwischenschalten mehrerer Knoten könnte die Effektivität der Interaktion erheblich mindern. Das Prinzip der bevorzugten Verknüpfung, d. h. der nutzenmaximierenden Wahl des direkt anzusteuernden Knotens, gilt nicht generell, wird aber an vielen Beispielen bestätigt (*A.-L. Barabási* und *R. Albert*, 1999, S. 511; *S. H. Strogatz*, 2001).

Für skalenfreie Netzwerke gilt, dass die Wahrscheinlichkeit, dass sich ein neuer Knoten direkt mit einem anderen Knoten verbindet, proportional ist zur Anzahl der vorhandenen Verbindungen (*degree*) des anvisierten Knotens. Auf diese Weise entstehen Netzwerke, in denen wenige Knoten über viele Verbindungen verfügen, während die meisten Knoten wenige Verbindungen haben. Diese skalenfreien Netze zeichnen sich durch kurze Pfadlängen zwischen allen Knoten bei einer insgesamt relativ geringen Zahl von Verbindungen aus. Sie können daher als effizient angesehen werden, z. B. im Hinblick auf die Verteilung von Informationen, Ressourcen, usw.

Die Verdienste der Graphentheorie bestehen in der Etablierung eines universell einsetzbaren Netzwerkbegriffs und in der Entwicklung des Instrumentariums zur Struktur- und Entwicklungsanalyse von Netzwerken sowie zur Bestimmung und Charakterisierung von Netzwerkpositionen. Die Diskussion skalenfreier Netzwerke und ihrer Entstehungsmechanismen stellt zudem eine Verbindung zwischen Theorie und vielfach beobachteten empirischen Phänomenen her. Sie erlaubt es zudem, Nutzen und Kosten der Vernetzung zu analysieren (*S. Goyal*, 2007).

Die Kritik an der Graphentheorie zielt zum einen auf das Fehlen kausaler Erklärungen und den einseitigen Fokus auf strukturimmanente Eigenschaften. Aus wirtschaftsgeographischer Sicht fehlt zudem eine systematische Verknüpfung mit dem wirtschaftswissenschaftlichen Theoriegebäude (*P. Ball*, 2006).

Die Kombination von Netzwerkperspektive und räumlicher Perspektive stellt bisher eine große konzeptionelle und empirische Herausforderung dar. Aus Gründen der Datenverfügbarkeit konzentrieren sich einschlägige empirische Arbeiten bislang vorrangig auf Netzwerke von Patentanmeldern oder Wissenschaftlern (z. B. *S. Hennemann*, 2011). Eine Anwendung der Graphentheorie auf Kooperationsnetzwerke von Unternehmen findet zwar hin und wieder statt (z. B. *A. Brandt* et al., 2009), ist jedoch aufgrund des unvermeidbaren Stichprobencharakters der erfassten Verbindungen nur eingeschränkt aussagekräftig. Neuere empirische Untersuchungen zu räumlichen Netzwerkstrukturen zeigen, dass räumliche Ballungen und zentrale Netzwerkpositionen auseinander fallen können (*I. Liefner* und *S. Hennemann*, 2011).

5.3.1.2 Theorie der Strukturlücken

Im Zentrum der sozialen Netzwerktheorie (*Social Network Theory*) steht ebenfalls die Erklärung der Eigenschaften von Netzwerken. Aufgrund ihrer soziologischen und sozialpsychologischen Wurzeln betrachtet diese Gruppe von Theorieansätzen jedoch vorrangig Netzwerke von Personen, z. B. Familien, Freundes- und Bekanntenkreise (z. B. *M. Granovetter*, 1973). Wesentliche Aussagen der sozialen Netzwerktheorien für die Wirtschaft lassen sich am Beispiel der Theorie der Strukturlücken (*structural holes*) verdeutlichen, die Anfang der 1990er Jahre vom Soziologen *Ronald S. Burt* formuliert wurde.

Die Theorie der Strukturlücken ist eine Theorie des Wettbewerbs um die Vorteile bestimmter Netzwerkverbindungen (*R. S. Burt*, 1992, S. 85). Aus früheren soziologischen Arbeiten leitet *R. S. Burt* ab, dass Netzwerkverbindungen Nutzen stiften, indem sie den Zugang zu wettbewerbsrelevanten Informationen eröffnen. Die Qualität dieses Zugangs hängt von den erreichten Netzwerkakteuren (Personen oder Unternehmen) und der Art der Verbindungen ab. Die Struktur der Kontakte im Netzwerk und die dadurch erreichten Akteure bezeichnet *R. S. Burt* (1992, S. 61) als Sozialkapital (*social capital*). In der Theorie der Strukturlücken stellt Sozialkapital eine wettbewerbsrelevante Ressource dar, über die die Wettbewerber (Personen oder Unternehmen) in unterschiedlichem Maß verfügen. Laut

R. S. Burt (1992, S. 87) besteht gerade in der Individualität der Wettbewerbsteilnehmer und ihres Sozialkapitals ein wesentlicher Grund für die Bedeutung von Strategien im Wettbewerb.

Der Aufbau von Sozialkapital durch das Knüpfen von Verbindungen verursacht Kosten, sodass Wettbewerber nach Effizienz und Effektivität ihrer Verbindungen streben. Das Effizienzkriterium besagt, dass pro Verbindung möglichst viele Informationen erschlossen werden sollten, zu denen nicht bereits durch andere Verbindungen Zugang besteht. Das Effektivitätskriterium besagt, dass durch die realisierten Verbindungen möglichst heterogene Informationsbestände erschlossen werden sollten, deren Kombination dem Netzwerkakteur Wettbewerbschancen eröffnet.

Das Kernargument der Theorie lautet, dass Effizienz und Effektivität erreicht werden, wenn die Kontakte eines Akteurs Strukturlücken im Netzwerk überbrücken. Den Begriff der Strukturlücke veranschaulicht Abbildung 5.3.

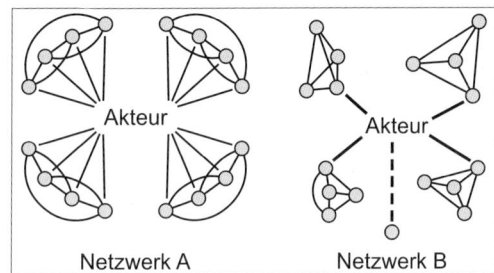

Abbildung 5.3: Strukturlücken im Netzwerk (Verändert nach *R. S. Burt*, 1992, 64 und 68)

Netzwerk A   Netzwerk B

Zum Verständnis der Aussage von Abbildung 5.3 ist eine Unterscheidung in redundante und nicht-redundante Verbindungen nötig. Redundante Verbindungen sind solche, die Kontakte zu Akteuren schaffen, die auch durch andere Verbindungen erreichbar sind. Nicht-redundante Verbindungen schaffen dagegen Zugang zu Akteuren, die anders nicht erreicht werden können. Letztere nennt *R. S. Burt* strukturungleiche Akteure. Teil A der Abbildung zeigt das Netzwerk eines Akteurs mit 16 direkten Verbindungen zu 16 anderen Akteuren, die vier Gruppen jeweils untereinander verbundener Akteure bilden. Diese untereinander dicht verbundenen Gruppen bezeichnet *R. S. Burt* als Cluster, in der Netzwerktheorie ist ebenso der Begriff Clique gebräuchlich. Von den vier Verbindungen, die der zentrale Akteur zu jedem Cluster unterhält, sind drei redundant, denn der Informationspool des untereinander eng vernetzten Clusters lässt sich durch einen einzigen Kontakt erschließen. Dies verdeutlicht Teil B der Abbildung. Hier hat der betrachtete Akteur seine 16 direkten Verbindungen um 12 reduziert, ohne auf Zugang zu den in den vier Clustern kursierenden Informationen zu verzichten. Die vier verbleibenden Verbindungen sind nicht-redundant. Die Kosten der eingesparten Kontakte stehen zum Aufbau anderer Kontakte zur Verfügung, angedeutet durch die fünfte Verbindung in Abbildung 5.3 B.

Nicht-redundante Verbindungen überbrücken somit Strukturlücken zwischen einzelnen Clustern im Netzwerk. Sie erlauben es dem handelnden Akteur, sich das Wissen dieser vormals getrennten Netzwerkbereiche zu erschließen. Das Streben nach Effizienz veranlasst den Akteur, auf redundante Verbindungen zu verzichten und nicht-redundante Verbindungen aufzubauen. In die gleiche Richtung wirkt das Effektivitätskriterium: das Erschließen entfernter Netzwerkbereiche durch neue, nicht-redundante Verbindungen sichert Zugang zu neuen, bisher unbekannten Informationen.

Der Vorteil der Überbrückung von Strukturlücken gegenüber redundanten Verbindungen beruht auf der Annahme der Homogenität der in Clustern oder Cliquen verbreiteten Informationen und der Heterogenität des Wissens entfernter Netzwerkbereiche. Aus der Perspektive der sozialen Netzwerktheorie gilt dies als gegeben. Die enge Vernetzung innerhalb einzelner Cluster ist das Ergebnis enger Bindungen und großer Ähnlichkeit der beteiligten Akteure, während Strukturlücken Ausdruck der Unähnlichkeit von Akteuren sind (vgl. *M. Granovetter*, 1973).

Ein Wettbewerber, der sein Sozialkapital[5] durch das Überbrücken von Strukturlücken maximiert, verbessert seine Wettbewerbschancen nicht allein durch den Zugang zu Informationen. Die Tatsache, dass er die Brückenfunktion zwischen anderen Akteuren übernimmt, die ihn in dieser Funktion nicht umgehen können, erlaubt ihm die Kontrolle über einen Teil ihres Informationsbestands. Er kann akkurate, unscharfe oder falsche Informationen weitergeben (*R. S. Burt*, 1992, S. 78). Die gegebene Netzwerkstruktur erlaubt es ihm ferner, die Konkurrenz der mit ihm verbundenen Akteure und Wettbewerber strategisch zu seinem Vorteil zu nutzen, sei es durch geschickte Parteinahme oder die Position des lachenden Dritten (*tertius gaudens*; *R. S. Burt*, 1992, S. 75-79). In der Summe verbessert eine auf Strukturlücken ausgerichtete Vergrößerung des Sozialkapitals die Wettbewerbsfähigkeit. Dies gilt laut *R. S. Burt* (1992, S. 58) explizit auch für Unternehmen. Ihr Sozialkapital besteht aus dem aggregierten Sozialkapital ihres Personals.

Einschränkend weist *R. S. Burt* selbst auf Fälle hin, in denen der Aufbau redundanter Verbindungen aus Wettbewerbsgründen unumgänglich sein kann. Dazu gehören z. B. die engen Verbindungen, die die Mitglieder von Aufsichtsräten oder Unternehmensvorständen untereinander unterhalten müssen, um eine gemeinsame Vertrauensbasis als Grundlage der eigenen Arbeit zu etablieren (*R. S. Burt*, 1992, S. 72). Verbindungen innerhalb derartiger dichter Netzwerkbereiche ermöglichen

---

[5]   Der Begriff Sozialkapital wird in anderen Arbeiten enger oder auch völlig anders definiert. Beispielsweise sieht *A.-P. de Man* (2008, S. 22) darin die Existenz vertrauensvoller und langfristiger Verbindungen in sehr dichten Netzwerkbereichen, in denen alle Akteure miteinander vollständig verbunden sind. Nach *G. Walker et al.* (1997, S. 111) bezeichnet Sozialkapital eine Ressource, die in Netzwerken dabei hilft, Normen für akzeptables Verhalten der Akteure zu entwickeln und Informationen über das Verhalten zu verbreiten. In einer frühen und grundlegenden Definition von *J. S. Coleman* (1988) besteht Sozialkapital zum einen aus Verpflichtungen, Erwartungen und Vertrauenswürdigkeit und zum anderen aus Informationskanälen sowie Normen und Sanktionen.

enge und vertrauensvolle Verbindungen einander ähnlicher Akteure. *M. Granovetter* (1973) nennt diese Verbindungen *Strong Ties*. Das Überbrücken von Strukturlücken ist mit diesen Verbindungen nicht möglich. Die hierfür benötigten Verbindungen zu entfernteren und damit unähnlichen Akteuren nennt *M. Granovetter* (1973) *Weak Ties*.

Eine Reihe von Beiträgen mit dem Anliegen, die soziale Netzwerktheorie für Unternehmen weiter zu entwickeln, verwendet den Begriff der Einbettung (*embeddedness; M. Granovetter*, 1985; *B. Uzzi*, 1996). Dieser Begriff ist inhaltlich eng verwandt mit dem Begriff des Sozialkapitals. *B. Uzzi* (1996, S. 676) definiert Einbettung als Logik der Austauschbeziehungen in Netzwerken. Hintergrund ist die Feststellung, dass die spezifischen Beziehungen von Personen innerhalb und außerhalb von Unternehmen eine Determinante ihres Handelns darstellen. Rationales Handeln orientiert sich nicht nur an Preisen und Unternehmenszielen sondern auch daran, was das Netzwerk vom Akteur erwartet und wie er seine eigene Position im Netzwerk stärken kann. Die gegebene Einbettung aller Akteure in Netzwerke führt zu Handlungen, die nicht von klassischen volkswirtschaftlichen Theorien erfasst werden (*M. Granovetter*, 1985). Laut *B. Uzzi* (1996, S. 678) sind Handlungen, die durch *Embeddeness* gesteuert werden, gekennzeichnet durch großes Vertrauen der Netzwerkakteure, durch den Austausch sehr spezifischer Informationen und durch die Entwicklung gemeinsamer Problemlösungen. Aus Unternehmensfallstudien leitet er ab, dass eine geeignete Einbettung in Netzwerke den entsprechenden Firmen Wettbewerbsvorteile verschaffen kann. Sie ermöglicht akteursübergreifende Lernprozesse, die Verteilung von Geschäftsrisiken auf mehrere Partner und schnellere Reaktionen auf sich ändernde Marktbedingungen (*B. Uzzi*, 1996, S. 694). Dennoch ist die Aussagekraft des Begriffs der Einbettung gering. *B. Uzzi* (1996, S. 674) gesteht zu, dass der Begriff nicht konkret erklären kann, wie soziale Verbindungen ökonomische Ergebnisse beeinflussen.

Das Verdienst der sozialen Netzwerktheorie besteht somit vorrangig im Aufzeigen der Tatsachen, dass Akteure einerseits bestehende Netzwerkstrukturen strategisch nutzen können und andererseits in ihren Handlungen vom Netzwerk beeinflusst werden. Die Begriffe Strukturlücke und Sozialkapital haben Eingang in die betriebswirtschaftliche und wirtschaftsgeographische Forschung gefunden (z. B. *G. Walker* et al., 1997; *B. Kogut*, 2000). Das Argument der *Embeddedness* wird vor allem in der Soziologie und von soziologisch orientierten Wirtschaftsgeographen betont. Es dient als Grundlage zahlreicher Arbeiten mit dem Ziel, Handlungen in Netzwerken aus ihrem relationalen Kontext heraus zu verstehen (vgl. *G. Grabher*, 1993, S. 5). *H. Bathelt* und *J. Glückler* (2003a, 2003b) schlagen vor, die Wirtschaftsgeographie insgesamt an einer solchen relationalen Perspektive auszurichten.

Unabhängig davon ist aus Sicht der Wirtschaftsgeographie die Erkenntnis wichtig, dass sich Netzwerke vermutlich leichter etablieren lassen, wenn sich die Akteure in enger räumlicher Nähe zueinander befinden (*W. W. Powell*, 1990, S. 326). *G. G. Bell* und *A. Zaheer* (2007) vertiefen diese Überlegung in zwei Richtungen. Erstens zeigen sie, dass Wissensflüsse zwischen bestimmten Netzwerkakteuren durch räumliche Nähe verstärkt werden. Dieser Zusammenhang gilt vorrangig für Verbindungen zwischen Verbänden und Organisationen, die mit ähnlichen Zielsetzungen operieren. Zweitens führen sie den Begriff der Raumlücken (*geographic holes*) als Pendant zum Begriff der Strukturlücken in die Diskussion ein (*G. G. Bell* und *A. Zaheer*, 2007, S. 961). Sie argumentieren, dass sich die Wissensbestände voneinander entfernter Regionen stark unterscheiden. Starke Verbindungen zwischen Akteuren, die in diesen Räumen leben und in die jeweiligen Wissensbestände eingebunden sind, d. h. bestehende Freundschaften zwischen Personen an unterschiedlichen Orten, erlauben das Überbrücken dieser räumlichen Wissensdistanz aufgrund der gegebenen kommunikativen Übereinstimmung der beteiligten Akteure.

Trotz ihrer offensichtlichen räumlichen Relevanz sind die Aussagen der sozialen Netzwerktheorie und ihr potentieller Nutzen für die Wirtschaftsgeographie insgesamt zurückhaltend zu beurteilen. Zum einen hat es die soziale Netzwerktheorie bislang nicht vermocht, eine einheitliche Theorie der Netzwerkformen und -entwicklungen zu formulieren (vgl. *W. W. Powell*, 1990, S. 323). Zum anderen versucht die soziale Netzwerktheorie, die Leistungen von Netzwerken für die Akteure aus den Strukturen der Netzwerke zu erklären. Die viel näher liegende Frage nach den Motiven der Akteure, die sie dazu gebracht haben, sich zu vernetzen, tritt in den Hintergrund. Damit führt die soziale Netzwerktheorie in ihrer Anwendung vielfach zu einer Überbetonung des Handlungskontexts.

5.3.2 Wertschöpfungsketten

Eine Wertschöpfungskette ist die Abfolge aller Produktionsschritte und Teilaktivitäten zur Herstellung eines Produkts vom Rohstoff bis zum Verkauf an Endkunden. Sie kann als lineares produktorientiertes Netzwerk aufgefasst werden. Der Ansatz der Wertschöpfungsketten ist keine Theorie sondern eine Perspektive, die den Blick auf die beteiligten Firmen und die Schnittstellen zwischen ihnen lenkt. Alternativ und weitgehend deckungsgleich werden die Begriffe der Wertkette oder Warenkette bzw. im Englischen *Value-added Chain*, *Value-adding Chain* und *Commodity Chain* verwendet. Der Begriff der Wertschöpfungskette fand ab Mitte der 1980er Jahre Eingang in die betriebswirtschaftliche Organisationsforschung und Strategieentwicklung (*B. Kogut*, 1985). Die Betrachtung der Wertschöpfungskette ermöglicht es beispielsweise, den Anteil eines jeden Herstellungsschritts an den Gesamtkosten eines Produkts seinem Anteil am Gesamtwert des Produkts gegenüber zu stellen. Dies liefert Unternehmen Argumente, sich aus bestimmten Aktivitäten zurückzuziehen und in andere zu investieren *(B. Kogut*, 1985, S. 16).

Größere Aufmerksamkeit in der Wirtschaftsgeographie hat jedoch der im Folgenden vorgestellte, dependenz- und weltsystemtheoretisch motivierte Ansatz von *G. Gereffi* (1994, 1999) gefunden (*J. Henderson* et al., 2002, S. 440; *R. Kaplinsky*, 2000, S. 9). Dieser Ansatz ist dazu geeignet, die Steuerung der Produktionsprozesse, ihre räumliche Verteilung sowie eine dynamische Verbesserung der technisch-organisatorischen Fähigkeiten bestimmter Hersteller zu erfassen. Im Mittelpunkt steht die Frage, welche Unternehmen eine auf verschiedene Firmen und Standorte verteilte Wertschöpfungskette koordinieren bzw. die Tätigkeiten der an der Kette beteiligten Firmen steuern. G. *Gereffi* unterscheidet im Hinblick auf die Steuerung (*governance*) zwei induktiv hergeleitete Typen, die produzentengesteuerten (*producer-driven*) und die käufergesteuerten (*buyer-driven*) Wertschöpfungsketten (vgl. Abb. 5.4).

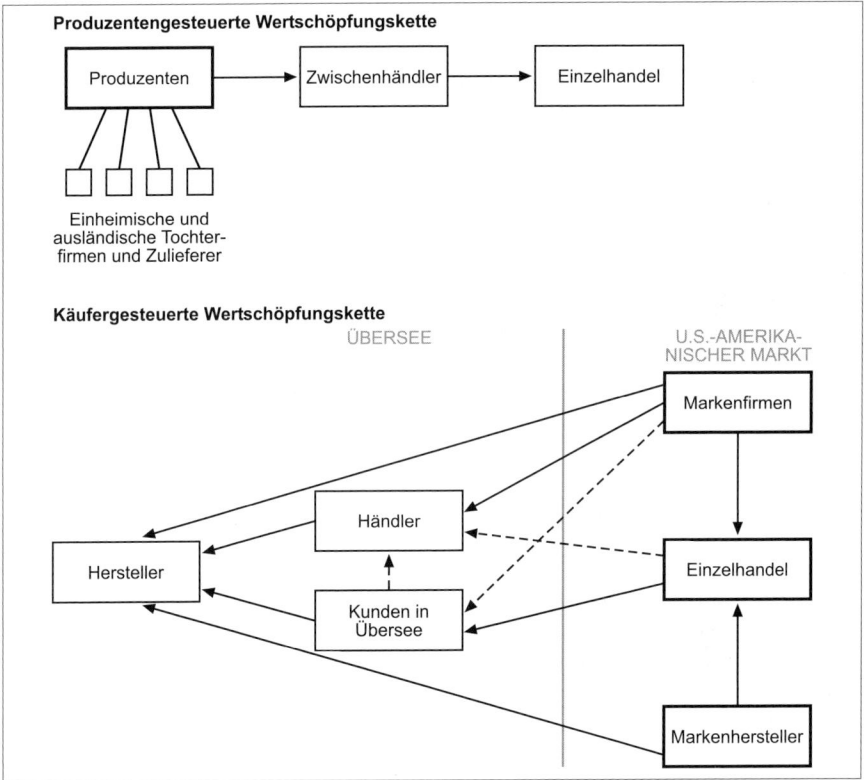

Abbildung 5.4: Produzentengesteuerte und käufergesteuerte Wertschöpfungsketten. (Eigene Abbildung nach *G. Gereffi*, 1999, S. 42)

Produzentengesteuerte Wertschöpfungsketten werden von großen, zumeist multinationalen Industrieunternehmen gesteuert. Sie sind typisch für viele kapital- und technologieintensive Branchen, z. B. die Automobilindustrie, Flugzeugherstellung, Halbleiterindustrie oder den Maschinenbau. Käufergesteuerte Wertschöpfungsketten treten dagegen in arbeitsintensiven Branchen auf, die von großen Einzelhandelsunternehmen oder Markenherstellern dominiert werden, die nicht selbst produzieren. Sie finden sich in der Bekleidungs- und Schuhindustrie, der Spielzeugindustrie, Haushaltswaren- und Elektrogeräteherstellung. In diesen Branchen erfolgt die eigentliche Güterherstellung in der Regel durch zahlreiche verschiedene Produzenten, die sich an den Vorgaben ihrer Großkunden – der Käufer in käufergesteuerten Wertschöpfungsketten – orientieren (G. Gereffi, 1999, S. 41-42).

Während die dominierenden Hersteller in produzentengesteuerten Wertschöpfungsketten den größten Anteil an den Erträgen aus der Herstellung des Produkts erzielen, entstehen die größten Erträge in käufergesteuerten Wertschöpfungsketten aus den Teilaktivitäten Forschung, Design, Marketing, Vertrieb und Finanzierung (G. Gereffi, 1999, S. 43). Unabhängig von der Art der Wertschöpfungskette besitzen die jeweils dominierenden Unternehmen die Fähigkeit, die Aktivitäten anderer Firmen zu steuern. Diese Fähigkeit ist das Resultat bestimmter Unternehmensressourcen. Die dominierenden Hersteller in produzentengesteuerten Wertschöpfungsketten verfügen über Eigentumsrechte an der verwendeten Produkt- und Prozesstechnologie. Die dominierenden Käufer in käufergesteuerten Wertschöpfungsketten nutzen vor allem die Ertragskraft ihrer Marken, um die Hersteller an sich zu binden. Die jeweils dominierenden Firmen zeichnen sich zudem durch einen Informationsvorsprung gegenüber den von ihnen abhängigen Firmen aus (E. Kulke, 2009, S. 134). Die Steuerung der abhängigen Unternehmen erfolgt durch die Festlegung von Qualitäts- und Verhaltensstandards, deren Kontrolle und gegebenenfalls Unterstützung zur Einhaltung der Standards (R. Kaplinsky, 2000, S. 12-13).

Die Reduktion des Problems der Steuerung auf diese zwei Typen von Wertschöpfungsketten wird der Vielfalt der tatsächlich auftretenden Wertschöpfungsketten nicht gerecht. G. Gereffi et al. (2005) diskutieren daher eine umfassendere Typisierung der Steuerung von Wertschöpfungsketten unter Berücksichtigung der technisch-organisatorischen Fähigkeiten der Zulieferer und der Möglichkeit, detaillierte und spezifische Produktanforderungen zu formulieren (vgl. E. Kulke, 2009, S. 136). Im Fall von sogenannten gebundenen Wertschöpfungsketten steuern die dominierenden Unternehmen ihre sehr viel kleineren Zulieferer durch engmaschige Kontrolle. Im Fall relationaler Wertschöpfungsketten lassen sich die Produktspezifikationen nicht vollständig vorgeben und müssen teilweise verhandelt werden. Hieraus resultiert eine wechselseitige Abhängigkeit von Zulieferer und Abnehmer. Im Fall modularer Wertschöpfungsketten verfügen einzelne Zulieferer über ausgeprägte technisch-organisatorische Fähigkeiten aufgrund derer sie Vorprodukte eigenständig entwickeln und herstellen können. Sie können gegenüber Abnehmern weitgehend unabhängig und gleichberechtigt agieren (G. Gereffi et al., 2005, S. 84).

Die von G. Gereffi (1994, 1999) beschriebenen Wertschöpfungsketten weisen charakteristische Raumstrukturen auf. Abbildung 5.4 deutet bereits an, dass sich die jeweils dominierenden Unternehmen in den USA (oder in Westeuropa oder Japan) befinden. Diese Unternehmen steuern die Tätigkeit von abhängigen Firmen in allen Weltregionen mit niedrigem Lohnniveau, z. B. in Teilen Asiens, in Afrika und Lateinamerika (G. Gereffi, 1999, S. 39).

Dieses räumliche Verteilungsmuster wird auch in anderen Arbeiten zum Ansatz der Wertschöpfungsketten bestätigt, die keinen implizit dependenztheoretischen Hintergrund haben (z. B. *D. Ernst* und *L. S. Kim*, 2002, S. 1420). Es steht im Einklang mit den räumlichen Aussagen der Produktzyklushypothese (vgl. Kapitel 4.5.1) und mit Überlegungen zu komparativen Vorteilen (vgl. Kapitel 3.2). Letztere sprechen dafür, die Teilaktivitäten der Wertschöpfungskette jeweils an Orten anzusiedeln, die über komparative Vorteile im Hinblick auf die Ausstattung mit dem bei der betrachteten Teilaktivität intensiv eingesetzten Produktionsfaktor verfügen (*B. Kogut*, 1985, S. 18-22). Für humankapitalintensive Teilschritte, z. B. Forschung und Entwicklung, sind danach Standorte mit großem Humankapitalpotential geeignet, wie sie sich in entwickelten Industrienationen finden. Arbeitsintensive Aktivitäten, z. B. standardisierte Fertigungstätigkeiten, sollten stattdessen in Schwellen- oder Entwicklungsländern ausgeführt werden. Die Teilschritte der Wertschöpfungskette folgen räumlich den jeweils entscheidenden Faktorkosten (*B. Kogut*, 1985, S. 18). Zusätzlichen Einfluss auf die Standorte der Teilaktivitäten üben Transportkosten und Handelshemmnisse, Skaleneffekte, *Economies of Scope* sowie die Wissensbasis der beteiligten Unternehmen aus (*B. Kogut*, 1985, S. 20 und 22).

Der Ansatz der Wertschöpfungsketten eignet sich zudem zur Analyse von dynamischen Verbesserungen der Fähigkeiten von Unternehmen in Entwicklungs- und Schwellenländern, auch bezeichnet mit den Begriffen *Upgrading* und *Local Capability Formation* (*G. Gereffi*, 1999; *D. Ernst* und *L. S. Kim*, 2002). Die Notwendigkeit zum *Upgrading* ergibt sich aus den teilweise negativen Auswirkungen der Einbindung technologisch schwacher Firmen in globale Wertschöpfungsketten. Laut *R. Kaplinsky* (2000, S. 15) ist der Konkurrenzdruck unter diesen Herstellern besonders groß, wenn die technologischen Eintrittsbarrieren bei standardisierter Fertigung niedrig sind. Der scharfe Wettbewerb führt dann zu sinkenden Preisen und abnehmenden Erträgen der beteiligten Firmen und ihrer Regionen.

G. Gereffi (1999, S. 51-52) definiert *Upgrading* als den Prozess der Verbesserung der Fähigkeit eines Unternehmens oder einer Regionalwirtschaft, verstärkt in profitable und/oder technologisch fortgeschrittene kapital- oder wissensintensive Marktbereiche vorzudringen. Dieser Prozess läuft auf vier unterschiedlichen Ebenen ab. Innerhalb einzelner Betriebe führt *Upgrading* von der Erstellung preisgünstiger und einfacher Produkte zur Erstellung teurer und komplexer Produkte. Auf der Ebene von Firmennetzwerken wird die Herstellung einfacher Güter durch die flexible Produktion variantenreicher Güter abgelöst. Bei Regional- oder Volkswirtschaften bezeichnet *Upgrading* den Übergang von der einfachen Montage importierter Vorprodukte hin zu einer integrierten Produktionsorganisation unter Einschluss lokaler Zuliefer- und Abnehmerbeziehungen. Auf supranationaler Ebene steht der Aufbau komplexer wechselseitiger Handelsbeziehungen im Vordergrund, die nicht auf die Industrieländer ausgerichtet sind (*G. Gereffi*, 1999, S. 52). *Upgrading* impliziert dabei einen Wandel der Geschäftsbeziehungen zwischen den Zulieferern und den dominierenden Unternehmen in Wertschöpfungsketten.

Ohne *Upgrading* sind die nur mit minimalem technisch-organisatorischen Wissen ausgestatteten Hersteller darauf angewiesen, exakte Produktionsvorgaben, Produktspezifikationen und technisch-organisatorische Unterstützung von ihren Kunden zu erhalten. Ihr Geschäftsmodell der reinen Auftragsfertigung besteht darin, diese Vorgaben unter Ausnutzung niedriger Lohnkosten zu erfüllen. *Upgrading* versetzt die Zulieferer dagegen in die Lage, zusätzlich zur Fertigung zunehmend weitere Aufgaben zu übernehmen. Von dem Geschäftsmodell des *Original Equipment Manufacturing* (OEM) spricht man, wenn Zulieferer in der Lage sind, Produktspezifikationen von Kunden eigenständig umzusetzen. Unter *Original Design Manufacturing* (ODM) versteht man ein Geschäftsmodell, bei dem der Zulieferer zusätzlich Entwicklungsaufgaben für das von ihm hergestellte Bauteil übernimmt und diese mit seinem Kunden abstimmt. Im Fall von *Original Brand Manufacturing*[6] (OBM) tritt der Zulieferer zusätzlich mit eigener Marke auf und bietet seine Zwischenprodukte unterschiedlichen potentiellen Kunden an (*M. Hobday*, 2000, S. 147-148; *G. Gereffi*, 1999, S. 51-53).

Im Zuge von *Upgrading* vergrößert sich der Anteil der Zulieferer aus Entwicklungs- und Schwellenländern an der Wertschöpfung des Endprodukts. Zusätzlich gewinnen sie größere Eigenständigkeit gegenüber dem dominierenden Unternehmen in der Wertschöpfungskette; es entstehen modulare Wertschöpfungsketten im Sinne von *G. Gereffi* et al. (2005). Die empirisch vor allem am Beispiel Ostasiens nachgewiesenen *Upgrading*-Prozesse (z. B. *G. Gereffi*, 1999, S. 55-57) haben erhebliche positive Folgen für die beteiligten Regionen in Entwicklungs- und Schwellenländern. Erstens entfallen zunehmend größere Wertschöpfungsanteile auf sie. Zweitens bilden sich durch die lokalen Vorwärts- und Rückwärtskopplungseffekte der betrachteten Zulieferer zunehmend stärker integrierte und in den internationalen Handel eingebundene Regionalwirtschaften (*G. Gereffi*, 1999, S. 55).

Das *Upgrading* des einzelnen Unternehmens steht in komplexer Wechselbeziehung mit den komparativen Vorteilen der Regional- oder Volkswirtschaft, in der es beheimatet ist, und erfordert in jedem Fall einen Zustrom an Wissen sowie die firmeninterne Verarbeitung dieses Wissens. Die Erklärung dieses Prozesses ist Gegenstand der Absorptionstheorien (Kapitel 5.4.3) und des Ansatzes der Regionalen Lernsysteme (Kapitel 5.5.2).

Die starke Beachtung des Ansatzes der Wertschöpfungsketten in der Wirtschaftsgeographie beruht auf einer Reihe von Vorteilen. Erstens zeichnet sich der Ansatz durch eine eingängige, produktorientierte Perspektive aus, die die Abgrenzung des betrachteten Firmennetzwerks erleichtert. Zweitens schließt der Ansatz die Berei-

---

[6]   Während der Prozess des *Upgradings* in der Literatur weitgehend einheitlich verstanden wird, unterscheidet sich die Verwendung der Begriffe OEM, ODM und OBM bei einzelnen Autoren und in Bezug auf unterschiedliche Branchen. *G. Gereffi* (1999) beschränkt sich auf die Verwendung der Begriffe OEM und OBM. Die hier vorgestellten Definitionen unter Einschluss von ODM finden sich beispielsweise bei *M. Hobday* (2000). In der Automobilindustrie wird der Begriff OEM abweichend von der üblichen Bedeutung verwendet und bezeichnet die großen Markenhersteller der Branche.

che Logistik und Handel ein. Drittens lässt er sich leicht mit den Begriffen Kernkompetenz und Outsourcing in Verbindung bringen. Viertens gelingt es ihm, die Probleme der Steuerung, der räumlichen Ausdehnung und der dynamischen Fortentwicklung zu verbinden. Fünftens wendet er den Blickwinkel von der räumlichen Verortung von Produkten hin zur räumlichen Verortung von Teilaktivitäten.

Die Kritik am Ansatz der Wertschöpfungsketten setzt vorrangig an folgenden Punkten an. Erstens ist zu kritisieren, dass der Ansatz selbst beschreibenden Charakter hat und weder Erklärungen beinhaltet noch Prognosen ermöglicht (vgl. *E. Kulke*, 2009, S. 137). Zweitens erfasst er zunächst nur die lineare Organisation von produktbezogenen Netzwerken, nicht jedoch diejenigen Faktoren, die deren Entstehung und Wandel beeinflussen (*G. Gereffi* et al., 2005, S. 92; *J. Henderson* et al. 2002, S. 441). Drittens sind die steuerungsbezogenen Typisierungen von Wertschöpfungsketten, die einen Schwerpunkt der konzeptionellen Literatur zu Wertschöpfungsketten bilden, fragwürdig (*J. Henderson* et al., 2002, S. 441). Gleiches gilt für die implizite Konzentration auf die dominierenden Unternehmen und ihre primären Zulieferer bei weitgehender Vernachlässigung anderer beteiligter Firmen (vgl. *G. Gereffi* et al., 2005, S. 98).

Eine Erweiterung des Ansatzes der Wertschöpfungsketten, der die genannten Kritikpunkte zwei bis vier aufzugreifen versucht, stellt das Konzept der globalen Produktionsnetzwerke (*global production networks*) dar (*J. Henderson* et al., 2002; auch *D. Ernst* und *L. S. Kim*, 2002). In dieses Konzept werden auch andere, über die lineare Wertschöpfungskette hinausgehende Interaktionen der Unternehmen, die an der Erstellung eines Gutes beteiligt sind, einbezogen (*J. Henderson* et al., 2002, S. 442). Dies sind z. B. Kontakte zu Banken oder zu Universitäten. Auch dieser Ansatz ermöglicht die Analyse der Steuerung abhängiger Produzenten, z. B. durch die Kontrolle von Qualitätsstandards, des *Upgradings* der Produzenten und dessen impliziter regionalökonomischer Wirkungen (*D. Ernst* und *L. S. Kim*, 2002). Die mit dem Gedanken der Wertschöpfungskette verbundene sinnvolle und leicht nachvollziehbare Vereinfachung der Realität global vernetzter Produktion wird dagegen aufgegeben.

5.3.3 Theorie des multinationalen Unternehmens

Zu den bedeutendsten Merkmalen der Weltwirtschaft in den vergangenen etwa fünf Jahrzehnten gehören die Zunahme internationaler Direktinvestitionen und der Aufstieg multinationaler Unternehmen. Unter einer Direktinvestition ist ein grenzüberschreitender aber firmeninterner Kapital- und Ressourcentransfer zu verstehen. Die Direktinvestition erfolgt mit dem Ziel, die Geschäftätigkeit eines Betriebs im Ausland zu kontrollieren und als Teil des eigenen Unternehmens zu steuern (*J. H. Dunning*, 1979, S. 272). Direktinvestitionen führen zur Entstehung multinationaler Unternehmen (MNU), die entsprechend durch die Tatsache definiert werden, dass sie Wirtschaftsaktivitäten in unterschiedlichen Staaten besitzen und kontrollieren (*P. J. Buckley* und *M. Casson*, 1976, S. 33). Die auf mehrere Staaten verteilten Betriebe, Tochterfirmen und Standorte von MNU können als Netzwerke aufgefasst werden (vgl. *D. Ernst*, 2008).

Die Entstehung und Entwicklung multinationaler Unternehmen, ihre Wirkungen auf den Welthandel und weltweite Faktorströme, ihr Management sowie ihre Verhandlungsstrategien gegenüber Staaten und Regionen sind Gegenstand zahlreicher Theorien und Konzepte in der Volks- und Betriebswirtschaftslehre, die im Rahmen dieses Lehrbuchs nicht im Einzelnen aufgegriffen werden können (siehe dazu z. B. *M. Kutschker* und *S. Schmid*, 2008). Die folgende Darstellung beschränkt sich auf die sogenannte eklektische Theorie des Volkswirts *John H. Dunning* (1979, 1988, 2000). Diese Theorie integriert verschiedene Partialansätze zur Erklärung multinationaler Unternehmenstätigkeit. Sie hat den Anspruch, alle existierenden Formen internationaler Produktion zu erklären (*J. H. Dunning*, 1979, S. 275; 2000, S. 184).

Dunnings eklektische Theorie (auch eklektisches Paradigma; OLI-Theorie) besagt, dass Unternehmen Produktionsstätten im Ausland aufbauen, wenn sie über Wettbewerbsvorteile gegenüber anderen Firmen verfügen, diese Vorteile eher durch Auslands- als durch Inlandsproduktion nutzbar sind, und bei firmeninterner Organisation größere Profite versprechen als bei Auslagerung an andere Firmen (*J. H. Dunning*, 1979, S. 289). Sind die drei Bedingungen der Existenz von Wettbewerbsvorteilen (*ownership advantages*, O), Standortvorteilen des Auslands (*location-specific advantages*, L) und Internalisierungsvorteilen (*internalization advantages*, I) gemeinsam erfüllt, entscheiden sich Unternehmen gemäß folgender Argumentation zur Direktinvestition und dem Aufbau von Produktionsstätten im Ausland (*J. H. Dunning*, 1979, S. 275; 1988, S. 26-29).

– Wettbewerbsvorteile sind die Grundvoraussetzung, um überhaupt bestimmte Märkte zu bedienen.
– Wenn Wettbewerbsvorteile bestehen, stellt sich die Frage nach den Produktionskosten an unterschiedlichen Standorten. Sobald diese international und/ oder interregional variieren, z. B. aufgrund unterschiedlicher Faktorkosten, wird die Produktion am günstigsten Standort durchgeführt, gegebenenfalls im Ausland. Wenn die Produktionskosten räumlich homogen sind, kann die Auslandsmarktbearbeitung durch Exporte und die Heimatmarktbearbeitung durch einheimische Produktion erfolgen.
– Wenn Wettbewerbsvorteile und Standortvorteile im Ausland bestehen, stellt sich die Frage der Produktionsorganisation. Wenn es profitabler ist, die Produktion firmenintern zu organisieren, kommt es zur Direktinvestition. Anderenfalls kommt es zur Vergabe von Lizenzen an unabhängige Produzenten im Ausland.

Tabelle 5.1 listet Faktoren auf, die zur Existenz von OLI-Vorteilen führen.

Tabelle 5.1: Einflussfaktoren für Direktinvestitionen

Wettbewerbsvorteile *(ownership advantages)*:
a. Vorteile, die nicht mit multinationaler Produktion verbunden sind:
    Größe, Marktstellung, Monopolstellung
    Eigentum geschützter Technologie, Patentschutz; Marken
    Management und Organisationsfähigkeit; Humankapital, Wissen
    Exklusiver oder erleichterter Zugang zu Produktionsmitteln
    Marktbeherrschende Stellung auf Faktormärkten
    Marktbeherrschende Stellung auf Absatzmärkten
    Staatliche Unterstützung, Marktzugangsbeschränkung für Wettbewerber
b. Vorteile von Auslandstöchtern gegenüber einheimischen Firmen:
    Zugang zur Kapazität des Mutterunternehmens (z. B. F&E, Marketing)
    Vorteile durch gemeinsame Beschaffung
c. Vorteile durch multinationale Produktion:
    Vergrößerung der oben genannten Vorteile
    Besserer Zugang zu Informationen, Inputs und Märkten
    Nutzung internationaler Unterschiede (z. B. Märkte, Währungsräume)

Standortvorteile des Ziellands *(location-specific advantages)*
a. Räumliche Verteilung von Inputs und Märkten
b. Preise, Qualität und Produktivität von Arbeit, Energie, Material, Zwischenprodukten
c. Transport- und Kommunikationskosten
d. Staatliche Eingriffe
e. Importkontrollen, Zölle, Besteuerung, Anreize, Investitionsklima, politische Stabilität
f. Infrastruktur
g. Psychische Distanz[7] (u. a. Sprache, Kultur, Geschäftsumwelt, Gebräuche)
h. Erträge von F&E, Produktion und Marketing, z. B. Skalenerträge

Internalisierungsvorteile *(internalization advantages)*
a. Vermeidung von Transaktionskosten, Verhandlungskosten
b. Vermeidung der Kosten zur Durchsetzung von Eigentumsrechten
c. Unsicherheit der Käufer bezüglich Qualität und Wert angebotener Produkte
d. Schutz der Qualität des Produkts
e. Vermeiden oder Ausnutzen staatlicher Eingriffe (z. B. unterschiedliche Besteuerung,
    Quoten, Preiskontrollen)
f. Anwendung von Wettbewerbs- oder Wettbewerbsvermeidungsstrategien, z. B.
    Kreuzsubventionierung

Nach *J. H. Dunning*, 1979, S. 276, eigene Auswahl

Die in der Tabelle aufgeführten Faktoren verdeutlichen, dass bestehende O-, L-
oder I-Vorteile völlig unterschiedliche Ursachen haben können. Die für eine Direktinvestition entscheidenden Faktoren korrespondieren unmittelbar mit dem
jeweils vorherrschenden Investitionsmotiv. Laut *J. H. Dunning* (2000, S. 164 und

---

[7]   Zum Begriff der psychischen Distanz und ähnlichen Begriffen siehe z. B. *J. Johanson* und *J.-E.*
      Vahlne, 1977, S. 24, sowie Kapitel 5.4.4.

165) lassen sich Direktinvestitionen nach ihren Motiven in vier Kategorien einteilen. Diese sind erstens Direktinvestitionen zur Bedienung eines bestimmten Auslandsmarkts (nachfrageorientierte Investitionen, *market seeking*), zweitens Direktinvestitionen, die den Zugang zu natürlichen Ressourcen oder günstigen Arbeitskräften ermöglichen (angebotsorientierte Investitionen, *resource seeking*), drittens Direktinvestitionen, die eine effiziente firmeninterne Arbeitsteilung und Spezialisierung hervorbringen sollen (effizienzorientierte Investitionen, *efficiency seeking*), und viertens Direktinvestitionen, die die Wettbewerbsvorteile des Unternehmens gegenüber seinen Wettbewerbern schützen oder vergrößern sollen (wissensorientierte Investitionen, *strategic asset seeking*).

In den vergangen Jahrzehnten haben sich die vorherrschenden Motive gewandelt. Direktinvestitionen in der Zeit der Industriegesellschaft, etwa in den 1970er Jahren, waren auf die Nutzung bestehender Wettbewerbsvorteile auf Auslandsmärkten ausgerichtet. In den letzten beiden Jahrzehnten nehmen dagegen Direktinvestitionen zu, die dem Zugang zu räumlich entfernten Wissensbeständen und deren Integration in das Unternehmen dienen (*J. H. Dunning*, 2000, S. 169). Das Motiv der Wissenssuche (*strategic asset seeking*) gewinnt somit an Bedeutung, nachfrageorientierte und angebotsorientierte Direktinvestitionen nehmen im Verhältnis dazu ab (*J. H. Dunning*, 2000, S. 173) und das Motiv der Ausnutzung bestehender Wettbewerbsvorteile auf Auslandsmärkten wird durch das Motiv der Erweiterung der eigenen Wettbewerbsvorteile ergänzt (vgl. Kapitel 5.2.3)[8].

Die in Tabelle 5.1 aufgeführten Faktoren begründen primär OLI-Vorteile für Unternehmen, die ihre bestehenden Wettbewerbsvorteile nutzen wollen. Das verstärkte Aufkommen von Direktinvestitionen, die auf die Aneignung von Ressourcen anderer Unternehmen und Regionen mit dem Zweck der Stärkung der eigenen Wettbewerbsvorteile ausgerichtet sind, erfordert eine Ergänzung der Faktorenliste (Tabelle 5.2).

Tabelle 5.2: Zusätzliche Einflussfaktoren für wissensorientierte Direktinvestitionen

Wettbewerbsvorteile *(ownership advantages)*
a.   Vergrößerung der eigenen, einheimischen Ressourcen und Fähigkeiten

Standortvorteile *(location-specific advantages)*
a.   Standort und Kosten von Ressourcen, auch im Besitz anderer Firmen
b.   Existenz lokaler Cluster für Inputgüter, lokale Wissensakkumulation, Austausch von Informationen, Lernerfahrungen
c.   Lokale Vernetzungspotentiale
d.   Anreize zum Eingehen von FuE-Allianzen und zum Upgrading bestehender Wettbewerbsvorteile

---

8   Für diese Verschiebung der Investitionsmotive finden sich in der einschlägigen Fachliteratur auch andere Begriffe. So wird der gleiche Sachverhalt mit einer Verschiebung von einer Strategie des *Home-base Exploiting* hin zu einer Strategie des *Home-base Augmenting* bezeichnet (*W. Kuemmerle*, 1997, 1999a, 1999b).

e. Lokale Bedingungen für den Ausbau der eigenen Kernkompetenz, möglicherweise durch pfadabhängige Prozesse

Internalisierungsvorteile *(internalization advantages)*

a. Unmittelbare Teilhabe an Lern- und Erfahrungsprozessen, Beschleunigung von Innovationsprozessen; Nutzen der Vorteile gemeinsamer Steuerung von FuE-Aktivitäten
b. Dynamische Vergrößerung intellektueller Ressourcen
c. Nutzen von Synergien bei der Wissensentstehung

Nach *J. H. Dunning*, 2000, S. 170-172, 176-177, 182; eigene Auswahl

Die erweiterte OLI-Theorie (Tabelle 5.2) spiegelt somit eine dynamische Sicht der Entstehung multinationaler Unternehmen wider. Ziel des multinationalen Unternehmens ist es nicht nur, bestehende Wettbewerbsvorteile auszuspielen sondern eigene Wettbewerbsvorteile zu erhalten und auszubauen, um sie in künftigen Zeitperioden nutzen zu können.

Drei Eigenschaften erleichtern die Anwendung der eklektischen Theorie für wirtschaftsgeographische Problemstellungen. Erstens sieht sie Standortvorteile als eine der Determinanten der Investitionsentscheidungen an, die zur Entstehung von multinationalen Unternehmen führen. Zweitens lässt sich die Theorie mit der Diskussion von Outsourcing, vertikaler Spezialisierung entlang von Wertschöpfungsketten, grenzüberschreitenden Investitionsströmen und regionaler Wirtschaftsentwicklung verknüpfen (*D. Ernst*, 2008). Drittens ist sie von offenkundiger Relevanz für Erklärung der empirisch beobachteten Direktinvestitionsströme. In seiner frühen Version (*J. H. Dunning*, 1979) erklärt die Theorie die Direktinvestitionen aus Industrieländern in anderen Industrieländern (nachfrageorientiert) sowie in Entwicklungs- und Schwellenländern (angebotsorientiert). Bis heute ist sind dies zwei quantitativ dominierende Investitionstypen; sie sind ein wichtiges Vehikel der internationalen Kapitalmobilität. Zwei neuere und in jüngerer Zeit empirisch erforschte Typen von Direktinvestitionen werden ebenfalls erfasst (*J. H. Dunning*, 2000), auch wenn manche Wissenschaftler hier die Grenzen der eklektischen Theorie sehen (vgl. *J. A. Mathews*, 2006, S. 16 und 18). Zum einen sind dies wissensbasierte Investitionen von MNU aus Industrieländern in anderen Industrieländern oder Schwellenländern mit stark wachsendem Humankapitalbestand. So gehört die Strategie, das Auslagern von kreativen Entwicklungsprozessen ins Ausland zur Ergänzung der Wissenskapazität des Heimatstandorts zu nutzen, mittlerweile zur Normalität einiger Hochtechnologiebranchen (*D. Ernst*, 2008, S. 557). *W. Kuemmerle* weist auf einen Zusammenhang zwischen Investitionsmotiven und Standortwahl im Zielland der Direktinvestitionen hin. Nachfrageorientierte Investitionen werden an Standorten in der Nähe bestehender Produktionseinrichtungen realisiert, während die Standortwahl wissensorientierter Investitionen die Nähe zu Universitäten und öffentlichen Forschungseinrichtungen sucht (*W. Kuemmerle*, 1997, S. 63 und 1999a, S. 185). Generell stellt das Anziehen wissensbasierter Direktinvestitionen für Entwicklungs- und Schwellenländer trotz wachsendem Humankapitalbestand eine große Herausforderung dar (*W. Kuemmerle*, 1999b, S. 19). Beim zweiten Typ neu aufkommender Direktinvestitionen handelt es sich um MNU aus Schwellenländern, die aus unterschiedlichen Motiven in Industrie-, Schwellen- oder Entwicklungsländern aktiv werden (vgl. *C. A. Bartlett* und *S. Goshal*, 2000). In diesem Zusammenhang weist *J. A. Mathews* (2006, S. 19) auf das Investitionsmotiv von MNU aus Schwellenländern hin, Schwächen ihrer Wissensbasis durch frühzeitiges weltweites Engagement und daraus generiertes Wissen zu kompensieren.

Die recht umfassende Kritik an der eklektischen Theorie konzentriert sich zum einen auf die Tatsache, dass die Existenz von Wettbewerbsvorteilen in der Praxis nicht von den Standort- und Internalisierungsvorteilen isoliert werden kann. Zum anderen wird kritisiert, dass die Sammlung von Einflussfaktoren auch widersprüchliche und schwer zu operationalisierende Faktoren umfasst. Die weitere Kritik weist u. a. darauf hin, dass eine Übertragung der Gedanken dieses Ansatzes auf Dienstleistungsunternehmen bislang nicht hinreichend vollzogen worden ist (*M. Kutschker* und *S. Schmid*, 2008, S. 461-463).

Aus Sicht der Wirtschaftsgeographie verdienen zwei weitere Theorieansätze zur Erklärung von Direktinvestitionen besondere Beachtung, die Arbeiten der sogenannten Uppsala-Schule zur Internationalisierung der Unternehmenstätigkeit sowie der Ansatz der Transferkapazität von *X. Martin* und *R. Salomon*. Beide Theorieansätze lenken den Blick auf eine Determinante der Direktinvestitionen, die in der eklektischen Theorie keine Rolle spielt.

Die Vertreter der Uppsala-Schule, vor allem geprägt vom schwedischen Ökonomen *Jan Johanson*, argumentieren induktiv und stellen das Verhalten des Unternehmens in den Mittelpunkt. Sie sehen Internationalisierung als einen schrittweisen Prozess an, der letztlich zum Aufbau vollwertiger Produktionskapazitäten im Ausland führt. Während der Internationalisierung durchläuft das Unternehmen einen inkrementellen Lernprozess, der die Grundlage für die sukzessive Aufwertung der Auslandsaktivitäten darstellt (*J. Johanson* und *F. Wiedersheim-Paul* 1975; *J. Johanson* und *J.-E. Vahlne* 1977). Die Wahl des Ziellands einer Direktinvestition orientiert sich in der Einstiegsphase an der Möglichkeit, Wissen über die Marktbedingungen eines Ziellands zu erwerben. Diese Möglichkeit hängt entscheidend von der psychischen Distanz zum Zielland ab. Je näher das Zielland, desto wahrscheinlicher ist der Beginn eines dortigen Engagements (*J. Johanson* und *F. Wiedersheim-Paul*, 1975, S. 308). Psychische Distanz ist in diesem Zusammenhang als Summe der Faktoren zu verstehen, die den Informationsfluss vom und zum Zielland beeinträchtigen. Dazu gehören Sprachunterschiede, Bildung, Geschäftspraktiken, Kultur und industrieller Entwicklungsstand (*J. Johanson* und *J.-E. Vahlne*, 1977, S. 24). Der sukzessive Erwerb von länderspezifischem Erfahrungswissen ermöglicht nach und nach immer komplexere Investitionsentscheidungen (*J. Johanson* und *J.-E. Vahlne*, 1977, S. 28).

Während die Vertreter der Uppsala-Schule die Rolle des Wissens der Investoren über Zielländer betonen, betrachten *X. Martin* und *R. Salomon* (2003) den Einfluss der Art des Wissens, das zwischen Mutterunternehmen und Tochterfirma transferiert wird. Ähnlich wie *J. H. Dunning* untersuchen sie, unter welchen Umständen die Direktinvestition anderen Formen der Auslandsmarktbearbeitung (Lizenzvergabe, Allianzen, Exporte) vorgezogen wird. Ihr Kernargument lautet, dass der Transfer von *Tacit Knowledge* höheren Aufwand und größere Kosten verursacht als der Transfer anderer Wissensformen, da *Tacit Knowledge* als nicht kodifizierbar und nicht lehrbar gilt und daher nur durch enge persönliche Kontakte weitergegeben werden kann (*X. Martin* und *R. Salomon*, 2003, S. 360; vgl. Kapitel 5.2.1). Andererseits ist *Tacit Knowledge* aufgrund dieser Eigenschaften gut vor Imitation durch Dritte geschützt und stellt daher eine Ressource dar, die sich prinzipiell für eine Nutzung auf Auslandsmärkten durch Direktinvestitionen eignet. Wenn der Wettbewerbsvorteil eines Unternehmens, der auf Auslandsmärkten genutzt werden soll, ganz oder teilweise in *Tacit Knowledge* besteht, hat dies folgenden Einfluss auf die Form der Auslandsmarktbearbeitung (*X. Martin* und *R. Salomon*, 2003, S. 361-362). Handelt es sich um *Tacit Knowledge* in Reinform, ist ein Wissenstransfer ins Ausland unmöglich, und die Auslandsmarktbearbeitung muss über Exporte erfolgen. Bei etwas geringerem Grad an *Tacitness*, damit größeren Anteilen an kodifiziertem Wissen und entsprechend niedrigeren Transferkosten, kommt es zur Direktinvestition. Bei noch geringeren Transferkosten sind Allianzen oder Lizenzvergaben vorzuziehen, da sich so die gesamten Investitionskosten minimieren lassen und ein Wissenstransfer an Partner möglich ist. Hat das zu transferierende Wissen nicht ansatzweise den Charakter von *Tacit Knowledge*, und ist damit schwer vor Imitation zu schützen, wird auf die Auslandsmarktbearbeitung vollständig verzichtet. Unterschiede in der Transferkapazität des Mutterunternehmens beeinflussen die Entscheidung über die Internationalisierungsalternativen marginal aber nicht grundsätzlich (*X. Martin* und *R. Salomon*, 2003, S. 364).

5.4 Vernetzung und räumliche Wissensmobilität

Das vorliegende Kapitel konzentriert sich aus didaktischen Gründen auf die Mechanismen und Auswirkungen des Wissensaustauschs zwischen Industrie- und Entwicklungs- bzw. Schwellenländern. Vorgestellt werden das Grundmodell des Wissenstransfers in multinationalen Unternehmen, die Theorie der Wissensspillover sowie die Absorptionstheorie. Diese inhaltliche Beschränkung erfolgt aus drei Gründen. Erstens ist es damit möglich, den sehr komplexen Gegenstand[9] der Wissensmobilität

---

[9] Die Komplexität der Wissensmobilität in der wissensbasierten Gesellschaft entsteht aus der Überlagerung der organisatorischen und der räumlichen Dimensionen. Aus organisatorischer Sicht ist der Austausch innerhalb von Unternehmen (innerhalb eines Betriebs oder zwischen den Betrieben eines Unternehmens; Intrafirmentransfer) von der Mobilität zwischen Unternehmen (Interfirmentransfer) sowie zwischen Unternehmen und anderen Organisationen (Interorganisationen- oder Interinstitutionentransfer) zu unterscheiden (*J. Howells*, 1996, S. 95). In Abhängigkeit von den Standorten der beteiligten Partner resultiert intraregionale, interregionale oder internationale Wissensmobilität.

auf einen einzigen Fall zu reduzieren, den grenzüberschreitenden Transfer zwischen Partnern mit unterschiedlichem Wissensstand. Zweitens lassen sich an diesem Fall die wichtigsten Fachbegriffe und Konzepte erläutern. Drittens leisten die theoretischen Überlegungen zur Wissensmobilität zwischen Industrie- und Schwellenländern einen Beitrag zum Verständnis der Wirkungen der Globalisierung.

Das vorliegende Kapitel ergänzt die Ausführungen aus Kapitel 3.1, das die räumliche Wissensdiffusion ohne explizite Berücksichtigung der daran beteiligten Unternehmen vorgestellt hat. Während in Kapitel 3.1 der Begriff der Wissensdiffusion im Vordergrund stand, wird die im Folgenden skizzierte Diskussion von den Begriffen Wissenstransfer, Spillover und Absorption geprägt. Die Betrachtung des intraregionalen Wissensaustauschs und seiner Folgen erfolgt als Teil der Ausführungen von Kapitel 5.5.

Die internationale Wissensmobilität vollzieht sich über unterschiedliche Transferkanäle, durch unterschiedliche Transfermechanismen und in unterschiedlichen Organisationsformen. Die einzelnen Kanäle, Mechanismen und Organisationsformen lassen sich oftmals nicht exakt voneinander trennen und treten in typischen Kombinationen auf (*S. Lall*, 1993, S. 95; *M. Blomström* und *A. Kokko*, 2001, S. 439). Sie lassen sich nach ihrem Steuerungsverfahren – marktgesteuert oder nicht marktgesteuert – und nach der Rolle der Wissensgeber – aktiv oder passiv – unterscheiden (*L. S. Kim*, 1991, S. 224).

Tabelle 5.3: Kanäle, Organisationsformen und Mechanismen der Wissensmobilität

	Aktive Wissensgeber	Passive Wissensgeber
Marktge-steuert	Direktinvestitionen, Lizenzvergabe, schlüsselfertige Fabriken, technische Beratung, Export kundenspezifischer Maschinen	Export von nicht kundenspezifischen Maschinen
Nicht Marktge-steuert	Technische Hilfe für Kunden oder Zulieferer unabhängig von Kaufaufträgen	Kopie, Imitation, Reverse Engineering, Marktbeobachtung, Auswertung von Publikationen und technischen Anleitungen

Eigene Darstellung nach *L. S. Kim*, 1991, S. 224; *I. Liefner*, 2006, S. 51

Bei marktgesteuerter Wissensmobilität erhält der Wissensgeber eine monetäre Gegenleistung für das von ihm transferierte Wissen, bei nicht marktgesteuerter Mobilität in der Regel nicht. Aktive Wissensgeber kontrollieren die Anwendung ihres Wissens durch den Wissensempfänger, während passive Wissensgeber keinen Einfluss auf die Verwendung ihres Wissens nehmen (*L. S. Kim*, 1991, S. 223-224). Im

Fall des marktgesteuerten und aktiven Transfers (Tabelle 5.3, Zelle 1) erhält der Wissensgeber beispielsweise die Gewinne seiner Tochterfirmen im Ausland, Lizenzeinnahmen oder Erlöse aus dem Verkauf von kundenspezifischen Investitionsgütern (schlüsselfertige Fabriken, Maschinen, technische Beratung). Bei marktgesteuertem und passivem Transfer (Zelle 2) erzielt der Wissensgeber Erlöse aus dem Verkauf von nicht kundenspezifischen Investitionsgütern. Auch diese Investitionsgüter, z. B. standardisierte Maschinen, werden zur Wissensmobilität gerechnet, da das in ihnen enthaltene technische Wissen (*embodied technology*) den Wissensbestand des Käufers erhöhen kann. Bei nicht marktgesteuertem aber aktivem Wissenstransfer (Zelle 3), z. B. technischer Hilfe für potentielle Geschäftspartner, sind monetäre Erträge für den Wissensgeber allenfalls langfristig zu erwarten, wenn die geleistete Unterstützung eine spätere erfolgreiche Zusammenarbeit erlaubt. Bei nicht marktgesteuerter, passiver Wissensmobilität (Zelle 4) kann der Wissensgeber weder die Verwendung seines Wissens kontrollieren, noch daraus Erträge erzielen. Dies gilt beispielsweise für Produktimitation und *Reverse Engineering*, den Nachbau existierender Produkte durch andere Unternehmen.

Die in Tabelle 5.3 genannten Kanäle des Wissenstransfers haben mit dem Übergang zur wissensbasierten Gesellschaft in ihrer Bedeutung für die Wissensmobilität in Richtung der Schwellen- und Entwicklungsländer zugenommen (*S. Lall*, 1993, S. 95). Vermutlich ist marktgesteuerter Wissenstransfer für die qualitativ und quantitativ bedeutendsten Wissensströme verantwortlich. Dies gilt vor allem für Direktinvestitionen (*H. Pack* und *K. Saggi*, 1997, S. 83; *D. C. Mowery und J. E. Oxley*, 1995, S. 71-75) aber auch für den Wissenstransfer durch Investitionsgüter (*D. C. Mowery* und *J. E. Oxley*, 1995, S. 76-77). Jedoch ist der Umfang der weltweiten Wissensmobilität nicht zuverlässig messbar (*M. Blomström* und *A. Kokko*, 2001, S. 439).

5.4.1 Internationaler Wissenstransfer in multinationalen Unternehmen

Der Wissenstransfer zwischen den Betrieben eines multinationalen Unternehmens verursacht Kosten, da er von persönlichen Kontakten abhängt und auf die Effektivität der zwischenmenschlichen Kommunikation angewiesen ist (*K. J. Arrow*, 1969, S. 32-34). Der Wissensgeber muss sein Wissen kodifizieren, das heißt in eine allgemein verständliche Form (Sprache, Modell, Zeichnung) übertragen. Der Wissensempfänger muss es in seinen Wissens- und Kenntnisstand und sein Arbeitsverhalten integrieren. Die Kosten dieses Prozesses hängen maßgeblich von der Frequenz und Intensität persönlicher Kontakte ab. Aufgrund relativ seltenerer und teurerer Kontakte ist internationaler Wissenstransfer daher in der Regel teurer als ein Transfer innerhalb nationaler Grenzen (*K. J. Arrow*, 1969, S. 34). Diesen Gedanken präzisiert *D. J. Teece* (1977, S. 245) folgendermaßen: teuer ist nicht der Wissenstransfer durch die Weitergabe von Investitionsgütern (*embodied technology*), sondern die Weitergabe desjenigen Wissens, das nicht in physischen Produkten gebunden ist. Es handelt sich um das Wissen über Organisation, Betrieb, Qualitätskontrolle und Fertigungsprozeduren (*unembodied technology*; *D. J. Teece*, 1977, S. 245). *G.*

Szulanski (1996, S. 28) führt weiter aus, dass es sich beim Wissenstransfer um die Übertragung einer überlegenden Praxis bzw. Routine der innerbetrieblichen Wissensnutzung handelt. Solche Routinen sind unter anderem vom *Tacit Knowledge* einzelner Individuen und Arbeitsgruppen geprägt. Ihre Weitergabe hängt von den einbezogenen Personen ab und ist mit dem Aufbau von Erfahrungswissen beim Empfänger verbunden. Den Grad, zu dem Wissen an einen Ort gebunden und nur kostspielig zu transferieren ist, bezeichnet *E. von Hippel* (1994) als Klebrigkeit (*stickiness*), das ortsgebundene Wissen selbst als klebriges Wissen (*sticky knowledge*).

Das im Folgenden vorgestellte Grundmodell des Wissenstransfers in multinationalen Unternehmen erklärt die Effektivität des Intraunternehmenstransfers von *Unembodied Technology* bzw. *Sticky Knowledge*. Es besagt, dass der Wissenstransfer von einem Mutterunternehmen an sein Tochterunternehmen von insgesamt sechs Einflussgrößen abhängt, der Art des zu transferierenden Wissens, dem Kontext des Wissenstransfers, den Fähigkeiten und der Motivation des Mutterunternehmens (des Wissensgebers) sowie den Fähigkeiten und der Motivation des Tochterunternehmens (des Wissensempfängers). Die meisten Arbeiten zu diesem Grundmodell betrachten den Fall eines technologisch überlegenen Mutterunternehmens im Industrieland und eines technologisch rückständigen Tochterbetriebs im Schwellenland. Es wird davon ausgegangen, dass das Mutterunternehmen sämtliches Wissen an die Tochterfirma transferieren möchte, das diese für den Aufbau einer ertragreichen Geschäftstätigkeit benötigt (*D. J. Teece*, 1977, S. 245). Das Modell ist jedoch ebenso auf die umgekehrte Transferrichtung – und damit auf das Motiv der Wissenssuche – anwendbar.

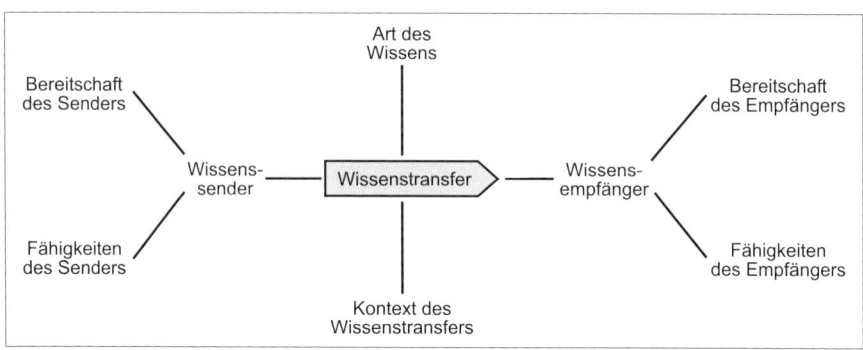

Abbildung 5.5. Grundmodell des Wissenstransfers in multinationalen Unternehmen (Verändert nach *S. Young* und *P. Lan* (1997, S. 671), *P. Wang* et al. (2004, S 174) und *G. Szulanski*, 1996)

Die sechs in Abbildung 5.5 aufgeführten Einflussgrößen entscheiden über die Effektivität des Wissenstransfers und damit auch über seine Kosten (*D. J. Teece*, 1977, S. 247-251). Mit dem Grundmodell sind folgende drei Hauptaussagen verbunden:
1) Die Effektivität der Übertragung von Wissen in multinationalen Unternehmen ist abhängig von den sechs in Abbildung 5.5 aufgeführten Einflussfaktoren.

2) Wissenstransfer kommt in dem Maße zustande, in dem die Erträge aus der Nutzung des Wissens durch den Empfänger die Kosten des Transfers übersteigen.

3) Die Effektivität des Wissenstransfers lässt sich durch gezielte Veränderung der sechs Einflussfaktoren verbessern.

Die einschlägige Fachliteratur diskutiert den Einfluss der sechs genannten Faktoren auf Basis einer Vielzahl empirischer Ergebnisse. Die folgenden Ausführungen orientieren sich vorrangig an der Darstellung bei *G. Szulanski* (1996, S. 30-32).

Erstens beeinflusst die Art des zu transferierenden Wissens selbst die Erfolgsaussichten seiner Weitergabe. Entscheidend für die Transferfähigkeit ist der Anteil von *Tacit Knowledge* (vgl. Kapitel 5.3.3). Beispielsweise führt die Existenz von *Tacit Knowledge* zu einer Unsicherheit darüber, welche Ressourcen, Personen oder Handlungen letztlich für die Leistungsfähigkeit oder den Erfolg einer Routine verantwortlich sind. Besteht in diesem Sinne keine vollständige Klarheit, ist es für den Wissenssender unmöglich, die zu transferierenden Wissensbestandteile exakt festzulegen. Aus Sicht des Wissensempfängers besteht dann Unsicherheit bezüglich der Nutzbarkeit des angebotenen Wissenspakets. Entsprechend gilt, dass Wissen leichter zu transferieren ist, wenn es sich bereits früher in anderen Transferkonstellationen als nutzbar erwiesen hat (*G. Szulanski*, 1996, S. 31). Somit ist davon auszugehen, dass der Transfer neuesten Wissens – bzw. noch kaum etablierter Routinen – schwieriger und teurer ist als der Transfer von älterem und etabliertem Wissen (*D. J. Teece*, 1977, S. 249).

Der Erfolg des Wissenstransfers hängt zweitens vom Kontext ab, d. h. von formalen Strukturen, innerbetrieblichen Koordinationsmechanismen und dem Verhalten der beteiligten Mitarbeiter. Ebenso beeinflusst die Qualität des Kontakts zwischen den am Transfer beteiligten Personen dessen Erfolgsaussichten. *S. Young* und *P. Lan* (1997, S. 671-672) erweitern den Begriff des Kontexts und beziehen politische Maßnahmen in Quell- und Zielland zur Unterstützung oder Unterbindung von Wissenstransfer mit ein.

Drittens, die Motivation des Wissensgebers hängt von den Erwartungen bezüglich der künftigen Verwendung des Wissens durch den Empfänger ab. Die Betriebe eines multinationalen Unternehmens stehen untereinander im Wettbewerb um Anerkennung, Gratifikationen, zukünftige Investitionen usw. Diese Tatsache kann die Bereitschaft zur Wissensweitergabe hemmen, wenn der Wissensgeber die künftige unternehmensinterne Konkurrenz des Wissensempfängers, also der ausländischer Tochterfirma, fürchtet. Dieses Argument wiegt umso schwerer, wenn der Schutz geistigen Eigentums am Standort des Wissensempfängers nicht hinreichend gewährleistet ist und mit einer Weitergabe des Wissens an konkurrierende Unternehmen gerechnet werden muss (vgl. *P. Wang* et al., 2004, S. 176). In solchen Konstellationen wird der Wissenssender primär älteres, technologisch etabliertes und für die zukünftige Entwicklung nicht entscheidendes Wissen weitergeben (*H. Pack* und *K. Saggi*, 1997, S. 90).

Viertens, die Fähigkeiten des Wissenssenders, sein Wissen in geeigneter Form zu vermitteln, werden von verschiedenen Faktoren bestimmt, vor allem von seiner

Erfahrung mit früheren Transferprozessen sowie durch die Verfügbarkeit entsprechend geschulter und räumlich mobiler Mitarbeiter, die zudem fundierte Sprachkenntnisse und kulturelles Einfühlungsvermögen besitzen (vgl. *P. Wang* et al., 2004, S. 174-175). Daher wird großen und älteren Mutterunternehmen üblicherweise eine größere Transferfähigkeit zugesprochen (*D. J. Teece*, 1977, S. 248).

Die fünfte und sechste Determinante sind die Motivation und die Fähigkeiten des Wissensempfängers. Die Motivation zur Wissensaufnahme kann durch unterschiedliche Faktoren beeinträchtigt werden. Dazu gehören zum Beispiel eine bewusste oder unbewusste Ablehnung von Routinen, die andere entwickelt haben (›*Not invented here*‹-Syndrom) oder eine Skepsis gegenüber der Zuverlässigkeit des Wissenssenders (*G. Szulanski*, 1996, S. 31). Beim Wissenstransfer in Schwellen- oder Entwicklungsländer tritt zudem die Situation auf, dass das dortige Personal die Notwendigkeit zur Wissensaneignung – verbunden mit den entsprechenden Lernkosten – verkennt, da die Produktion von Gütern für den lokalen Markt kein zusätzliches Wissen erfordert (*I. Liefner*, 2006, S. 64).

Die Fähigkeit einer Tochterfirma zur Wissensaneignung wird oftmals in Verbindung mit dem von *W. M. Cohen* und *D. A. Levinthal* (1989) geprägten Begriff der Absorptionskapazität (*absorptive capacity*) diskutiert (*P. Wang et al.*, 2004, S. 177-178). Absorptionskapazität ist die Fähigkeit eines Betriebs, Wissen von außen aufzunehmen und in den eigenen Geschäftsprozess zu integrieren. Diese Fähigkeit hängt vorrangig vom Humankapitalbestand und den Forschungs- und Entwicklungsaktivitäten des betrachteten Betriebs ab. Letztere Aktivitäten ermöglichen nicht nur die eigene Entwicklung neuer Produkte und Prozesse. Sie schaffen gleichzeitig die internen Voraussetzungen, die Relevanz neuen Wissens zu erkennen, es in den eigenen Wissensbestand zu integrieren und für zukünftige Geschäftsprozesse nutzbar zu machen (*W. M. Cohen* und *D. A. Levinthal*, 1989, S. 569-570). Neben der Ausführung eigener FuE-Tätigkeiten und dem Humankapitalbestand wird die Absorptionskapazität von Betrieben in Entwicklungs- und Schwellenländern positiv von deren Größe und Alter sowie den Persönlichkeitsmerkmalen verantwortlicher Manager beeinflusst (vgl. *D. J. Teece*, 1977, S. 250; vgl. *S. Lall*, 1993, S. 100-101). Eine zu geringe Absorptionskapazität verhindert das Verstehen, Implementieren oder Anwenden des transferierten Wissens (vgl. *K. J. Arrow*, 1969, S. 34).

Das Grundmodell des Wissenstransfers ist ein vereinfachtes Abbild der tatsächlichen Transfersituation. In der Realität sind die sechs vorgestellten Einflussgrößen nicht völlig unabhängig voneinander sondern zum Teil interdependent. Zum Beispiel beeinflussen die Fähigkeiten von Wissenssender oder Wissensempfänger die Motivation des jeweils anderen beteiligten Partners (*G. Szulanski*, 1996, S. 31). Ferner wird der Einfluss des nationalen und regionalen Umfelds sowie politischer Einflussnahme auf die Motivation und Fähigkeit zur Wissensweitergabe und –aufnahme im Grundmodell vernachlässigt. So können Schwellenländer den Aufbau größerer Absorptionskapazität in den Tochterfirmen multinationaler Unternehmen durch Investitionen in das Bildungssystem, in Grundlagenforschung, geeignete Rahmenbedingungen für Kooperationen zwischen Wissenschaft und Unternehmen usw. fördern (*S. Lall*, 1993, S. 100; *D. C. Mowery* und *J. E. Oxley*, 1995, S. 82). Derartige flankierende Maßnahmen unterstützen das *Upgrading* der Tochterfirmen multinationaler Unternehmen ebenso wie das *Upgrading* von Unternehmen, die in internationale Wertschöpfungsketten eingebunden sind.

Das Verdienst des Grundmodells besteht darin, eine umfassende Erklärung für Effektivität und Kosten des Wissenstransfers in multinationalen Unternehmen zu geben, die im Einklang mit der ressourcenbasierten Organisationstheorie steht. Die Ursachen und Wirkungen des Wissenstransfers werden nicht erklärt.

5.4.2 Spillovertheorie

Eine kontrovers geführte Diskussion erörtert die Wirkungen, die von Direktinvestitionen in Schwellen- und Entwicklungsländern auf ihr regionales wirtschaftliches Umfeld ausgehen. Bis in die 1980er Jahre dominierte in der einschlägigen Literatur und in der Entwicklungspolitik die These, Tochterfirmen multinationaler Unternehmen in Entwicklungs- und Schwellenländern leisteten nur geringe und unter Umständen per Saldo negative Beiträge zur Entwicklung (*H. Pack* und *K. Saggi*, 1997, S. 84). Die Argumentation lautete, sie entzögen der regionalen Wirtschaft die qualifiziertesten Arbeitskräfte und Kapital, und würden diese zum Nutzen der ausländischen Eigentümer einsetzen. Zudem entstände eine technologische Abhängigkeit von den Herkunftsländern der Direktinvestitionen (*H. Pack* und *K. Saggi*, 1997, S. 86). Voraussetzung für das Eintreten solcher negativer Wirkungen ist allerdings, dass die betrachteten Tochterfirmen einseitig auf ihre Mutterunternehmen ausgerichtet sind, nur in geringem Maße von Wissenstransfer profitieren oder über wenige oder keine Bezüge zu ihrem lokalen Umfeld verfügen. In der Fachliteratur werden in diesem Zusammenhang die Begriffe der verlängerten Werkbank und des Satellitendistrikts genutzt. Der Begriff verlängerte Werkbank impliziert, dass der betrachtete Betrieb die niedrigen Löhne im Zielland lediglich zur Ausführung einfacher Fertigungstätigkeiten nutzt. Der Begriff des Satellitendistrikts bezeichnet Situationen, in denen die an einem Ort befindlichen Tochterfirmen multinationaler Unternehmen nur untereinander, nicht aber mit lokalen Unternehmen kooperieren (*A. Markusen*, 1996, S. 302-307; *M. Blomström* und *A. Kokko*, 2001, S. 448).

In den letzten zwei Jahrzehnten hat sich eine andere Bewertung von Direktinvestitionen in Entwicklungs- und Schwellenländern durchgesetzt. Direktinvestitionen wird ein positiver Entwicklungsbeitrag für ihre Zielländer zugesprochen, vor allem aufgrund des damit verbundenen Wissenszuflusses[10] (*S. Lall*, 1993, S. 106; *H. Pack* und *K. Saggi*, 1997, S. 84 und 89). Aus diesem Grund bemühen sich die meis-

---

[10] Die Wirkungen von Direktinvestitionen lassen sich in direkte und indirekte Wirkungen unterteilen. Zu den direkten Wirkungen zählen zunehmende Kapitalbildung und Beschäftigung, Steuereinnahmen und zunehmende Handelsverflechtung. Die indirekten Wirkungen des Wissenszuflusses auf das Verhalten und die Leistungsfähigkeit der lokalen Unternehmen gelten jedoch langfristig als die wichtigeren (*M. Blomström* und *A. Kokko*, 2001, S. 437).

ten Staaten, Direktinvestitionen durch verschiedene Fördermaßnahmen anzulocken (*H. Görg* und *D. Greenaway*, 2004, S. 171-172).

Die dynamischen Wirkungen des Wissenstransfers auf die einheimischen Unternehmen des Ziellands sind Gegenstand der Spillovertheorie. Die Aussage der Spillovertheorie lautet, dass es den Tochterfirmen multinationaler Unternehmen nicht gelingt, ihren Wissensvorsprung gegenüber der heimischen Wirtschaft allein zum eigenen Vorteil zu nutzen. Über verschiedene Kanäle profitieren auch einheimische Unternehmen von dem ins Land transferierten neuen Wissen. Die steigenden Erträge der einheimischen Unternehmen, bzw. der Nutzen der Regionalwirtschaft im Zielland, sind aus Sicht des investierenden Unternehmens ein externer Effekt, d. h. er schlägt sich nicht in der Bilanz des multinationalen Unternehmens nieder. Diese externen Effekte werden als Spillover bezeichnet (*M. Blomström* und *A. Kokko*, 1998, S. 284 und 2001, S. 439; *H. Görg* und *D. Greenaway*, 2004, S. 173; *D. C. Mowery* und *J. E. Oxley*, 1995, S. 78-79). Der Begriff des Spillover wird in der einschlägigen empirischen Literatur seit den späten 1970er Jahren verwendet (*H. Görg* und *D. Greenaway*, 2004, S. 176).

Die Argumentation der Spillovertheorie fußt auf den Aussagen der ressourcenbasierten Organisationstheorie und des eklektischen Paradigmas (vgl. *H. Görg* und *D. Greenaway*, 2004, S. 172-173). Die Direktinvestition wird auf einen Wissensvorsprung des multinationalen Unternehmens gegenüber den einheimischen Firmen zurückgeführt. Zusätzlich müssen Marktunvollkommenheiten dafür sorgen, dass das Wissen nicht direkt an Lizenznehmer im Zielland transferiert oder der Zielmarkt über Exporte versorgt werden kann. Kommt es aus diesen beiden Gründen zu einer Direktinvestition, werden die einheimischen Unternehmen im Zielland durch das unmittelbare Auftreten eines neuen Unternehmens in ihrem Heimatmarkt mit dessen überlegenem Wissen konfrontiert. Dabei ist es unerheblich, ob es sich bei der Direktinvestition um eine neu gegründete Tochterfirma oder etwa ein Joint Venture mit einem einheimischen Unternehmen oder um die Übernahme eines bestehenden Unternehmens handelt. In jedem Fall wird dieser Betrieb fortan mit dem überlegen Wissen des Mutterunternehmens versorgt. Infolge dessen zeichnet sich die Tochterfirma gegenüber den einheimischen Firmen durch überlegende Produkte, Produktionsprozesse oder Organisation aus.

Die Spillovertheorie erklärt die Auswirkungen des Markteintritts der Tochterfirma auf die einheimischen Unternehmen. Dabei lassen sich laut *M. Blomström* und *A. Kokko* (2001, S. 439) zwei Arten von Spillover-Effekten unterscheiden. Die erste Gruppe umfasst die Auswirkungen der veränderten Wettbewerbsbedingungen durch den Markteintritt des multinationalen Unternehmens. Sie sind komparativ-statischer Natur. Die zweite Gruppe umfasst die dynamischen Auswirkungen[11], die sich durch die Integration der Tochterfirma in das regionale Raumwirtschaftssystem ergeben.

---

[11] Dynamische Spillover-Effekte werden auch in anderen Konstellationen diskutiert. Eine umfangreiche Literatur beschäftigt sich z. B. mit Spillover-Effekten öffentlicher Forschungs- und Bildungseinrichtungen auf Unternehmen (z. B. *A. B. Jaffe*, 1989; *A. B. Jaffe* et al., 1993; *L. Anselin* et al., 1997; *S. Breschi* und *F. Lissoni*, 2001).

1. Der Markteintritt des multinationalen Unternehmens verändert die Wettbewerbsbedingungen im Zielland, da er die einheimischen Unternehmen der betreffenden Branche durch ein qualitativ oder preislich attraktiveres Produktangebot unter Druck setzt. Die Präsenz des neuen Wettbewerbers kann unterschiedliche Folgen haben. Zum einen ist es denkbar, dass ein Teil der einheimischen Unternehmen aufgrund unüberwindbarer Produktivitätsnachteile aus dem Markt ausscheidet. Zum anderen dürften die einheimischen Unternehmen bemüht sein, ihre Produktivität durch eine effizientere Nutzung der bestehenden Technologien und der zur Verfügung stehenden Ressourcen zu steigern. Drittens mögen sie ihrerseits nach technologischen Möglichkeiten suchen, ihre Produktivität zu verbessern. Offensichtliche Optionen sind die Imitation der Produkte oder Prozesse des multinationalen Unternehmens sowie *Reverse Engineering* (*H. Görg* und *D. Greenaway*, 2004, S. 173; *D. C. Mowery* und *J. E. Oxley*, 1995, S. 79). Die Erhöhung der Produktivität der einheimischen Unternehmen der gleichen Branche ist daher der primäre Effekt, den der Wettbewerbsdruck des multinationalen Unternehmens auslöst (*M. Blomström* und *A. Kokko*, 2001, S. 440). Dieser Effekt kann auf sich auf vor- und nachgelagerte Branchen ausdehnen.

2. Mit dem Markteintritt des multinationalen Unternehmens setzt ein Wissenstransfer an seinen lokalen Tochterbetrieb ein. Das multinationale Unternehmen wird bemüht sein, den Abfluss dieses Wissens an lokale Wettbewerber zu verhindern, um der eigenen Tochterfirma dessen exklusive Nutzung und die daraus entstehenden Wettbewerbsvorteile zu sichern. Dafür stehen unterschiedliche Maßnahmen zur Verfügung, z. B. die Beantragung von Patentschutz im Zielland. Dennoch gelingt es niemals, den Abfluss des Wissens in die lokale Wirtschaft vollständig zu unterbinden (*M. Blomström* und *A. Kokko*, 2001, S. 440). Die einheimischen Wettbewerber können diejenigen Wissensbestandteile, die zu ihnen abfließen, für eigene Lernprozesse, den Aufbau weiterer Absorptionskapazität und die Verbesserung der eigenen technologischen Fähigkeiten nutzen.

Die Spillover-Effekte sorgen somit für eine Verbesserung der Produktivität und der technologischen Fähigkeiten der einheimischen Wirtschaft.

Zur Einschätzung des Ausmaßes und der Effektivität der Spillovereffekte bedarf es einer Betrachtung der Leistungsfähigkeit derjenigen Prozesse, die den unbeabsichtigten Wissensabfluss hervorrufen. Diese Prozesse sind Gegenstand zahlreicher empirischer Untersuchungen (für eine Zusammenstellung empirischer Ergebnisse siehe *H. Görg* und *D. Greenaway*, 2004, S. 177-178). Laut *M. Blomström* und *A. Kokko* (2001, S. 442-447) wird der Wissensabfluss vor allem durch die Vernetzung mit einheimischen Firmen, die Qualifizierung des Personals sowie durch Demonstrationseffekte hervorgerufen (vgl. *M. Blomström* und *A. Kokko*, 1998, S. 288-295; *M. Blomström* et al., 2001, S. 44-49).

a) Vernetzung mit einheimischen Firmen
    Einen effektiven Mechanismus für unbeabsichtigten Wissensabfluss stellen
    Verbindungen zu einheimischen Unternehmen dar. In den meisten Fällen sind
    die Tochterfirmen der multinationalen Unternehmen über vertikale Koopera-
    tion, d.h. Zulieferer- und Abnehmerbeziehungen, mit einheimischen Firmen
    verbunden. Die Intensität dieser vertikalen Verbindungen variiert von reiner
    Markttransaktion bis hin zu enger technologischer Kooperation. Je nach In-
    tensität der Vernetzung eröffnen sich für die einheimischen Firmen mehr oder
    weniger Möglichkeiten, mit dem Produkt-, Prozess- und Organisationswissen
    der Tochterfirma in Kontakt zu kommen und sich dieses anzueignen. Zudem
    ist davon auszugehen, dass die Tochterfirmen von ihren lokalen Partnern das
    Einhalten hoher Qualitätsstandards verlangen, was entsprechende Verbesse-
    rungsanstrengungen bei den Partnern hervorruft. Spillover sind ferner im
    Zuge direkter Unterstützung von Tochterfirmen an einheimische Partner zu
    erwarten. Derartige Unterstützung kann sich beispielsweise auf die Aufnahme
    der Produktion, das Erreichen von Qualitätsstandards, die Beschaffung von
    Rohmaterialien und Zwischenprodukten oder die Verbesserung von Manage-
    mentkapazitäten erstrecken (*M. Blomström* und *A. Kokko*, 2001, S. 442-444).
b) Qualifikation der einheimischen Beschäftigten
    Die Tochterfirmen multinationaler Unternehmen beschäftigen üblicherweise
    in großem Umfang einheimische Mitarbeiter. Lediglich Leitungspositionen in
    Verwaltung und Produktion sind oftmals für Führungskräfte aus dem Hei-
    matland des multinationalen Unternehmens reserviert. Deren Anteil sinkt je-
    doch mit dem Alter der Tochterfirma. Multinationale Unternehmen engagie-
    ren sich in der Qualifikation ihres einheimischen Personals, um diesem die
    Aufnahme des neuen Wissens und den reibungslosen Umgang mit Produkten
    und Prozessen zu ermöglichen. Die entsprechenden Trainingsmaßnahmen be-
    ziehen sich auf technische und organisatorische Fähigkeiten. Solche Maßnah-
    men zur betriebsinternen Bildung von Humankapital sind in Schwellen- und
    Entwicklungsländern von besonderer Bedeutung, da das einheimische Bil-
    dungssystem oftmals nicht in der Lage ist, die Beschäftigten mit allen nötigen
    Vorkenntnissen auszustatten. Die Fluktuation der Beschäftigten und insbe-
    sondere der Wechsel von ausgebildetem Personal zu einheimischen Unterneh-
    men der gleichen Branche sorgt unvermeidlich für einen Wissensabfluss (*M.
    Blomström* und *A. Kokko*, 2001, S. 444-445). Dieser dürfte besonders effektiv
    sein, da Beschäftigte an sie gebundenes *Tacit Knowledge* mitnehmen.
c) Demonstrationseffekte
    Generell konfrontiert der Markteintritt multinationaler Unternehmen die ein-
    heimischen Firmen mit neuen Produkten oder Arbeitsweisen. Das Kennenler-
    nen der neuen Produkte oder Arbeitsweisen kann einheimische Unternehmen
    zu Verhaltensänderungen veranlassen. Solche Spillover durch Demonstrations-
    effekte sind allerdings schwierig von den unter Punkt 1 aufgeführten Wirkun-
    gen des verschärften Wettbewerbs zu trennen. Demonstrationseffekte dürften

mit dem technologischen Abstand zwischen dem Herkunftsland des multinationalen Unternehmens und dem Zielland der Direktinvestition zunehmen, da sich die Chance vergrößert, dass einheimische Unternehmen mit sichtbar Neuem konfrontiert werden (*M. Blomström* und *A. Kokko*, 2001, S. 445-447).

Die Kritik an der Spillover-Theorie konzentriert sich auf deren mangelhafte empirische Bestätigung: Untersuchungen von Spillover-Effekten zeigen gemischte Resultate. Zwar gelingt es vielfach, positive Spillover-Effekte durch vertikale Kooperation und Qualifikationsmaßnahmen nachzuweisen. Manche Studien kommen allerdings zum gegenteiligen Ergebnis (*H. Görg* und *D. Greenaway*, 2004, S. 177-178). Die Wirksamkeit von Spillover-Effekten hängt danach nicht nur von den genannten Prozessen des Wissensabflusses ab. Eine große Bedeutung kommt wiederum der Absorptionskapazität der einheimischen Unternehmen zu. Geringe Absorptionskapazität behindert zwar nicht den Wissensabfluss aber sehr wohl die Aufnahme und Nutzung des Wissens durch einheimische Unternehmen (*H. Görg* und *D. Greenaway*, 2004, S. 180). Deren Absorptionskapazität ist wiederum vom Entwicklungsstand des regionalwirtschaftlichen Umfelds abhängig, z. B. vom Bildungstand der Bevölkerung (*D. C. Mowery* und *J. E. Oxley*, 1995, S. 82). Ein Überschätzen der positiven Wirkungen von Spillover-Effekten in der Theorie kann auch aus zu optimistischen Annahmen bezüglich des Ausmaßes und der Qualität des Wissens resultieren, das an die Tochterfirmen transferiert wird. Zum Beispiel weist *S. Lall* (1993, S. 103) darauf hin, dass Mutterunternehmen oftmals nicht die Routinen vermitteln, die zur Entwicklung neuer Ideen führen, sondern lediglich die Ergebnisse abgeschlossener Forschungsprozesse.

Eine wichtige Einflussgröße stellen politische Maßnahmen zur Maximierung von Spillover-Effekten durch die Regierung des Ziellands dar, sogenannte Verhaltensvorschriften für Direktinvestitionen (*performance requirements; trade-related investment measures*). Dazu gehören *Local-content*-Vorschriften, die festlegen, dass Tochterunternehmen einen bestimmten Mindestanteil der eingesetzten Vorprodukte von einheimischen Firmen beziehen müssen, Vorschriften zu einer Mindestbeteiligung nationaler Eigentümer, Vorschriften zur Zahl der geschaffenen Arbeitsplätze, zur maximal zugelassenen Anzahl ausländischer Arbeitskräfte (*Expatriate*-Quoten) und zur Besetzung von Management-Positionen durch einheimische Arbeitskräfte sowie Vorschriften, nach denen die Tochterfirmen Forschung und Entwicklung durchzuführen haben und gegebenenfalls eine vorab spezifizierte Technologie einsetzen müssen (*H. Görg* und *D. Greenaway*, 2004, S. 189; *D. C. Mowery* und *J. E. Oxley*, 1995, S. 85). Diese Maßnahmen zielen entweder auf die Vergrößerung des Wissenstransfers an die Tochterfirma oder auf die Effektivierung der Spillover-Kanäle. Vergleichende Untersuchungen belegen, dass multinationale Unternehmen auf derartige Vorschriften tendenziell abwehrend reagieren und versuchen, den Wissenstransfer auf ein Minimum zu beschränken (vgl. *J. Enos* et al., 1997). Politische Maßnahmen zur Verbesserung der Absorptionskapazität der einheimischen Wirtschaft sind daher erfolgversprechender (*H. Görg* und *D. Greenaway*, 2004, S. 189; *S. Lall*, 1993, S. 100-102).

5.4.3 Absorptionsstufentheorie

Zu den Absorptionstheorien zählen Konzepte und Theorieansätze, die den internationalen Wissensstrom in Richtung der Unternehmen in Schwellen- und Entwicklungsländern als einen aktiven Prozess der Wissensaneignung verstehen. Diese Ansätze argumentieren induktiv und nehmen Bezug auf die Entwicklungsverläufe ausgewählter Unternehmen aus Korea und Taiwan (z. B. *J. A. Mathews*, 2002; *S.-L. Tsai*, 2002). Zu den untersuchten Unternehmen gehören erfolgreiche Firmen aus der Elektronik- und Halbleiterindustrie, z. B. Samsung, LG, Hyundai Electronics, Acer, TSMC und UMC (*J. A. Mathews*, 2002, S. 469-470). Die Absorptionstheorien fügen sich gedanklich in die ressourcenbasierte Organisationstheorie und das Konzept der Wertschöpfungsketten ein (vgl. *J. Humphrey* und *H. Schmitz*, 2002).

Im Folgenden wird die Absorptionsstufentheorie von *John A. Mathews* vorgestellt, auch bezeichnet als LLL-Ansatz (*J. A. Mathews*, 2002, 2006). Die Absorptionsstufentheorie besagt, dass bestimmte Unternehmen aus Entwicklungs- und Schwellenländern ihre Wissensbasis durch aktive Wissensabsorption von Geschäftspartnern vergrößern. Die Absorption ist das Ergebnis eines dreistufigen Prozesses, bestehend aus Vernetzung, Wissenstransfer und Lernen. Sie ermöglicht zunächst ein *Upgrading*, langfristig jedoch auch das eigenständige Hervorbringen von Innovationen. Den Unternehmen gelingt es, ihre anfänglich durch extreme Ressourcenarmut gekennzeichnete Situation in das Gegenteil zu verkehren (*J. A. Mathews*, 2002, S. 468).

Im Mittelpunkt der Absorptionsstufentheorie steht das Verhalten von sogenannten *Latecomer*-Firmen in Entwicklungs- und Schwellenländern, die einen Prozess der nachholenden Entwicklung durchlaufen. Der Begriff der nachholenden Entwicklung wurde zunächst verwendet, um das Verhalten von Volkswirtschaften zu charakterisieren, die einen ursprünglich vorhandenen technologischen Rückstand zunächst aufholen und später in einen Vorsprung verwandeln. Ein Beispiel ist das technologische Aufholen des Deutschen Reiches gegenüber Großbritannien im 19. Jahrhundert (*A. Gerschenkron*, 1962). Erkenntnisse aus dem technologischen Aufholen von Volkswirtschaften lassen sich auf Unternehmen übertragen (*J. A. Mathews* und *D.-S. Cho*, 1999, S. 141). *Latecomer*-Firmen zeichnen sich nach *J. A. Mathews* (2002, S. 472) durch folgende vier Merkmale aus:

– Sie treten erst spät in eine Branche ein, in der es bereits etablierte Unternehmen gibt. Der verspätete Markteintritt ist jedoch nicht Resultat strategischer Entscheidungen sondern das zwangsläufige Ergebnis der historischen Wirtschaftsentwicklung der Heimatländer der *Latecomer*-Firmen.
– Sie leiden zunächst unter Ressourcenarmut, ihnen fehlt es an technologischem Wissen und Marktzugang.
– Ihr vorrangiges strategisches Ziel ist das technologische Aufholen (vgl. *J. Humphrey* und *H. Schmitz*, 2002, S. 1024).
– Zu den anfänglich bestehenden Wettbewerbsvorteilen der *Latecomer*-Firmen zählt ihre Fähigkeit, zu niedrigen Kosten zu produzieren. Diesen Vorteil nutzen sie zum Eintritt in die ausgewählte Branche.

Gegenüber den etablierten Unternehmen aus Industrieländern, die Branchen aufgrund ihres frühen Markteintritts, ihrer technologischen Kompetenz und Marktmacht dominieren, sind die *Latecomer*-Firmen aufgrund ihres verspäteten Markteintritts zunächst in einer schwachen Position. Sie können ihren verspäteten Markteintritt jedoch nutzen, um sich sehr rasch neueste technologische Standards zu eigen zu machen, ohne den kompletten, langjährigen Entwicklungsprozess der Branche durchlaufen zu müssen. Die älteren und etablierten Unternehmen der Branche lernen sehr wahrscheinlich langsamer, da sie im Laufe ihrer Entwicklung eine gewisse organisatorische Unbeweglichkeit entwickelt haben (*J. A. Mathews*, 2002, S. 470)[12].

Anfängliche Kostenvorteile in der Produktion und ausgeprägte Lernfähigkeit erlauben es den *Latecomer*-Firmen, die ortsverteilte und vernetzte Produktion in ihrer Branche zu ihrem Vorteil zu nutzen. Dies geschieht durch gezielte Vernetzung, Wissenstransfer und Lernen (*J. A. Mathews*, 2002, S. 476-480).

1. Gezielte Vernetzung (*Linkage*)
   Die Aufspaltung der Produktion in einzelne Teilaktivitäten und Schritte der Wertschöpfungskette führt einerseits zu vermehrten Markttransaktionen und andererseits zu engeren Formen der Vernetzung von Geschäftspartnern, die an der Herstellung eines Produkts beteiligt sind. Mit gezielter Vernetzung ist das Eingehen von engeren Formen der Vernetzung mit solchen Partnern gemeint, die länger etabliert sind und über größeres technologisches Wissen verfügen. Ein derartiger Kontakt ist z. B. die Auftragsfertigung einfacher Bauteile zu möglichst niedrigen Preisen, d. h. das Übernehmen ausgelagerter Produktionsaktivitäten im Fall von Outsourcing und OEM. Alternativ kann eine *Latecomer*-Firma als Zulieferer dazu dienen, *Local-Content*-Vorschriften für Tochterfirmen von multinationalen Unternehmen zu erfüllen. Eine dritte Möglichkeit der Vernetzung stellt die Produktion als Lizenznehmer etablierter Unternehmen dar. Wann immer das strategische Anliegen des etablierten Unternehmens (z. B. Konzentration auf Kernkompetenz oder Kostensenkung durch Outsourcing) komplementär ist zum strategischen Ziel der *Latecomer*-Firma (Aufholen des technologischen Rückstands durch Integration in Wertschöpfungsketten), gelingt diesem der Eintritt in die gewählte Branche und das Eröffnen von Gelegenheiten zur Wissensaufnahme (z. B. durch Spillover-Effekte).

2. Wissenstransfer (*Leverage*)
   Die Vernetzung mit technologisch überlegenen Unternehmen eröffnet den *Latecomer*-Firmen den Zugang zu bestimmten Wissensbeständen der kooperierenden Partner. Der sich daraus entwickelnde Wissenstransfer ist jedoch

---

[12] Dieses Argument bildet den Kern der Leapfrogging-Hypothese. Diese besagt, dass Unternehmen, Regional- und Volkswirtschaften, die einen technologischen Entwicklungsrückstand haben, diesen in einen Vorteil umwandeln können. Voraussetzung ist das Überspringen bestimmter technologischer Entwicklungsstufen (*L. Soete*, 1985, 1990).

nicht primär das Resultat der Anstrengungen des überlegenden Partners[13] sondern das Ergebnis der strategischen Aktivitäten der *Latecomer*-Firma. Diese arrangiert die Kooperation derart, dass sie mit denjenigen Wissensbeständen in Kontakt kommt, die sie verarbeiten und in den eigenen Wissensbestand integrieren kann. Die aktive Aneignung desjenigen Wissens, dass exakt zum Bedarf und zu den Fähigkeiten der *Latecomer*-Firma passt, ist vom überlegenen Unternehmen als bewusste oder unbewusste Gegenleistung für den Zugriff auf kostengünstige Produktionskapazitäten in Kauf zu nehmen. Der Prozess der Wissensaneignung (*resource leverage*) ist entscheidend für den erfolgreichen Eintritt von *Latecomer*-Firmen in etablierte und technologisch weit entwickelte Branchen.

3. Lernen (*Learning*)
Die Wissensabsorption, verstanden als Integration des neuen Wissens in den eigenen Wissensbestand, ist das Ergebnis von Lernprozessen der *Latecomer*-Firma. Das Lernen ermöglicht die Ausweitung des Wissensbestands und infolgedessen das Eingehen neuer Netzwerkbeziehungen mit qualitativ höherem Anspruch und der Gelegenheit zur Aneignung neuer, qualitativ höherwertiger Wissensbestände. Das mehrmalige Wiederholen der Absorptionsstufen *Linkage*, *Leverage*, *Learning* (LLL) führt somit zu einem nachhaltigen und tiefgreifenden Aufbau von Wissen auf Seiten der *Latecomer*-Firma. Deren Fähigkeit zur Wissensabsorption hängt von der Absorptionskapazität ab (*W. M. Cohen* und *D. A. Levinthal*, 1989). Letztere wächst dynamisch mit jedem qualitativen Fortschritt in der Art der Vernetzung. Angesichts der Tatsache, dass *Latecomer*-Firmen in etablierten Branchen wachsen, handelt es sich beim Lernen vorrangig um das Einfügen von Wissensbausteinen aus dem technologisch-organisatorischen Repertoire der Branche in das eigene Unternehmen. Das Lernen der *Latecomer*-Firmen wird aktiv vom nationalen Umfeld ihrer Heimatländer (z. B. Südkorea, Taiwan) unterstützt.

Das mehrmalige Durchlaufen dieser Absorptionsstufen führt zu einem erheblichen Wissenszuwachs bei den absorbierenden Firmen, die ihren ursprünglichen Zustand der Ressourcenarmut hinter sich lassen. Jedoch wird der Aufbau ihres Wissensbestands von den Charakteristika des absorbierten Wissens geprägt. Die Absorptionsstufentheorie besagt, das *Latecomer*-Firmen auf die Aneignung von Wissensbeständen zielen, die erstens nicht einzigartig sind, zweitens leicht imitierbar sind, z. B. durch *Reverse Engineering*, und drittens leicht transferierbar sind (*J. A. Mathews*, 2002, S. 481-483). Das erste Kriterium (Nicht-Einzigartigkeit) bezieht sich auf die Tatsache, dass *Latecomer*-Firmen nur in Branchen mit etablierten technologischen Standards eine Chance haben, ihr rasches Lernvermögen auszu-

---

[13]   Beispiele hierfür wurden im Zusammenhang mit *Upgrading* in Wertschöpfungsketten (Kapitel 5.3.2), mit Wissenstransfer in multinationalen Unternehmen (Kapitel 5.4.1) und Spillover-Effekten (Kapitel 5.4.2) diskutiert.

nutzen. In diesem Fall besteht das zu absorbierende Wissen aus den Bausteinen einer etablierten Produkt- und Prozesstechnologie, die von den führenden Unternehmen über Jahre oder Jahrzehnte entwickelt wurde, mit fortschreitender Standardisierung aber allgemein akzeptiert und verfügbar wird. Ein Beispiel ist die Halbleiterbranche (*J. A. Mathews*, 2002, S. 482). Das Einfügen dieser Bausteine in den eigenen Wissenskontext verlangt nach einer bestimmten Form der Lernkompetenz, der sogenannten Kombinationsfähigkeit (*combinative capability*; *J. A. Mathews* und *D.-S. Cho*, 1999; *J. A. Mathews*, 2002, S. 479; *B. Kogut* und *U. Zander*, 1992). Die Kriterien der Imitierbarkeit und Transferfähigkeit sind erfüllt, wenn *Tacit Knowledge* eine geringe Bedeutung hat und demzufolge die erfolgskritischen Wissensbestände identifiziert werden können und kodifizierbar sind. *Reverse Engineering* steht unter diesen Umständen als Mittel der Wissensaneignung zur Verfügung. Auch Imitierbarkeit und Transferierbarkeiten sind eng mit dem Alter und dem Grad der technologischen Standardisierung der branchendominierenden Technologie verbunden.

Damit unterscheidet sich das Wissen, auf dessen Absorption *Latecomer*-Firmen mit ihrer Absorptionsstrategie zielen, fundamental von demjenigen Wissen, das die Kernkompetenz der technologisch führenden Unternehmen bildet (*J. A. Mathews*, 2002, S. 481). Die technologisch führenden Unternehmen bauen ihre Kernkompetenz auf die Einzigartigkeit, Nicht-Imitierbarkeit und Nicht-Transferierbarkeit ihres Wissens und die damit verbundene Innovationsfähigkeit auf (vgl. Kapitel 5.2). Trotz der fundamentalen Unterschiede zwischen dem von *Latecomer*-Firmen absorbierten Wissen und dem Wissen der technologisch führenden Unternehmen geht *Mathews* davon aus, dass erfolgreiche *Latecomer*-Firmen aus der Absorptions- und Imitationsphase hinauswachsen und selbst zu Innovatoren werden. Er verweist in diesem Zusammenhang auf die Entwicklung der führenden Elektronikunternehmen Asiens (*J. A. Mathews*, 2002, S. 484).

Der Absorptionsstufentheorie kommt das Verdienst zu, internationale Wissensflüsse von den Industrieländern in die Entwicklungs- und Schwellenländer als Prozess zu erklären, der aktiv von Unternehmen der Zielländer gesteuert wird. Damit lässt sich der technologische Aufstieg von Unternehmen aus Schwellenländern, dokumentiert z. B. von *C. A. Bartlett* und *S. Goshal* (2000) sowie *J. A. Mathews* (2006), plausibel erklären. Dies gilt vor allem für die Phase des raschen technologischen Aufholens.

Die Kritik an der Absorptionsstufentheorie konzentriert sich auf die Aussage, *Latecomer*-Firmen könnten nicht nur technologisch aufholen, sondern anschließend selbst innovative Produkte und Prozesse hervorbringen. Der Absorptionsstufenansatz erklärt nicht, wie dieser Schritt möglich sein soll, wenn nur standardisiertes, imitierbares und transferierbares Wissen aufgenommen wird. Vor diesem Hintergrund bezweifeln *J. Humphrey* und *H. Schmitz*, dass die Kooperation mit Netzwerkpartnern in Wertschöpfungsketten allein zum Aufbau einer umfangreichen technologischen Kompetenz ausreicht. Sie vermuten, dass die technologisch erfolgreichsten Firmen zusätzlich auf erhebliche Entwicklungsimpulse aus ihrem regionalen Umfeld angewiesen sind (*J. Humphrey* und *H. Schmitz*, 2002, S. 1025). Auf die Notwendigkeit flankierender innovationspolitischer Maßnahmen, z. B. Unterstützung bei der Identifikation von technologischen Standards und Hilfe beim *Reverse Engineering*, weist *Mathews* selbst hin (*J. A. Mathews*, 2002, S. 479-480; vgl. *L. S. Kim*, 1991, S. 231).

Der Übergang von der Phase der Absorption und Imitation zur Phase der Innovation ist jedoch auch aus der Absorptionstheorie heraus erklärbar, wenn eine breitere Palette an Transferkanälen betrachtet wird. Dies leistet das Konzept des *Reverse Leverage* von *Su-Lee Tsai* (2002, S. 23). *Tsai* erklärt das technologische Aufholen von Unternehmen in Schwellenländern ebenfalls mit deren Vernetzung mit führenden Unternehmen in Industrieländern. In seinem Konzept erfolgt der Wissenstransfer jedoch nicht ausschließlich durch Auftragsfertigung und OEM sondern durch zwei weitere Transferkanäle. Erstens sind die Heimatländer der erfolgreichen, technologisch aufholenden Unternehmen in der Regel auch Zielländer von Direktinvestitionen. Arbeitskräfte, die in den Tochterfirmen multinationaler Unternehmen arbeiten, verinnerlichen deren Wissen (*corporate apprenticeship*) und bringen es bei einem Wechsel zum betrachteten einheimischen Unternehmen in dessen Wissensbestand ein (*S.-L. Tsai*, 2002, S. 19-21). Der zweite, ebenso wichtige Prozess ist die Rückkehr einheimischer Arbeitskräfte, die einen Teil ihrer akademischen Ausbildung und ihrer beruflichen Laufbahn in Industrieländern verbracht haben (*reverse brain drain*; *S.-L. Tsai*, 2002, S. 16-19). Diese beiden Teilprozesse hängen eng mit der Entwicklung einer weltweit verteilten industriellen Produktion zusammen und ermöglichen das Einbringen von Erfahrungswissen und *Tacit Knowledge* in das aufholende Unternehmen.

5.4.4 Distanzkonzepte

Die drei in den Kapiteln 5.4.1 bis 5.4.3 vorgestellten Theorieansätze argumentieren auf der Grundlage unterschiedlicher Wissensbestände von Unternehmen und Regionen in Industrie- und Entwicklungsländern. Verallgemeinernd lässt sich sagen, dass sich die Wissensbestände von einzelnen Regionen tendenziell stärker unterscheiden, wenn sie räumlich weit voneinander entfernt sind. Dieser Zusammenhang gilt zwar nicht für den Bestand an kodifiziertem Wissen und Informationen, die im Internetzeitalter den Charakter von Ubiquitäten haben (*M. E. Porter,* 1998, S. 77; *P. Maskell* und *A. Malmberg*, 1999, S. 172), aber sehr wohl für *Tacit Knowledge* und spezifische Kombinationen von Wissen. Dessen Bezeichnung als klebriges Wissen unterstreicht seine räumliche Immobilität und die daraus resultierende räumliche Unterschiedlichkeit von Wissensbeständen (*E. v. Hippel*, 1994).

Die Wissensbestände entfernter Regionen gleichen sich nicht dauerhaft und umfassend an sondern divergieren gemäß folgender Argumentation (vgl. *G. G. Bell* und *A. Zaheer*, 2007, S. 957-958; *B. Uzzi*, 1996, S. 678; *K. J. Arrow*, 1969, S. 32-34). Innerhalb einer Region kommt es zu häufigen Kontakten zwischen Personen, z. B. in ihrer Funktion als Mitarbeiter von Unternehmen. Damit entstehen mehr Gelegenheiten, sich kennen zu lernen und Vertrauen aufzubauen. Auf der Basis häufiger und vertrauensvoller Zusammenarbeit kann auch nicht kodifiziertes Wissen weitergegeben werden. Es stellen sich gemeinsame Lernprozesse ein, die zur Entstehung von neuem, regionsspezifischem Wissen führen (*P. Maskell* und *A. Malmberg*, 1999; *A. Saxenian*, 1994, S. 30-37). Diese Prozesse vollziehen sich analog zu unternehmensinternen Prozessen, die zum Aufbau von Kernkompetenz führen. Über große räumliche Distanzen lassen sich die notwendigen, häufigen Kontakte jedoch nicht etablieren, Wissensmobilität und gemeinsame Lernprozesse kommen nicht in gleichem Maße zustande (*K. J. Arrow*, 1969, S. 32-34).

Diese Argumentation bildet die Grundlage vieler konzeptioneller Überlegungen zu den Vorteilen räumlicher Konzentration von ökonomischen Aktivitäten, die in Kapitel 5.5.1 bis 5.5.3 vorgestellt werden. Im Folgenden steht dagegen die Frage im Vordergrund, wie sich räumliche Unterschiede in den Wissensbeständen auf Wissenstransfer und Lernen auswirken.

Bei diesen Überlegungen wird der Begriff der räumlichen Distanz erweitert. Ein Beispiel hierfür ist das bereits genannte Konzept der psychischen Distanz. Darunter ist die Summe der Faktoren zu verstehen, die den Informationsfluss zwischen den Unternehmen zweier Länder beeinträchtigen. Dazu gehören Sprachunterschiede, Bildung, Geschäftspraktiken, Kultur und industrieller Entwicklungsstand (*J. Johanson* und *J.-E. Vahlne*, 1977, S. 24). Unterschiede in diesen Bereichen behindern die Kommunikation und damit einen effektiven Wissenstransfer. Sie verhindern die Konvergenz von interregional divergierenden Wissensbeständen.

Mit der Unterschiedlichkeit von regionalen Wissensbeständen variiert auch die Möglichkeit, vom Zugang zum Wissen anderer zu profitieren und zu lernen. Diesen Zusammenhang erörtern *Amy J. Glass* und *Kamal Saggi* (1998) mit dem Begriff der technologischen Distanz. Sie betrachten die Wechselwirkungen zwischen dem technologischen Niveau einzelner Staaten und internationalen Direktinvestitionen. Laut ihrer Argumentation verfügen die meisten Quellländer für Direktinvestitionen im industrialisierten Norden über ein erheblich höheres Technologieniveau als viele Zielländer in der südlichen Hemisphäre. Die große technologische Distanz zwischen diesen Ländern macht es den Investoren unmöglich, die neueste Technologie zu transferieren, denn die Absorptionskapazität der Zielländer würde zur Aufnahme dieses Wissens nicht ausreichen. Daher beschränken die Investoren den Technologietransfer auf ein Technologieniveau, das unterhalb des Technologieniveaus des Nordens, aber leicht oberhalb des Technologieniveaus des Südens liegt (*A. J. Glass* und *K. Saggi*, 1998, S. 372-373). Dieses mittlere Technologieniveau erlaubt einen effektiven Wissenstransfer. Ist die technologische Distanz zwischen Norden und Süden jedoch zu groß, kommt keine Direktinvestition zustande. Die Zielländer können ihre technologische Distanz zum Norden verringern, indem sie die Imitation neuer Produkte und Prozesse durch ihre einheimischen Firmen fördern und in Bildung und Wissenschaft investieren. Im Gegensatz dazu vergrößern Innovationsschübe in den Industrieländern die technologische Distanz (*A. J. Glass* und *K. Saggi*, 1998, S. 370). Das Argument der technologischen Distanz spricht dafür, dass die Beschränkung des Wissenstransfers in multinationalen Unternehmen auf ältere, etablierte Technologie nicht in erster Linie aus Sorge vor einem Wissensabfluss an potentielle Wettbewerber entspringt. Letzteres Argument ist nur dann relevant, wenn die technologische Distanz zwischen Quell- und Zielland gering ist (*A. J. Glass* und *K. Saggi*, 1998, S. 370).

Den gleichen Zusammenhang diskutieren *Bart Nooteboom* und seine Mitautoren (2007) mit dem Konzept der kognitiven Distanz. Sie betrachten die Auswirkungen unterschiedlicher Wissensbestände von Netzwerkpartnern auf die Möglichkeit, voneinander zu lernen. Ihr theoretisches Konzept ist jedoch auf viele andere Fälle von interregionalem Wissenstransfer übertragbar. Als kognitive Distanz zwischen Unternehmen definieren sie den Grad der Unterschiedlichkeit zweier Unternehmen im Hinblick auf deren organisationales Wissen und ihre Organisationskultur (*B. Nooteboom et al.*, 2007, S. 1017). Abbildung 5.6 veranschaulicht ihre Argumentation.

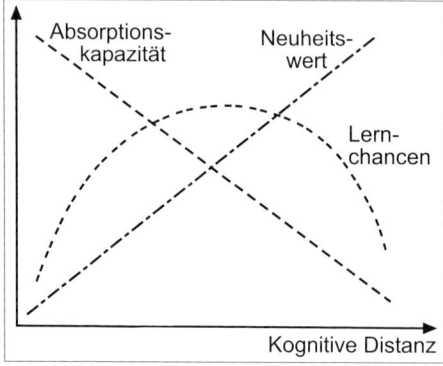

Abbildung 5.6: Optimale kognitive Distanz (*B. Nooteboom et al.*, 2007, S. 1018)

Die ansteigende Kurve, bezeichnet als Neuheitswert, verdeutlicht den positiven Einfluss zunehmender kognitiver Distanz auf die Lernchancen. Die Interaktion von Akteuren mit sehr unterschiedlichem Wissen ermöglicht es, völlig neue Wissenskombinationen zu schaffen und komplementäres Wissen zu verknüpfen. Parallelen zur Argumentation der Theorie der Strukturlücken und dem Begriff der Raumlücken (Kapitel 5.3.1) sind offenkundig. Zunehmende kognitive Distanz hat jedoch auch einen negativen Einfluss auf die Lernchancen. Bei großer kognitiver Distanz fehlt es an einer hinreichenden gemeinsamen Verständigungsbasis, um die Wissensbestände beider Partner zu verknüpfen. Die abnehmende Verständigungsmöglichkeit drückt die fallende Kurve aus, bezeichnet als Absorptionskapazität[14]. Im Sinne der Maximierung der Lernchancen ist eine mittlere kognitive

---

[14]   Die Verwendung des Begriffs Absorptionskapazität unterscheidet sich an dieser Stelle von der Begriffsverwendung, die in Kapitel 5.4.1 erläutert wurde. *B. Nooteboom et al.* (2007) sehen in der Absorptionsfähigkeit eine variable Eigenschaft eines Unternehmens, die nur in Bezug auf das zu absorbierende Wissen des Partners verstanden werden kann (vgl. *B. Nooteboom et al.*, 2007, S. 1020).

Distanz optimal, verdeutlicht durch die entsprechende Kurve. Hier ist die kognitive Distanz hinreichend groß, um dem Partner aus seiner Sicht neues Wissen anzubieten, und gleichzeitig hinreichend gering, um die Verständigung zu gewährleisten (*B. Nooteboom et al.*, 2007, S. 1017). Aus diesen Überlegungen lässt sich zudem ableiten, dass eine große kognitive Distanz vor allem für solche Partnerschaften sinnvoll ist, die auf die Entwicklung völlig neuer Ideen und Technologiefelder zielen. Partnerschaften, die auf die Nutzung von etabliertem Wissen abzielen, profitieren dagegen von geringer kognitiver Distanz (*B. Nooteboom et al.*, 2007, S. 1018).

Die Autoren um *B. Nooteboom* überprüfen den Einfluss der kognitiven Distanz am Beispiel von Partnern in strategischen Allianzen, die verschiedenen Technologiefeldern zugehören. Kognitive Distanz kann jedoch ebenso aus der Zugehörigkeit zu unterschiedlichen Sektoren oder Regionen resultieren (vgl. *B. Nooteboom et al.*, 2007, S. 1022 und 1031).

Die unterschiedlichen Distanzkonzepte leisten einen Beitrag zum Theorieverständnis der Wirtschaftsgeographie, indem sie erstens in allgemeiner Form erklären, weshalb sich Regionen in ihren Wissensbeständen unterscheiden und wie sich diese Unterschiede auf Wissenstransfer und Lernen auswirken. Zweitens weisen sie auf Prozesse der Selbstverstärkung und das Bestehen von Schwellenwerten hin. Drittens zeigen sie, welche Faktoren dafür sorgen, dass regionale Wissensbestände sich zwar tendenziell mit zunehmender räumlicher Distanz voneinander entfernen, jedoch nicht linear. So lässt sich aus diesen Ansätzen generell folgern, dass die Wissensbestände zweier Regionen, die bereits sehr unterschiedlich sind, auch weiterhin auseinanderdriften, da zwischen ihnen kein hinreichender Wissenstransfer mehr zustande kommt. Das tatsächliche Verhältnis divergierender Kräfte und solcher, die eine Angleichung der Wissensbestände fördern – der Transfer von kodifiziertem Wissen, die Vergrößerung des Humankapitalbestands in Entwicklungsländern, die Imitation von Wissen durch rückständige Wettbewerber – ist empirisch nicht umfassend geklärt.

5.5 Konzentration, Vernetzung und regionale Entwicklungsdynamik

Dieses Kapitel stellt vier Theorieansätze zur regionalwirtschaftlichen Entwicklungsdynamik in der Wissensgesellschaft vor. Die Ansätze der Industriedistrikte und Cluster (Kapitel 5.5.1) und regionalen Innovationssysteme (Kapitel 5.5.2) befassen sich mit Vorteilen, die durch die räumliche Konzentration wirtschaftlicher Aktivitäten entstehen, sowie mit deren Auswirkungen auf die Entwicklung einzelner Ballungsräume. Sie erweitern und vertiefen das in Abschnitt 2.1.1 beschriebene Konzept der Agglomerationsvorteile. Das Konzept der Geographischen Industrialisierung (Kapitel 5.5.3) und die *New Economic Geography* (Kapitel 5.5.4) betten diese Überlegungen in umfassendere Theorien zur Regionalentwicklung ein.

5.5.1 Industriedistrikte und Cluster

Das Konzept der Industriedistrikte geht auf Überlegungen des Ökonomen *Alfred Marshall* zur industriellen Organisation und den Ursachen der räumlichen Konzentration spezialisierter Industrien an bestimmten Orten zurück. Diese Überlegungen wurden im Lehrbuch *Principles of Economics* erstmals 1890 veröffentlicht (*A. Marshall*, 1961, S. 222-231). Laut *A. Marshall* (1961, S. 225) ist die Existenz von Industriedistrikten den Vorteilen der Nachbarschaft von Betrieben der gleichen Branche zu verdanken. Diese Lokalisationsvorteile bestehen in den folgenden drei Bereichen:

- Markt für spezialisierte Arbeitskräfte: Unternehmen der gleichen Branche benötigen Arbeitskräfte mit einem bestimmten Qualifikationsprofil. Die Konzentration der Unternehmen einer Branche an einem Ort schafft einen stabilen Markt für diese Qualifikationen und damit Vorteile für Unternehmen und Arbeitskräfte. Entsprechend qualifizierte Arbeitskräfte haben einen Anreiz zuzuwandern, da innerhalb des Industriedistrikts eine große und auf verschiedene potentielle Arbeitgeber verteilte Nachfrage nach ihrer Qualifikation besteht. Arbeitgeber finden innerhalb des Industriedistrikts leichter die von ihnen benötigten Arbeitskräfte.

- Spezialisierte Zuliefer- und Dienstleistungsbranchen: Die räumliche Konzentration einer bestimmten Branche schafft eine räumlich konzentrierte Nachfrage nach Vorprodukten (z. B. Rohmaterialien) und spezialisierten Dienstleistungen (z. B. Transport und Logistik). Daher bestehen im Industriedistrikt die Voraussetzungen für das lokale Entstehen entsprechender unterstützender Branchen.

- Verortetes, langfristig weitergegebenes Wissen: Das technische und organisatorische Wissen, das für die konzentrierte Branche grundlegend ist, wird im Industriedistrikt über Generationen gepflegt und weiterentwickelt. Es drückt sich unter anderem in Qualitätsstandards und Maßstäben für gute Arbeit aus, die zum gedanklichen Gemeingut werden. Erfindungen und Verbesserungsvorschläge verbreiten sich rasch und bilden in Kombination mit dem Wissen benachbarter Unternehmen im Industriedistrikt die Grundlage für kontinuierliche Innovationen.

Über die genannten Mechanismen profitieren alle Unternehmen im Industriedistrikt von ihrem Standort. Sie kommen in den Genuss von externen Effekten, die Unternehmen an Standorten außerhalb von Industriedistrikten nicht zugutekommen. Die drei genannten Lokalisationsvorteile verschaffen den Unternehmen im Industriedistrikt einerseits Kostenersparnisse und andererseits verbesserte Bedingungen für die Weiterentwicklung ihrer Produkte und Produktionsprozesse. Für den gesamten Industriedistrikt resultiert hieraus ein sich langfristig verstärkender Wettbewerbsvorteil gegenüber Regionen, die keine Lokalisationsvorteile generieren können.

Diese von *A. Marshall* entwickelten Überlegungen spiegeln die Realität der industriellen Organisation im ausgehenden 19. und beginnenden 20. Jahrhundert wider. Die von ihm beschriebenen Lokalisationsvorteile entstehen bereits ohne eine vertikale Aufspaltung des Produktionsprozesses und die damit verbundene Vernetzung von Unternehmen. Neuere Ansätze der Weiterentwicklung des Konzepts der Industriedistrikte betonen zusätzlich diejenigen Vorteile, die sich aus der räumlichen Nähe miteinander kooperierender Unternehmen ergeben. Viele dieser jüngeren Arbeiten wurden von Untersuchungen zur Industrieentwicklung im sogenannten »Dritten Italien« inspiriert (für eine Übersicht siehe *G. Beccatini* et al., 2003). Diese Arbeiten betonen die Bedeutung kooperativer Aktivitäten der Unternehmen im Industriedistrikt, die kooperationsfördernde Rolle von Unternehmerverbänden, den Beitrag staatlicher Förderprogramme und die Rolle der Gewerkschaften bei der gemeinsamen Weiterqualifikation von Arbeitnehmern (*B. Harrison*, 1992, S. 475). Diese Initiativen führen im Zusammenspiel mit räumlicher Nähe der Unternehmen zur Entstehung eines weiteren, auf den Vorteilen von Kooperation beruhenden Typs von Lokalisationsvorteilen: Räumliche Nähe ermöglicht häufige Kontakte zwischen Akteuren, die häufigen Kontakte vertiefen das Verständnis füreinander und schaffen langfristiges Vertrauen. Das entstandene Vertrauen ermöglicht es den Unternehmen im Industriedistrikt, in wechselnden Konstellationen zu kooperieren und trotz einer generell bestehenden Konkurrenz projektbezogen gemeinsam tätig zu werden (*B. Harrison*, 1992, S. 477). Industriedistrikten des »italienischen« Typs wird daher aufgrund des flexiblen Nebeneinanders von Wettbewerb und Zusammenarbeit die Fähigkeit zugeschrieben, sich rasch und erfolgreich an unsichere und sich wandelnde Technologie- und Marktbedingungen anzupassen (*G. dei Ottati*, 2003, S. 82-85; *A. Amin* und *N. Thrift*, 1992, S. 571-574). Die Vorstellung, dass vertikal desintegrierte, intern vernetzte und auf Kooperation ausgerichtete Industriedistrikte ursächlich sind für eine innovationsgetriebene Wirtschaftsdynamik, wurde auf zahlreiche andere Räume übertragen, z. B. auf Hightech-Regionen wie das Silicon Valley (*A. Saxenian*, 1994, S. 29-57).

Ann Markusen (1996) erweitert das Konzept um eine Typisierung von Industriedistrikten. Neben Industriedistrikten, die durch die von *A. Marshall* beschriebenen Lokalisationsvorteile gekennzeichnet sind oder die auf Kooperation beruhen, unterscheidet sie drei weitere Typen (*A. Markusen*, 1996, S. 302-307). Industriedistrikte können erstens von einem oder mehreren vertikal integrierten Großunternehmen geprägt sein, während kleinere Firmen den Großunternehmen zuarbeiten (*Hub-and-Spoke*-Distrikte). Sogenannte Satellitendistrikte sind dagegen von Tochterfirmen geprägt, deren Mutterunternehmen sich außerhalb der betrachteten Region befinden. Diese Distrikte zeichnen sich durch minimale Interaktionen zwischen den Unternehmen aus. Schließlich können Industriedistrikte auch im Umfeld großer staatlicher Einrichtungen (Militärbasen, Forschungslaboratorien, Universitäten, Gefängnisse, Behörden) entstehen. In solchen staatsbezogenen (*state-anchored*) Industriedistrikten kann sich eine Vielzahl unterstützender oder von den staatlichen Einrichtungen profitierender Unternehmen ansiedeln.

Die verschiedenen Typen von Industriedistrikten zeichnen sich durch charakteristische Formen der internen Organisation und unterschiedliche Entwicklungsperspektiven aus.

Das Konzept der Industriedistrikte hat die weitere Theoriebildung erheblich beeinflusst. Die von *A. Marshall* beschriebenen Lokalisationsvorteile bilden eine gedankliche Grundlage der *New Economic Geography* (s. Kapitel 5.5.4). Die Betonung der Kooperation von Unternehmen hat das Interesse der Wirtschaftsgeographie an Netzwerktheorie (Kapitel 5.3.1) und systembezogenen Konzepten verstärkt (s. Kapitel 5.5.2).

Das Konzept der Cluster weist große inhaltliche Überschneidungen mit dem Konzept der Industriedistrikte auf. Es erklärt die Entwicklungsdynamik von Regionen ebenfalls durch die positiven externen Effekte der räumlichen Konzentration bestimmter Unternehmen, jedoch berücksichtigt es dabei zusätzlich die vertikale Desintegration der Produktion entlang von Wertschöpfungsketten, Outsourcing und Offshoring. Die räumliche Variante des Clusterkonzepts wurde maßgeblich von *Michael E. Porter* (1998, 2000) entwickelt. Den Ausgangspunkt seiner Überlegungen bildet die Feststellung, dass die Weltwirtschaft durch Räume geprägt ist, die sich jeweils durch eine kritische Masse von außergewöhnlich wettbewerbsfähigen Unternehmen in bestimmten Technologiefeldern (Cluster) auszeichnen (*M. E. Porter*, 1998, S. 78). *Porter* (1998, S. 78) definiert diese Cluster folgendermaßen: Ein Cluster ist eine räumliche Konzentration miteinander verbundener Unternehmen und Organisationen in einem bestimmten Feld. Zum Cluster gehören alle Unternehmen und Organisationen, die zur seiner Wettbewerbsfähigkeit beitragen. Dies sind die Unternehmen eines bestimmten Technologiefeldes, die auf die gleichen Arbeitsmärkte und die gleiche Infrastruktur zugreifen, ihre Zulieferunternehmen (z. B. Komponentenhersteller, Dienstleister, Bereitsteller spezialisierter Infrastruktur) und nachgelagerte Unternehmen (Logistik, Handel). Hinzu kommen staatliche und private Organisationen, z. B. Schulen, Universitäten, Forschungseinrichtungen und Verbände. Cluster zeichnen sich durch Wettbewerb zwischen Unternehmen mit gleichem Tätigkeitsspektrum und durch Kooperation mit vor- und nachgelagerten Firmen sowie mit unterstützenden Organisationen aus.

Cluster sind nicht deckungsgleich mit Branchen. Stattdessen argumentiert *Porter*, dass Cluster eine Form der räumlichen Organisation der Wertschöpfungsketten eines bestimmten Technologiefeldes sind. Sein Kernargument lautet folgendermaßen (*M. E. Porter*, 1998, S. 79-81 und 87): Die räumliche Nähe der Unternehmen im Cluster ermöglicht eine effiziente und vertrauensvolle Koordination ihrer Tätigkeiten und verursacht positive externe Effekte. Dadurch kommen die Firmen im Cluster in den Genuss von kosten- und ertragsseitigen Vorteilen, die ihre Produktivität erhöhen. Der Produktivitätszuwachs im Cluster kann so groß sein, dass er die Kostenvorteile alternativer Standorte, z. B. niedrige Arbeitskosten, überwiegt. Damit haben Cluster zwei Effekte: Erstens verbessern sie die Wettbewerbsfähigkeit der zugehörigen Unternehmen, indem sie ihre Produktivität steigern. Zweitens veranlassen sie diese dazu, die Auslagerung bestimmter Tätigkeiten an entfernte Standorte zu verzögern oder zu unterlassen, und stattdessen lokales Outsourcing zu betreiben. Über diesen Mechanismus haben Cluster umfassende positive Wirkungen auf die lokale Wirtschaftsdynamik.

Für den Produktivitätsvorsprung von Clustern sind einerseits die drei von *A. Marshall* identifizierten Vorteile von Branchenkonzentrationen verantwortlich, der Markt für spezialisierte Arbeitskräfte, die Existenz spezialisierter Zulieferer und Dienstleister sowie lokal verortetes, langfristig weitergegebenes Wissen. Hinzu kommen die Erstellung komplementärer Produkte im Cluster, der Zugang zu wichtigen Organisationen und öffentlichen Gütern und die Möglichkeit, das Verhalten der Konkurrenz im Cluster direkt zu beobachten (*M. E. Porter*, 1998, S. 81-83).

Cluster zeichnen sich durch zwei weitere Vorteile aus, sie erleichtern das Hervorbringen von Innovationen und die Gründung neuer Unternehmen (*M. E. Porter*, 1998, S. 83-84). Die Innovationsfähigkeit von Unternehmen im Cluster wird verbessert, da die räumliche Nähe häufige und damit zunehmend vertrauensvolle und enge Kontakte ermöglicht und damit Voraussetzungen für Wissensaustausch und Lernen schafft. Die so entstehenden Spillover-Effekte (vgl. Kapitel 5.4.2) beschleunigen die Entwicklung neuer Produkte im Cluster. Zudem erleichtert das im Cluster vorhandene Umfeld aus kooperierenden Unternehmen und Organisationen die gemeinsame Umsetzung neuer Ideen. Unternehmensgründungen profitieren in unterschiedlicher Weise vom Cluster[15]. Einerseits bietet die große Menge vorhandener Unternehmen einen großen lokalen Markt, beispielsweise für neue Zulieferunternehmen. Andererseits bietet ein Cluster eine Fülle von Informationen bezüglich der ansässigen Unternehmen und ihrer Bedürfnisse und erleichtert damit das Einschätzen der Erfolgsaussichten neuer Unternehmen. Marktnischen werden offenkundig, benötigte Mitarbeiter sind verfügbar, Kreditgeber kennen die Bedingungen des Technologiefelds. Die Unternehmensgründungen tragen wiederum zur Stärkung des Clusters bei.

Das Clusterkonzept integriert somit Überlegungen zu den externen Ersparnissen durch räumliche Konzentration, zu den Vorteilen von gleichzeitiger Konkurrenz und Kooperation, zu Spillover-Effekten, Lernen und Innovation und der Stimulation von Unternehmensgründungen. Es hat zu einer Fülle empirischer Untersuchungen Anstoß gegeben, die sich jedoch oftmals auf die Beschreibung der Struktur und Entwicklung bestimmter Industrieregionen beschränken. Zudem hat das Konzept Eingang in die regionale Wirtschaftspolitik gefunden. Sowohl die empirischen Untersuchungen als auch die politische Umsetzung des Konzepts leiden jedoch an seinem eklektischen Charakter und einer daraus resultierenden Beliebigkeit (vgl. *M. Kiese*, 2008, S. 21).

Eine Weiterführung des Clusterkonzepts und des Konzepts der Industriedistrikte betrifft deren Entwicklung in Ländern mit unterschiedlichem sozioökonomischem Entwicklungsstand. Cluster schaffen einen standortbezogenen Kostenvor-

---

[15]   Zusammenhänge zwischen Clustern und Gründungsdynamik sowie regionale Fallbeispiele diskutieren beispielsweise *R. Sternberg* und *T. Litzenberger* (2004), *R. Sternberg* (Hrsg.), 2006.

teil für Unternehmen. Sie wirken der Globalisierung entgegen und stärken die Regionalisierung, wenn sie lokales Outsourcing fördern und Offshoring verringern. Sie stärken dagegen die Globalisierung und die Regionalisierung, wenn sie entfernt angesiedelte Unternehmen zur Investition im Cluster veranlassen (vgl. *M. E. Porter*, 1998, S. 87). Entscheidend für die Frage des Verhältnisses von globalisierenden und regionalisierenden Kräften ist das Verhältnis von Lokalisationsvorteilen zu den Kostenersparnissen, die sich durch Outsourcing und Standortverlagerung erzielen lassen. Allgemein gilt, dass früh entstandene Cluster in Industrieländern viele Schritte der Wertschöpfungsketten ihres Technologiefelds abdecken. Zur Zeit ihrer Entstehung waren die Rahmenbedingungen für Outsourcing nicht gegeben und die Existenz der Clustervorteile hemmt heute die Tendenz zum Offshoring. Neue Industriekonzentrationen in Schwellenländern sind dagegen auf wenige Schritte der Wertschöpfungsketten spezialisiert. Da sie keine Clustervorteile bieten, ziehen sie nur diejenigen Teilaktivitäten der Produktion an, bei denen ihr standortbezogener Kostenvorteil die Clustervorteile der etablierten Standorte überwiegt. Sie entwickeln eine branchendiversifizierte aber wertschöpfungskonzentrierte Struktur (*S. Manning* et al., 2008, S. 43; *C. Chaminade* und *J. Vang*, 2008, S. 1685; *J. Humphrey* und *H. Schmitz*, 2002, S. 1020). Mit der Zeit mögen sich auch diese Industriekonzentrationen in Schwellenländern zu Clustern entwickeln und dann auch die Ansiedlung von Tätigkeiten rechtfertigen, die nicht ihren heutigen Standortgegebenheiten entsprechen. Dies setzt Investitionen des Staates in den entstehenden Cluster voraus, z. B. den Aufbau von Universitäten (vgl. Kapitel 5.3.2). Etablierte Cluster in Industrieländern können sich auch in Richtung der Konzentration auf wenige Schritte der Wertschöpfungsketten wandeln, wenn Verschiebungen im Gewicht von Lokalisationsvorteilen und anderen Standortkosten erfolgen (*A. Amin* und *N. Thrift*, 1992, S. 580).

Eine zweite Weiterentwicklung des Clusterkonzepts betrachtet, analog zur Theorie der langen Wellen (Kapitel 4.5.2), deren Entstehung und Niedergang. Laut *M. E. Porter* (1998, S. 84) entstehen Cluster aus unterschiedlichen Gründen und aufgrund unterschiedlicher historischer Gegebenheiten, z. B. aufgrund lokal vorhandener Nachfrage oder aufgrund der Anwesenheit von bestimmten Unternehmen und Personen, die sich rückblickend als ausschlaggebend erwiesen hat. Zufallsereignisse spielen eine große Rolle. Das Wachstum des Clusters setzt mit dem Überschreiten einer kritischen Masse an Unternehmen und unterstützenden Organisationen und der Zunahme von Unternehmensgründungen ein. Jedoch können Cluster ihren Wettbewerbvorteil verlieren. Dies droht einerseits bei einer sprunghaften technologischen Entwicklung, die das im Cluster angesammelte, auf ältere Technologie bezogene Wissen obsolet macht. Andererseits kann der Niedergang eines Cluster auch das Ergebnis einer mit der Zeit entstehenden internen Inflexibilität sein. Fortlaufende Kooperation, gegenseitiges Verständnis, Kartellbildung und zunehmende Regulierung mögen den internen Wettbewerb zurückdrängen und zu einer Ignoranz gegenüber Entwicklungen außerhalb des Clusters führen (*M. E. Porter*, 1998, S, 85).

Die Überlegungen zu Aufstieg und Niedergang von Clustern – quasi einem Lebenszyklus – sind in den beteiligten Forschungsgebieten auf großes Interesse gestoßen. Oftmals wird die zeitliche Entwicklung von Clustern mit dem Begriff der Pfadabhängigkeit in Verbindung gebracht. Vertreter einer pfadabhängigen Perspektive betonen in diesem Zusammenhang, der gegenwärtige Zustand regionaler Cluster lasse sich nur aus ihrer historischen Entwicklung heraus vollständig verstehen (*R. Martin* und *P. Sunley*, 2006, S. 399). Die zum Niedergang führende Fixierung auf eine sich zunächst etablierende und später veraltende Technologie sowie auf das zugehörige, clusterintern kommunizierte Wissen wird dabei mit dem Begriff des Lock-in[16] bezeichnet. Aus dieser Argumentation heraus ist der Zugang zu den Wissensbeständen entfernter Regionen für eine sich immer wieder erneuernde und langfristig erfolgreiche Clusterentwicklung unabdingbar (*P. Oinas* und *E. J. Malecki*, 2002, S. 117-119; *H. Bathelt* et al., 2004). Parallelen zum Konzept der Raumlücken (vgl. Kapitel 5.3.1) sind offenkundig.

Die Kritik am Clusterkonzept konzentriert sich einerseits auf die definitorische Unschärfe des Konzepts und seinen eklektischen Charakter, der es erschwert, überprüfbare Kausalbeziehungen abzuleiten (vgl. *M. Kiese*, 2008, S. 46). Andererseits kritisiert eine Reihe von Autoren das Einbeziehen von empirisch nicht belegten Elementen in das Konzept. *A. Markusen* (1999) zeigt sich generell skeptisch gegenüber einigen zentralen Aussagen der Konzepte der Industriedistrikte und Cluster sowie verwandter Theorieansätze, z. B. der Aussage, Regionen profitierten generell von vertikaler Desintegration und einem großen Bestand kooperierender Kleinunternehmen. *A. Malmberg* und *P. Maskell* (2002, S. 435) bezweifeln, dass Kooperation zwischen Unternehmen tatsächlich ein wesentliches Element der Clusterentwicklung ist. Sie sehen in der innovativen Dynamik von Clustern das Ergebnis von Konkurrenz, gegenseitiger Beobachtung, Demonstrationseffekten und darauf basierenden Spillover-Effekten (2002, S. 439).

5.5.2 Regionale Innovationssysteme

Das Konzept der regionalen Innovationssysteme wurde vom Regionalwissenschaftler *Philip Cooke* in die Diskussion eingeführt (*P. Cooke* et al., 1997; *P. Cooke*, 1998). Es verbindet die im vorigen Kapitel vorgestellten Gedanken mit Überlegun-

---

[16] Pfadabhängigkeit und Lock-in gehören zu den Kernbegriffen evolutionärer Ansätze in den Wirtschaftswissenschaften und der Wirtschaftsgeographie. Ihre Vertreter plädieren dafür, die technologische Entwicklung und die regionale Wirtschaftsentwicklung analog zur biologischen Evolutionstheorie als das Ergebnis von Variation und Selektion zu verstehen (*R. R. Nelson* und *S. G. Winter*, 1982; *R. A. Boschma* und *J. G. Lambooy*, 1999, S. 415-418). In der Fachliteratur wird jedoch auch eine Vielzahl anderer Arbeiten, die die Bedeutung historischer Entwicklungen für heutige Strukturen betonen, unter dem Oberbegriff evolutionär zusammengefasst (*R. A. Boschma* und *J. G. Lambooy*, 1999). Bislang hat sich weder aus dem Gedanken der Evolution noch aus dem Begriff der Pfadabhängigkeit heraus eine eigenständige Theorie der regionalen Wirtschaftsentwicklung etabliert (*R. Martin* und *P. Sunley*, 2006, S. 396 und 429; *R. A. Boschma* und *J. G. Lambooy*, 1999, S. 427; *J. Essletzbichler* und *D. L. Rigby*, 2007).

gen aus dem Feld der Innovationsforschung, insbesondere mit dem Konzept der nationalen Innovationsysteme (P. Cooke, 1998, S. 24). Das Konzept der nationalen Innovationssysteme lenkt den Blick auf nationale Besonderheiten bei der Entstehung von Innovationen. Einschlägige Arbeiten betrachten beispielsweise die Ausstattung und Organisation der Bildungs- und Wissenschaftssektoren einzelner Staaten, die Forschungs- und Entwicklungsleistungen ihrer Unternehmen und die Kooperation zwischen Wissenschaft und Wirtschaft. Zudem beleuchtet das Konzept die Rolle der staatlichen Technologie- und Innovationspolitik. Während sich frühe Arbeiten zu nationalen Innovationssystemen auf die Analyse von wissenschaftsgetriebenen Innovationen konzentrierten, sehen jüngere Arbeiten in Innovationen das Ergebnis interaktiver Prozesse, an denen mehrere Organisationen beteiligt sind (C. Freeman, 1995). Das Konzept der regionalen Innovationssysteme argumentiert, dass Regionen unterhalb der Ebene von Staaten eine geeignete Maßstabsebene zur Erfassung der Bedingungen des Entstehens von Innovationen sind[17]. Laut P. Cooke et al. (1997, S. 480) zeichnen sich Regionen dadurch aus, dass sich in ihnen bestimmte Formen sozialer Ordnung und des Umgangs miteinander herausbilden, auch bezeichnet als Institutionen[18]. Diese regionalspezifischen Institutionen beeinflussen die innovationsrelevanten Organisationen, die Praxis der Innovationsprozesse und die Richtung der langfristigen Regionalentwicklung.

Für das Verständnis regionaler Innovationssysteme sind folgende zwei Definitionen grundlegend (P. Cooke et al., 1997, S. 484): Ein regionales Lernsystem zeichnet sich dadurch aus, dass unterschiedliche Akteure über Verbände und Institutionen an der Steuerung der Regionalentwicklung mitwirken und regelmäßig und wechselseitig innovations- und wettbewerbsrelevante Informationen austauschen. Kommt hierzu die Verfügbarkeit finanzieller Mittel, die das eigenständige Hervorbringen von Innovationen ermöglichen, handelt es sich um ein regionales Innovationssystem.

Die Elemente eines regionalen Innovationssystems sind die beteiligten Akteure sowie die Verbindungen zwischen ihnen (P. Cooke et al., 1997, S. 478). Zu den Akteuren gehören Universitäten, andere Forschungsinstitute, Technologietransferorganisationen, Berater, Bildungseinrichtungen, öffentliche und private Finanz-

---

[17] J. Revilla Diez und andere schlagen in diesem Zusammenhang vor, verstärkt die Rolle großer urbaner Agglomerationsräume zu untersuchen, verbunden mit dem Schlagwort der metropolitanen Innovationssysteme (J. Revilla Diez, 2002; M. M. Fischer et al., 2001).

[18] Unter dem Begriff der Institutionen fasst D. C. North (1993, S. 245-248) die informellen Einschränkungen und formalen Regeln zusammen, die die Art und Weise des Umgangs zwischen Akteuren bestimmen. Dazu gehören einerseits rechtliche Grundlagen, Verordnungen und Verträge und andererseits nicht schriftlich fixierte aber gesellschaftlich akzeptierte Konventionen. Überschneidungen mit dem Begriff der institutionellen Infrastruktur (Kapitel 2.1.1.1) sind offenkundig. Der Einfluss von Institutionen auf die langfristige Regionalentwicklung ist zweifellos gegeben, ebenso wie die Tatsache, dass Regionen zumindest zeitweise zur Herausbildung spezifischer Konventionen tendieren. Einige Wirtschaftsgeographen schlagen daher vor, den Zusammenhang zwischen Institutionen- und Regionalentwicklung verstärkt zu thematisieren (z. B. R. Martin, 2000).

institute, kleine und große Unternehmen sowie andere Einrichtungen, die an Innovationen beteiligt sind. Verbindungen bestehen in Form von Informations- und Wissensflüssen, Investitionen und Entscheidungen sowie informell in Form von Netzwerken, Clubs, Foren und Partnerschaften. Die Eigenschaften regionaler Innovationssysteme lassen eine Typisierung zu, z. B. in Hauptstadtregionen, Hightech-Regionen, Dienstleistungsregionen, Industrieregionen, Regionen im Strukturwandel, ländliche, agrarische oder periphere Regionen (*P. Cooke* et al., 1997, S. 479).

Die Leistungsfähigkeit regionaler Innovationssysteme wird laut *P. Cooke* et al. (1997, S. 481-489) von drei Dimensionen besonders beeinflusst, der Finanzierung von Innovationen, systemischen Lern- und Innovationsprozessen und einer förderlichen regionalen Innovationskultur. Die Autoren postulieren, dass institutionalisierte, systemische Kooperation der regionalen Akteure den wesentlichen Vorteil regionaler Innovationssysteme darstellt. Die technologischen Fähigkeiten einer Region stammen nach dieser Argumentation primär aus interaktiven Lernprozessen. Die Fähigkeit von Akteuren, sich an interaktiven Lernprozessen zu beteiligen und davon zu profitieren, hängt jedoch wiederum von ihrer Einbettung in eine regionale Kultur ab. Regionale Kultur, verstanden als gemeinsames Wertesystem, ähnlich dem Begriff der Konventionen, erlaubt rasche und effiziente Kommunikation der Akteure. Sie führt dazu, dass die Akteure bestimmte Entwicklungen, z. B. technologischer Art, ähnlich einschätzen und beurteilen. Eine regionale Lern- und Innovationskultur begünstigt damit interaktive Lern- und Innovationsprozesse.

Dieser Wirkungszusammenhang wird in zahlreichen inhaltlich verwandten Theorieansätzen[19] in ähnlicher Weise diskutiert (*P. Cooke*, 1998). Er lässt sich in politische Handlungsanweisungen umformulieren. So sollte eine innovationsorientierte Regionalpolitik vorrangig versuchen, interaktive Lernprozesse zu fördern (*P. Cooke* et al., 1997, S. 485). Das Konzept der regionalen Innovationssysteme hat zu einer Fülle empirischer Untersuchungen Anstoß gegeben, die versuchen, Innovationserfolg auf seine regionalen Ursachen zurückzuführen oder die Effekte von Universitäts-Unternehmens-Kooperationen zu verstehen (*S. Breschi* und *F. Lissoni*, 2001). Einen Vergleich von Regionen und der Wirksamkeit bestimmter Teilprozesse der Innovationsentstehung ermöglicht das Konzept aufgrund seiner breit angelegten Argumentation jedoch nicht. Das Konzept der regionalen Innovationssysteme ist implizit auf Regionen in Industrieländern ausgerichtet, denn Innovationen im Sinne von Weltneuheiten werden fast ausschließlich in Industrieländern

---

[19] Dazu gehören beispielsweise die in Kapitel 5.5.1 vorgestellten Ansätze zu Industriedistrikten und Clustern. Darüber hinaus betont der Ansatz der innovativen regionalen Milieus die Bedeutung der Region als Ort, an dem die für interaktives Lernen essentiellen Netzwerke institutionalisiert werden können (vgl. *P. Cooke* et al., 1997, S. 489). Das Konzept der lernenden Region (*K. Morgan*, 1997) verweist ebenfalls auf die Bedeutung interaktiver und kooperativer Lernprozesse. Aufgrund der starken inhaltlichen Überlappungen wird auf eine detaillierte Darstellung dieser Ansätze in diesem Lehrbuch verzichtet.

hervorgebracht. *E. B. Viotti* (2002) schlägt daher vor, im Fall von Entwicklungs-ländern den bereits definierten Begriff der Lernsysteme zu verwenden. Lernsysteme in Entwicklungs- und Schwellenländern sind im günstigsten Fall sehr leistungs-fähig in Bezug auf das Absorbieren von Technologie und das Hervorbringen von inkrementellen Innovationen, d. h. der Weiterentwicklung und Anpassung beste-hender Produkte. Im Unterschied zu dieser Sichtweise argumentieren *J. Vang* und *B. Asheim* (2006), dass die technologisch führenden Regionen in Schwellenländern sehr wohl als Innovationssysteme aufzufassen sind. In diesen Regionen konzen-trieren sich oftmals das wissenschaftliche und wirtschaftliche Potential eines Lan-des sowie die Tochterfirmen multinationaler Unternehmen. Sie schaffen eine kri-tische Masse für interaktives Lernen und Innovation.

Am Konzept der regionalen Innovationssysteme lassen sich die gleichen Punkte kritisieren wie an den Konzepten der Industriedistrikte und Cluster. Einerseits macht das Konzept keine eindeutigen Kausalaussagen und beschreibt stattdessen, unter welchen Rahmenbedingungen sich erfolgversprechende Innovationsprozes-se etablieren können. Andererseits fußt das Konzept auf empirisch nicht hinrei-chend erhärteten und theoretisch nicht eindeutig hergeleiteten Annahmen, z. B. der, dass Kooperation der Schlüssel zum Innovationserfolg sei (vgl. *A. Markusen*, 1999).

5.5.3 Theorie der geographischen Industrialisierung

Die Theorie der geographischen Industrialisierung von *Michael Storper* und *Ri-chard Walker* (1989) integriert zahlreiche inhaltliche Überlegungen zur Dynamik von regionaler Vernetzung und Konzentration in ein Phasenmodell zum räumli-chen Wirtschaftswachstum[20]. Die Theorie soll als Beitrag zu einem geographi-schen historischen Materialismus verstanden werden. Sie ist vom Beispiel der Industrialisierung des Staates Kalifornien inspiriert (*M. Storper* und *R. Walker*, 1989, S. IX, 1-5).

Die Theorie der geographischen Industrialisierung möchte zeigen, dass die grundlegenden Muster der industriellen Standortwahl und des regionalen Wirt-schaftswachstums durch endogene, der kapitalistischen Wirtschaftsweise zuge-hörige Prozesse entstehen und nicht durch eine exogen vorgegebene Verteilung von Produktionsfaktoren und Konsumenten. Die zentrale Aussage lautet, dass Wachstumsindustrien die Fähigkeit besitzen, das von ihnen benötigte regionale Umfeld selbst zu schaffen (*M. Storper* und *R. Walker*, 1989, S. 70). Abbildung 5.7 veranschaulicht die Entwicklungsphasen der Regionalstruktur von Wachstums-industrien.

---

[20]   Frühere Versuche einer Integration verschiedener Aussagen aus Standorttheorien sowie Wachs-tums- und Entwicklungstheorien (z. B. von *José Ramón Lasuén*, 1969, S. 137-161; 1970, S. 84-88; 1973, S. 163-188) haben ebenfalls bedenkenswerte Ergebnisse gezeigt, können im Umfang dieses Lehrbuchs jedoch nicht mehr vorgestellt werden.

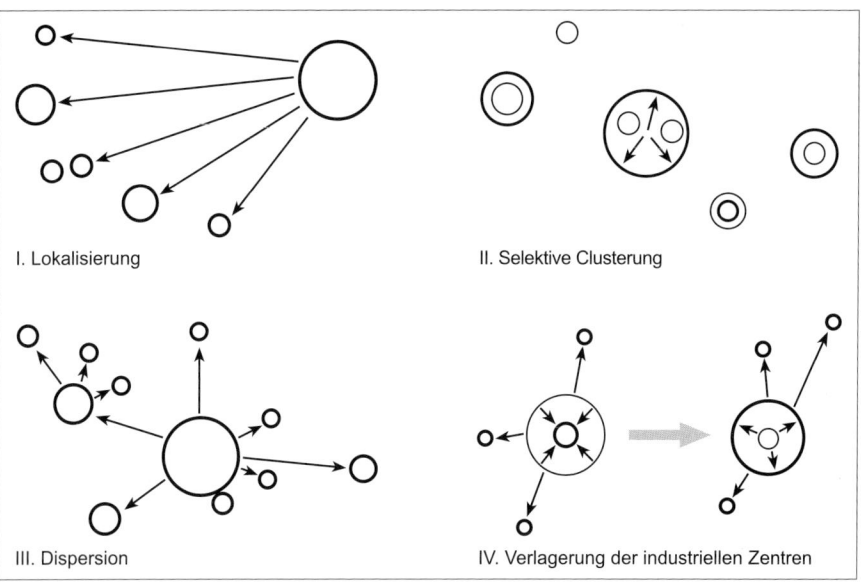

I. Lokalisierung

II. Selektive Clusterung

III. Dispersion

IV. Verlagerung der industriellen Zentren

Abbildung 5.7: Phasen der Geographischen Industrialisierung (Eigene Darstellung nach *M. Storper* und *R. Walker*, 1989, S. 71)

Phase der Lokalisierung (1): Das Standortmuster junger Wachstumsindustrien orientiert sich nicht am bestehenden Raummuster. Die Standorte der neuen Branche entstehen stattdessen zufällig an beliebigen Orten (*M. Storper* und *R. Walker*, 1989, S. 70-76). Der Grund hierfür ist die hohe Profitabilität der jungen Unternehmen gekoppelt mit der Abwesenheit von Lokalisationsvorteilen. Die neuen Unternehmen sind in der Lage, Arbeitskräfte und andere Produktionsfaktoren durch überdurchschnittliche Entlohnung zur Zuwanderung an ihren Standort zu bewegen. In der Frühphase der Entwicklung spielen Zulieferer- und Abnehmerbeziehungen keine Rolle, denn die benötigten Komponenten und Dienstleistungen werden erst in kleinsten Mengen in engster Kooperation mit anderen Unternehmen vor Ort entwickelt. Spezialisiertes Wissen ist erst in der Entstehung begriffen und entwickelt sich in den Pionierunternehmen der neuen Branche. Die Abwesenheit von Lokalisationsvorteilen gibt den Unternehmen eine große Freiheit, sich am Standort ihrer Wahl zu entwickeln (*windows of locational opportunity*).

Phase der selektiven Clusterbildung (2): Mit dem Aufschwung der neuen Industrie gewinnen interne und externe Skalenerträge an Bedeutung und es entwickeln sich räumliche Schwerpunkte (*M. Storper* und *R. Walker*, 1989, S. 76-83). Diejenigen Standorte, die frühzeitig Produktivitätszuwächse durch Lokalisationsvorteile erreichen können, gewinnen gegenüber den konkurrierenden Standorten an Attraktivität. In den neuen Branchenkonzentrationen kommt es zunehmend zu Neugründungen und zur Entstehung von Netzwerken zwischen Zuliefereren, Abnehmern und Dienstleistern. Die räumlichen Schwerpunkte entwickeln individuelle, auf die neue Industrie ausgerichtete Institutionen. Die durch Skalenerträge und Lokalisationsvorteile geprägten Räume setzen sich gegenüber alternativen Standorten durch und die Raumstruktur der neuen Industrie ist damit festgelegt.

Dispersionsphase (3): In der Dispersionsphase kommt es ausgehend von den Zentren der betrachteten Branche zur Erschließung von Wachstumsperipherien (*M. Storper* und *R. Walker*, 1989, S. 83-90); d. h. mit dem Wachstum der neuen Industrie geht ihre räumliche Expansion einher. Die Motive zur Erschließung neuer Standorte sind die Bedienung neuer Märkte und die Verdrängung von Wettbewerbern. Mit der Erschließung von Wachstumsperipherien dehnt die Wachstumsindustrie des Zentrums ihre Funktionen auf neue, vom bestehenden Zentrum abhängige Standorte aus.

Phase der Verlagerung der industriellen Zentren (4): Produktinnovationen, radikale Veränderungen der Prozesstechnologie oder organisatorische Neuerungen führen dazu, dass aus der bisherigen Wachstumsindustrie heraus eine neue Branche entsteht. Diese neue Branche genießt trotz des Bestehens räumlicher Zentren erneut die Freiheiten der räumlichen Standortwahl. Es ist anzunehmen, dass das Zentrum der neuen Industrie sich entfernt vom Zentrum der alten entwickeln und eines Tages die größere Wachstumsdynamik aufweisen wird. Als Resultat verschiebt sich der räumliche Schwerpunkt der betrachteten Regionalwirtschaft (*M. Storper* und *R. Walker*, 1989, S. 90-97).

Die Theorie der geographischen Industrialisierung grenzt sich argumentativ klar von älteren Theorien der Regionalentwicklung des neoklassischen Typs ab. Sie besagt, dass die räumliche Standortwahl nicht auf die gegebene Ressourcenausstattung von unterschiedlichen Standorten reagiert. Stattdessen sieht sie in der geographischen Industrialisierung einen Prozess der Schaffung von standortgebundenen Ressourcen im Zuge von Wachstumsprozessen (*M. Storper* und *R. Walker*, 1989, S. 96). Dabei argumentiert das Konzept bezüglich der Phasen 1, 2 und 4 im Einklang mit den in den vorangegangenen Kapiteln vorgestellten Überlegungen zu Lokalisationsvorteilen. Die Begründung der Veränderungen in der dritten Phase, der Dispersionsphase mit der Erschließung von Wachstumsperipherien, erinnert dagegen an marxistische Beiträge zur Theorieentwicklung, v. a. den Begriff des Weltsystems (vgl. *I. Wallerstein*, 1974).

Die Theorie der geographischen Industrialisierung hat in der Wirtschaftsgeographie ein starkes Echo hervorgerufen, u. a. aufgrund der anschaulichen Phaseneinteilung, des Aufnehmens verschiedener Überlegungen aus den Theorien zu räumlicher Konzentration und Vernetzung sowie seiner historisch-evolutionären Perspektive (vgl. *E. Giese* et al., 2011, S. 176). An diesem Konzept wird einmal mehr kritisiert, dass eine Reihe von nicht hinreichend begründeten Annahmen in die eklektische Argumentation einfließt. Darüber hinaus ist nicht klar, für welche Branchen und unter welchen Bedingungen die Theorieaussagen gelten und welche Zeiträume die einzelnen Phasen umfassen.

5.5.4 New Economic Geography

Das Theoriegebäude der *New Economic Geography*, auch bezeichnet als *Geographical Economics*, wurde im Wesentlichen vom Volkswirt *Paul Krugman* entwickelt (z. B. *P. Krugman*, 1991a, b, 1998; *M. Fujita* et al., 2001). Es integriert die Variable Raum in ökonomische Gleichgewichtsmodelle und erklärt die räumliche Struktur der Wirtschaft, verstanden als das Nebeneinander von Konzentrationen und Peripherie, sowie den dynamischen Wandel von Raumstrukturen. *Paul Krugman* sieht seine Theorie als Fortführung der älteren Standort- und Standortstrukturtheorien, ergänzt um Überlegungen aus der Theorie der räumlichen Polarisation und unter Verwendung neu entwickelter Verfahren der volkswirtschaftlichen Modellbildung. Die folgenden Ausführungen beschränken sich auf die Darstellung des 2-Regionen-Falls der *New Economic Geography*, an dem sich deren Argumentationsprinzip verdeutlichen lässt. Da selbst dieses Modell mathematisch komplex und analytisch nicht explizit lösbar ist, dienen die folgenden Ausführungen in erster Linie dazu, ein intuitives Verständnis für die gedankliche Logik der *New Economic Geography* zu entwickeln. Umfassende Erläuterungen zur mathematischen Formulierung des Modells finden sich im Anhang zu *P. Krugman* (1991a) sowie im dritten Kapitel von *S. Brakman* et al. (2001).

Laut *P. Krugman* (1991a, S. 36-54; 1998, S. 8-9) ist die räumliche Struktur der Wirtschaft das Ergebnis zentrifugaler und zentripetaler Kräfte[21]. Zu den zentrifugalen Kräften, die zu einer räumlichen Dispersion wirtschaftlicher Aktivitäten beitragen, gehören beispielsweise räumlich immobile Produktionsfaktoren, daraus resultierend Bodenrenten bzw. räumlich differenzierte Bodenpreise, und Agglomerationsnachteile. Zu den zentripetalen Kräften, die konzentrationsfördernd wirken, zählen zum Beispiel die drei von *A. Marshall* identifizierten und in Kapitel 5.5.1 vorgestellten Lokalisationsvorteile. Ob sich eher die zentripetalen oder die zentrifugalen Kräfte durchsetzen, hängt ursächlich mit der Höhe der Transportkosten zusammen, denn die Konzentration wirtschaftlicher Aktivitäten setzt voraus, dass entfernte Gebiete zu vertretbaren Kosten mit den Gütern des Konzentrationsraums versorgt werden können.

Der *New Economic Geography* geht es nicht um eine möglichst vollständige Beschreibung der raumdifferenzierenden Prozesse sondern um das Erfassen des prinzipiellen Mechanismus der Raumdifferenzierung und dessen Einbettung in das volkswirtschaftliche Theoriegebäude. Hierfür ist es hinreichend, jeweils einen zentripetalen und einen zentrifugalen Faktor zu berücksichtigen. Dies sind die externen Skalenerträge[22] aus Verbindungen zu benachbarten Unternehmen und immobile Produktionsfaktoren (*P. Krugman*, 1998, S. 9). Diese beiden Faktoren werden in ein Gleichgewichtsmodell integriert, das sämtliche Modellaussagen aus dem ra-

---

[21] zum Begriffspaar siehe Kapitel 4.3

[22] Schon frühere Arbeiten (z. B. *E. v. Böventer*, 1975) haben einfachere langfristige regionale Wachstumsmodelle zur Diskussion gestellt, die Skalenerträge als entscheidende Variable integrierten. Ein weiteres Beispiel ist die neue Außenhandelstheorie (*P. Krugman*, 1979).

tionalen Verhalten von Unternehmen und Konsumenten herleitet. Dem Modell liegen folgende vereinfachende Annahmen zugrunde (*P. Krugman*, 1991a, S. 101-104):

- Ein Land besteht aus zwei Regionen, Ost und West, und es produziert zwei Güterarten, Agrargüter und Industriegüter.
- Die Agrarproduktion kennzeichnen Produkthomogenität und vollständige Konkurrenz; die Industrieunternehmen stellen heterogene, aber untereinander substituierbare Produkte her, so dass der Markt für Industriegüter durch monopolistische Konkurrenz charakterisiert ist.
- Alle Wirtschaftssubjekte haben identische und homothetische Konsumpräferenzen und verbrauchen sowohl Agrar- als auch Industrieprodukte.
- Landwirte produzieren Agrargüter, Arbeiter Industriegüter. Ein Beschäftigungswechsel vom Agrar- zum Industriesektor wird ausgeschlossen.
- Landwirte sind räumlich immobil, Arbeiter wandern zur Region höherer Realeinkommen.
- Der Agrarsektor produziert mit konstanten Skalenerträgen. Der Industriesektor produziert eine Vielzahl von Gütern mit steigenden Skalenerträgen, die aus einem mengenunabhängigen Fixkostenblock bei linearen variablen Kosten resultieren (Fixkostendegression). Im Industriesektor herrscht freier Marktzutritt, d. h. es können jederzeit Unternehmen ohne weitere Kosten in den Markt eintreten.
- Beim Transport von Industriegütern zwischen den beiden Regionen entstehen Kosten, nicht jedoch beim interregionalen Transport von Agrargütern.

Um das Modell möglichst übersichtlich zu halten, kommt eine Reihe technischer Vereinfachungen zur Anwendung. Beispielsweise werden Transportkosten als »Eisberg«-Transportkosten modelliert. Konkret heißt das, dass pro Streckeneinheit die Menge der transportierten Güter um einen linearen Betrag vermindert wird, quasi »abschmilzt« (*P. Krugman*, 1998, S. 10-11). Das Transportkostenniveau T=X gibt dabei an, wie viele Gütereinheiten der Produzent versenden muss, damit eine Gütereinheit den Konsumenten erreicht. Eine Situation ohne jegliche Transportkosten würde daher mit dem Transportkostenniveau T=1 bezeichnet; jedes transportierte Gut kommt vollständig beim Empfänger an. Ein Transportkostenniveau von T=2 bedeutet, dass 2 Gütereinheiten in den Transport gehen müssen, damit eine Gütereinheit beim Empfänger ankommt. Trotz derartig drastischer Vereinfachungen lassen sich viele Modellaussagen nur mit Hilfe computergestützter dynamischer Simulationen treffen (*P. Krugman*, 1998, S. 11).

Das Zusammenspiel von Konzentration der Industrie, Versorgung der ländlichen Bevölkerung und Transportkosten deutet Tabelle 5.4 an. In diesem Beispiel wird davon ausgegangen, dass 60% der Arbeitskräfte eines Landes zum Agrarsektor zählen, der sich zu gleichen Teilen in den Regionen Ost und West befindet. Die übrigen 40% gehören zur Industrie, die sich entweder regional konzentrieren oder dispers verteilen kann. Die gesamte Nachfrage nach Industriegütern soll 10 Einheiten betragen, sie teilt sich in der Nachfrage der Landwirte (6 Einheiten, jeweils 3 in Ost und West) und die der Industriearbeiter (4 Einheiten) auf. Die Tabelle zeigt die Kosten einer einzelnen Industrieunternehmung in Abhängigkeit vom Standort aller anderen Unternehmen. Sie teilen sich in Produktions- und Transportkosten auf. Ein Betrieb verursacht Fixkosten von 4 Geldeinheiten, regionsüberschreitender Transport Kosten von einer Geldeinheit pro Produkteinheit.

Tabelle 5.4: Standort und Kosten

Standort aller anderen Industriearbeiter	Kosten einer typischen Firma bei Produktion in...			
		Ost	beiden Regionen	West
nur Ost	Fixkosten	4	8	4
	Transportkosten	3	0	7
	Gesamtkosten	7	8	11
50% Ost, 50% West	Fixkosten	4	8	4
	Transportkosten	5	0	5
	Gesamtkosten	9	8	9
nur West	Fixkosten	4	8	4
	Transportkosten	7	0	3
	Gesamtkosten	11	8	7

Eigene Darstellung nach *P. Krugman*, 1991a, S. 17

Die Tabelle zeigt die Existenz multipler Gleichgewichte. Wenn alle Industrieunternehmen und Industriearbeiter in einer Region konzentriert sind – Ost oder West –, ist es für den betrachteten Produzenten am kostengünstigsten, sich ebenfalls in der betreffenden Region anzusiedeln. Bei dieser Standortwahl fallen lediglich für die 3 Produkteinheiten Transportkosten an, die von Landwirten in der jeweils anderen Region konsumiert werden. Die Gesamtkosten liegen mit 7 unter denen, die der Aufbau zweier Betriebe verursacht. Neben den beiden Gleichgewichten mit vollständiger räumlicher Konzentration gibt es ein drittes Gleichgewicht mit Verteilung des Industriesektors auf beide Regionen. Dann ist es am günstigsten, in beiden Regionen Industrieunternehmen anzusiedeln. Bei den beiden erstgenannten Gleichgewichten bestärkt die Investition der betrachteten Firma die bestehende, räumlich konzentrierte Raumstruktur, im dritten Fall unterstützt sie eine disperse Verteilung wirtschaftlicher Aktivitäten. Aus theoretischer Sicht interessant ist die Tatsache, dass im Fall der ersten beiden Gleichgewichte diejenige Region zum Exporteur von Industriegütern wird, die intern über die größere Nachfrage verfügt. Dieser als Heimatmarkteffekt bezeichnete Befund weicht von den Aussagen älterer Außenhandelstheorien ab (vgl. *S. Brakman* et al., 2001, S. 62).

Es ist das Anliegen der *New Economic Geography*, die in diesem Beispiel verkürzt dargestellten Varianten der ökonomischen Raumstruktur – und damit das dynamische Zusammenspiel von Transportkosten und Lokalisationsvorteilen – modellendogen zu erklären. Dem Entstehen räumlicher Konzentrationen liegt ein selbstverstärkender Effekt zugrunde, in dessen Zentrum die Veränderung der Reallöhne in Abhängigkeit von Transportkosten und darauf beruhende Wanderungsentscheidungen stehen. Dieser Zusammenhang lässt sich folgendermaßen formulieren (*P. Krugman*, 1998, S. 12). Sind die Transportkosten sehr hoch, findet kaum interregionaler Handel statt und das Vermeiden von Transportkosten führt zu einer dispersen Verteilung der Industrie. Die Löhne der Industriearbeiter hängen von regionsinterner Konkurrenz ab und daher sinken sie mit steigender Zahl der Arbeiter in der Region. Bei niedrigen Transportkosten verkauft eine Firma dagegen typischerweise in beiden Regionen. Wenn sie jedoch in der Region mit dem größeren Absatzmarkt ansässig ist, und damit Kostenersparnisse realisiert, kann sie höhere Löhne zahlen. Zudem steigt die Kaufkraft der Löhne im Konzentrationsraum, da die Arbeiter einen besseren Zugang zu Industrieprodukten haben. Die Realeinkommen steigen daher mit der Zunahme der Bevölkerung einer Region. Wenn die mobilen Industriearbeiter annahmegemäß in die Region der höheren Reallöhne wandern, stärken sie die jeweils vorherrschende Tendenz zu Dispersion, bzw. Konzentration. Bei hohen Transportkosten verteilen sich die Arbeiter gleichmäßig auf beide Regionen. Bei niedrigen Transportkosten wird dieses Gleichgewicht dagegen instabil und Wanderung verstärkt beginnende räumliche Konzentration bis hin zur vollständigen Ansiedlung des kompletten Industriesektors in einer Region. Abbildung 5.8 illustriert diesen Zusammenhang.

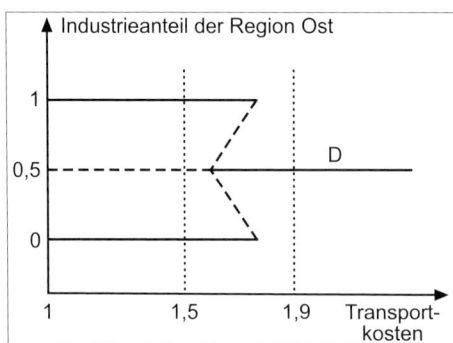

Abbildung 5.8: Multiple Gleichgewichte in Abhängigkeit der Transportkosten (Eigene Darstellung nach *P. Krugman*, 1998, S. 12; eigene Ergänzung)

Abbildung 5.8 verdeutlicht die Abhängigkeit der Raumstruktur, d. h. der Verteilung des Industriesektors auf die beiden Regionen, vom Transportkostenniveau, das zwischen T=1 und unendlich liegen kann. Ist eine Volkswirtschaft durch hohe Transportkosten geprägt, verteilt sich die Industriebeschäftigung gleichmäßig auf beide Regionen, symbolisiert durch das Gleichgewicht D. Bei niedrigen Transportkosten konzentriert sich die Industrie vollständig in einer der beiden Regionen. Bei mittleren Transportkostenniveaus, zwischen den in Abbildung 5.8. eingetragenen, empirisch ermittelten Werten T=1,5 und T=1,9, gibt es stattdessen multiple Gleichgewichte. In diesem Bereich halten sich zentrifugale und zentripetale Kräfte in etwa die Waage, wie weiter unten ausgeführt wird. Damit verdeutlicht die Abbildung wesentliche Charakteristika der *New Economic Geography*, multiple Gleichgewichte, spontane räumliche Selbstorganisation der Wirtschaft bei sich verändernden Transportkostenniveaus, ungleiche Verteilung industrieller Aktivitäten bei sonst ähnlichen Raumstrukturen, abrupte, qualitative Veränderungen der Raumstruktur als das Ergebnis gradueller, quantitativer Veränderungen der zugrundeliegenden Einflussgrößen (*P. Krugman*, 1998, S. 12).

Mit diesen sachlich richtigen aber nicht mathematisch spezifizierten Überlegungen bleiben viele Modellaussagen der *New Economic Geography* verborgen. Beispielsweise lässt sich nicht exakt ableiten, wie die Schwellenwerte T=1,5 und T=1,9 bestimmt sind und welche Eigenschaften die multiplen Gleichgewichte in diesem Bereich aufweisen. Derartige Bestimmungen setzten die Anwendung eines Gleichungssystems und iterativer Simulationsverfahren voraus. Die Simulationsverfahren variieren den Wert eines Parameters oder Einflussfaktors, z. B. der Höhe der Transportkosten, unter Beibehaltung der Werte aller anderen Variablen und Modellparameter. Die Berechnungen basieren auf folgenden drei nicht-linearen Gleichungen[23], die das Einkommen (Y), den Preisindex (I) und den Lohnsatz (W) für eine Region R bestimmen.

$$Y_r = \lambda_r W_r \gamma L + \Phi_r (1 - \gamma) L$$

$$I_r = \left(\frac{\beta}{\rho} \right) \left(\frac{\gamma L}{\alpha \varepsilon} \right)^{1/(1-\varepsilon)} \left(\sum_{s=1}^{R} \lambda_s \, T_{rs}^{1-\varepsilon} \, W_s^{1-\varepsilon} \right)^{1/(1-\varepsilon)}$$

$$W_r = \rho \beta^{-\rho} \left(\frac{\delta}{(\varepsilon - 1)^\alpha} \right)^{1/\varepsilon} \left(\sum_{s=1}^{R} Y_s \, T_{rs}^{1-\varepsilon} \, I_s^{1-\varepsilon} \right)^{1/\varepsilon}$$

Ohne näher auf die in den Gleichungen enthaltenen Aussagen und inhärenten Annahmen einzugehen, wird die Komplexität des Modells deutlich. In die drei Gleichungen gehen insgesamt zehn weitere Parameter ein. Diese sind die regionale

---

[23] Zu deren Herleitung siehe *S. Brakman* et al. (2001, S. 59-99)

Verteilung der Industriearbeiter λ, der Anteil der Industriearbeiter an allen Arbeitern γ, die Gesamtzahl der Arbeiter L, die Agrarproduktion Φ, ferner der marginale Arbeitseinsatz zur Produktion einer Industriegütervariante β, ein Substitutionsparameter, der den höheren Nutzen aus dem Konsum verschiedener Gütervarianten ausdrückt ρ, die Elastizität dieses Parameters ε, der fixe Arbeitseinsatz α, die Transportkosten T sowie schließlich der Einkommensanteil, der in den Industriegüterkonsum fließt δ. Die Werte dieser exogenen Parameter müssen vor Beginn der Simulationen bestimmt werden, z. B. auf der Basis empirisch gesicherter Schätzungen (vgl. *S. Brakman* et al., 2001, S. 102).

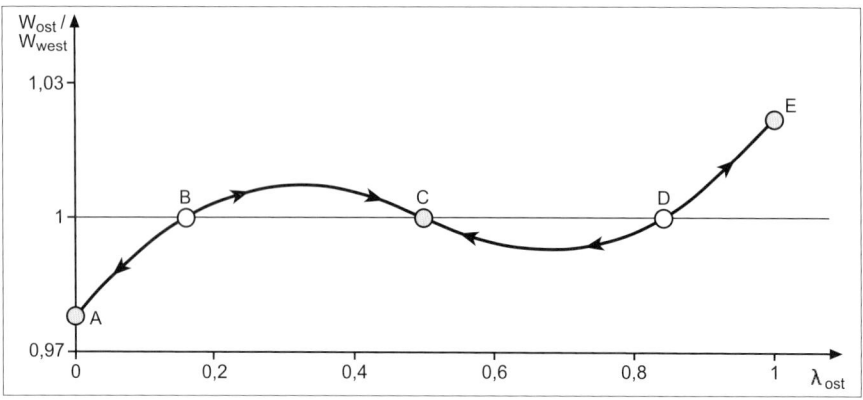

Abbildung 5.9: 2-Regionen-Fall, Transportkostenniveau T=1,7 (Eigene Darstellung nach *S. Brakman* et al., 2001, S. 104)

Auf der Grundlage plausibel gewählter Parameterwerte (*S. Brakman* et al., 2001, S. 102) verdeutlicht Abbildung 5.9 die Ausgangssituation im 2-Regionen-Fall mit numerischen Werten. Die Transportkosten sind mit T=1,7 in die Berechnungen eingegangen. Sie liegen damit auf einem Niveau, das multiple Gleichgewichte zulässt. Auf der Abszisse ist der Anteil der Industriearbeiter in Region Ost (λ_{ost}) dargestellt, auf der Ordinate der Lohnsatz in Ost (w_{ost}) im Verhältnis zum Lohnsatz in West (w_{west}). Beim Industriearbeiteranteil λ_{ost} von null konzentriert sich sämtliche Industrie im Westen, beim Industriearbeiteranteil λ_{ost} von eins im Osten. Ist w_{ost}/w_{west} größer als eins übersteigen die Löhne im Osten die im Westen, bei Werten kleiner als eins werden in West die höheren Löhne gezahlt. Konzentriert sich die Industrie stark in einer der beiden Regionen, erhöht sich gemäß der weiter oben ausgeführten Argumentation der Lohnsatz im jeweiligen Konzentrationsraum. Sobald er den Lohn in der anderen Region übersteigt, induziert er eine Wanderung von Industriearbeitern, die die bestehende Konzentration weiter verstärkt. Dieser Mechanismus greift jenseits der Punkte B und D und führt zu stabilen Gleichgewichten in A und E. Zwischen B und D induzieren die Lohnunterschiede zwischen Ost und West Wanderungen, die zur Dispersion der Industrie und damit dem Erreichen des Gleichgewichts in Punkt C führen. Denn eine geringe Abweichung vom Punkt C, z. B. eine kleine Verschiebung der Anteile des Industriesektors in Richtung Ost, bewirkt dort zunächst ein Absinken der Entlohnung und einen gegenläufigen Wanderungsanreiz. Die Abbildung verdeutlicht zusätzlich die Existenz zweier instabiler Gleichgewichte in den Punkten B und D. Diese beiden Punkte markieren den Grad an räumlicher Konzentration, an dem sich zentripetale und zentrifugale Kräfte exakt die Waage halten. Dieses numerische Beispiel illustriert die wesentliche Aussage der *New Economic Geography*, dass sowohl räumliche Dispersion als auch räumliche Konzentration stabil sein können.

Die in Abbildung 5.9 abgetragenen Werte und damit ihre Aussage bezüglich der räumlichen Verteilung der Industrie sind das Resultat der Wahl der Modellparameter. Die Transportkosten sind mit T=1,7 in die Berechnungen eingegangen. Das heißt, 1,7 Produkteinheiten gehen in den Transport, damit eine Einheit den Konsumenten in der anderen Region erreicht. Abbildung 5.10 zeigt am Beispiel unterschiedlicher Transportkostenniveaus, wie stark die Modellaussagen auf Veränderungen der Parameter reagieren. Diese Abbildung zeigt den gleichen Sachverhalt – die Veränderung des Lohnquotienten in Abhängigkeit von der Konzentration der Industriearbeiter – für unterschiedliche Niveaus der Transportkosten zwischen T=1,3 und T=2,1. Die Kurve für T=1,7 entspricht der Kurve in Abbildung 5.9.

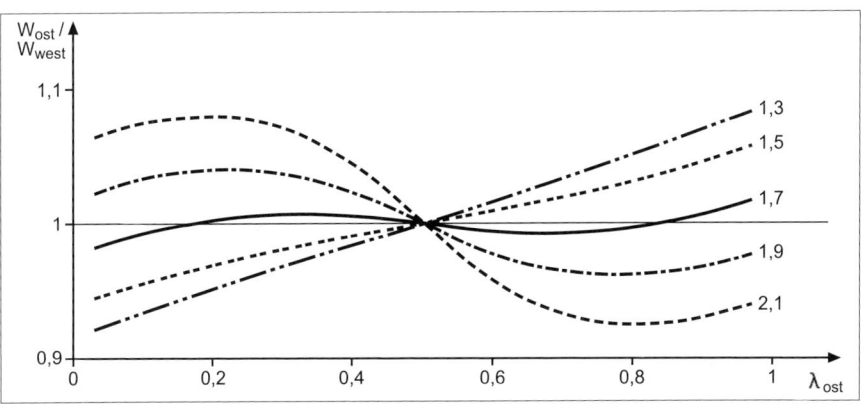

Abbildung 5.10: 2-Regionen-Fall bei unterschiedlichen Transportkostenniveaus (Eigene Darstellung nach *S. Brakman* et al., 2001, S. 105)

Bei hohen Transportkosten (T=1,9 oder T=2,1) tendiert die Raumstruktur immer zur Dispersion des Industriesektors, denn jede Erhöhung des Industrieanteils von Ost (West) senkt den Industrielohn in Ost (West) und induziert Wanderungen, die den Industrieanteil in Ost (West) wieder absenken. Bei sehr niedrigen Transportkosten (T=1,5 oder T=1,3) tendiert die Raumstruktur dagegen immer zur Konzentration, da jede Abweichung vom Gleichgewicht sofort einen kumulativen Prozess bis hin zur vollständigen Konzentration in Ost oder West bewirkt. Damit liefert Abbildung 5.10 einen numerischen Beleg für die Aussage von Abbildung 5.8, dass bei hohen Transportkostenniveaus disperse Raumstrukturen, bei niedrigen Transportkostenniveaus dagegen Konzentration vorherrschen.

Mit Hilfe der Abbildungen 5.8, 5.9 und 5.10 lassen sich die Auswirkungen steigender oder sinkender Transportkosten verstehen (*S. Brakman* et al., 2001, S. 111-113). Eine durch hohe Transportkosten (T≥1,9 in Abbildung 5.8 und Abbildung 5.10) geprägte Raumwirtschaft ist dispers strukturiert. Sinken die Transportkosten, so bleibt die disperse Struktur bis zu einem Transportkostenniveau von knapp unter T=1,7 erhalten, denn laut Abbildung 5.9 lässt auch dieses Transportkostenniveau den Bestand des Gleichgewichts bei verteilter Industrie zu (Punkt C). Das Transportkostenniveau, an dem die Raumstruktur in Richtung Konzentration kippt, liegt unterhalb von T=1,7 aber oberhalb von T=1,5, bei dem es sicher zur Konzentration kommt (vgl. Abbildung 5.10). Dieses Transportkostenniveau nennen *M. Fujita* et al. (1999, S. 10) *Break Point*. Umgekehrt ist eine durch niedrige Transportkosten gekennzeichnete Raumwirtschaft durch Konzentration geprägt. Steigen hier die Transportkosten, bleibt die Konzentration bis zu einem Transportkostenniveau knapp oberhalb von T=1,7 erhalten (Punkt A oder E in Abbildung 5.9) und kippt erst dann in Richtung Dispersion. Diesen Punkt nennen *M. Fujita* et al. (1999, S. 10) *Sustain Point*. Die Tatsache, dass die Raumstruktur im Bereich mittlerer Transportkostenniveaus bei sich verändernden Transportkosten Beharrungstendenzen aufweist, wird mit dem Begriff Pfadabhängigkeit bezeichnet (*S. Brakman* et al., 2001, S. 113).

Die *New Economic Geography* ist nicht auf den hier vorgestellten 2-Regionen-Fall beschränkt sondern lässt sich auf die Entwicklung räumlicher Konzentrationen in beliebig vielen Regionen ausdehnen (z. B. *M. Fujita* et al., 1999; *S. Brakman* et al., 2001). Die komplexe Modellstruktur setzt Annäherungen des Modells an die Realität jedoch enge Grenzen (*P. Krugman*, 1998, S. 15). Unbeschadet dieser Kritik bildet die *New Economic Geography* beispielsweise die Grundlage des Weltentwicklungsberichts 2009 (Weltbank, 2009) und hat somit Eingang in die empirische Analyse und die Politikberatung gefunden.

Es ist das Verdienst der *New Economic Geography*, das Spektrum der Wirtschaftswissenschaften um räumliche Problemstellungen erweitert zu haben. Dies hat über die Wirtschaftswissenschaften hinaus zu einem erneuten Interesse am Einfluss von Transportkosten, externen Erträgen und räumlicher Polarisation geführt. Zudem zeigt die *New Economic Geography*, dass in Marktwirtschaften sowohl räumliche Polarisation als auch räumlicher Ausgleich möglich sind. Raumstrukturen können sich schlagartig verändern.

Die vielfältige Kritik an diesem Theoriegebäude lässt sich auf drei wesentliche Argumente reduzieren (*R. Martin*, 1999). Erstens zielt sie, wie bei deduktiven Theorien üblich, auf die Verwendung vereinfachender Annahmen und die damit einhergehende Nichtberücksichtigung mancher Einflussfaktoren. Dies führt zu einer

Beschränkung der Aussagekraft und Verallgemeinerungsfähigkeit der Theorieaussagen. Ein zweiter, damit verbundener Kritikpunkt betrifft die fehlende Berücksichtigung der Individualität von Räumen. Drittens halten manche Wissenschaftler die Bezeichnung *New Economic Geography* für unangemessen, da dieser Ansatz primär den Wirtschaftswissen und nicht der Geographie zuzuordnen sei.

Literatur

Einen interessanten Einblick in unterschiedliche Sichtweisen der Netzwerktheorie bieten:

Goyal, S., 2007: Connections. An Introduction to the Economics of Network. Princeton, Oxford.

Burt, R. S., 1992: Structural Holes. The Social Structure of Competition. Cambridge/MA.

Zur Vertiefung der Kentnisse zu Wertschöpfungsketten ist geeignet:

Gereffi, G.; Korzeniewicz, M., 1994: Commodity Chains and Global Capitalism. Westport.

Umfassende jedoch ältere Überlegungen zur eklektischen Theorie enthält:

Dunning, J. H., 1988: Explaining International Production. London.

Zu den umfassenden Arbeiten zum Clusterbegriff gehört

Porter, M. E., 1999: Nationale Wettbewerbsvorteile. Erfolgreich konkurrieren auf dem Weltmarkt. Wien.

Mehrere Sammelbände führen in den Begriff der regionalen Innovationssysteme ein, z. B.

Braczyk, H.-J.; Cooke, P.; Heidenreich, M. (Hrsg.), 1998: Regional Innovation Systems. The role of governances in a globalized world. London, New York.

Das Konzept der geographischen Industrialisierung ist dargelegt in

Storper, M.; Walker, R., 1989: The Capitalist Imperative. Territory, Technology, and Industrial Growth. New Nork, Oxford

Eine leicht verständliche Einführung in die Gedankenwelt der New Economic Geography bietet das Büchlein

Krugman, P., 1991: Geography and Trade. Leuven, Cambridge/Mass.

Abschließende Anmerkung zur aktuellen Theorieentwicklung in der Wirtschaftsgeographie:

Die in Kapitel 5 vorgestellten Theorien und Konzepte spiegeln zwei gegenläufige Richtungen der Theorieentwicklung wider. Die eine Richtung bemüht sich um die Erstellung einer in sich geschlossenen und widerspruchsfreien Argumentation. Dies setzt eine Beschränkung der Modelle auf wenige Elemente und Kernaussagen voraus. Exemplarisch hierfür steht die *New Economic Geography*. Die andere Richtung der Theorieentwicklung betont die Offenheit für viele, z. T. auch widersprüchliche und noch nicht voll verstandene Elemente und Einflussfaktoren. Ein Beispiel ist das Konzept der regionalen Innovationssysteme.

Vertreter beider Richtungen heben die jeweiligen Vorteile ihres Vorgehens und die Nachteile der jeweils anderen Argumentationsweise hervor (*P. Krugman*, 1998; *R. Martin*, 1999; *A. Markusen*, 1999). Die Vorteile der *New Economic Geography* bestehen im Erreichen von begrifflicher Klarheit, Kausalität und Falsifizierbarkeit, ihr größter Nachteil ist die erhebliche Vereinfachung. Die Offenheit für verschiedene Einflussfaktoren und die Beachtung der Individualität von Räumen ist der Vorteil von Konzepten wie dem der regionalen Innovationssysteme, ihre Nachteile bestehen in begrifflicher Unschärfe, mangelnder Kausalität und fehlender Falsifizierbarkeit.

Diese unterschiedlichen theoretischen Positionen wirken sich auf die Forschungsmethodik und die räumliche Wirtschaftspolitik aus. Die empirische Anwendung mathematisch komplexer Modelle hat zwei Fehlerquellen zu berücksichtigen, erstens Fehler, die aus nicht zutreffenden Annahmen resultieren, und zweitens Fehler, die aus der Verarbeitung fehlerhafter oder ungeeigneter Daten entstehen. Bei den offeneren Theorieansätzen besteht dagegen eine unübersehbare Tendenz zum Verifizieren erhoffter Ergebnisse durch einseitige Methodenauswahl und Ergebnisinterpretation. In beiden Fällen mögen vorschnell abgeleitete Politikempfehlungen die Anwendung unwirksamer oder kontraproduktiver Maßnahmen nach sich ziehen.

Aus Sicht dieses Lehrbuchs ist daher die Kenntnis der Argumentationsgänge, Stärken und Schwächen unterschiedlichster aber gleichwohl viel beachteter Theorieansätze für angehende professionelle Wirtschaftsgeographen unerlässlich.

Literatur

Im folgenden Literaturverzeichnis sind nur Publikationen angeführt, die für die Erstellung vorliegender Arbeit von unmittelbarer Relevanz waren.

Abler, R.; Adams, J. S.; Gould, P., 1971: Spatial Organization. The Geographer's View of the World. London.

Alonso, W., 1960: A Theory of the Urban Land Market. In: Papers and Proceedings of the Regional Science Association, Cambridge/Mass. 6 (1960), S. 149-157.

– 1964: Location and Land Use. Toward a General Theory of Land Rent. Cambridge/Mass.

Amin, A.; Thrift, N., 1992: Neo-Marshallian Nodes in Global Networks. In: International Journal of Urban and Regional Research 16, S. 571-587.

Amin, A.; Thrift, N. (Hrsg.), 1994: Globalization, Institutions and Regional Development in Europe. Oxford.

Anselin, L.; Varga, A.; Acs, Z., 1997: Local geographic spillovers between university research and high technology innovations. In: Journal of Urban Economics 42, S. 422-448.

Armstrong, H.; Taylor, J., 2000: Regional Economics and Policy. (3. Aufl.). New York, London.

Arrow, K. J., 1969: Classification Notes on the Production and Transmission of Technological Knowledge. In: The American Economic Review 59, S. 29-35.

Bade, F.-J., 1979: Die Mobilität von Industriebetrieben. Schriften des Wissenschaftszentrums Berlin 6. Königstein/Taunus.

Bahrenberg, G., 1975: Die Ausbreitung von Informationen. Ein Lernspiel zur Simulierung von Diffusionsprozessen in der 8. Klasse. In: Geographische Rundschau, Beiheft. S. 38-43.

Baldwin, R., 2006: Globalisation: the great unbundling(s). In: Globalisation Challenges for Europe and Finland. Prime Minister's Office: Economic Council of Finland. Helsinki.

Ball, P., 2006: Culture crash. In: Nature 441, S. 686-688.

Barabási, A.-L., 2009: Scale-Free Networks: A Decade and Beyond. In: Science 325, S. 412-413.

Barabási, A.-L.; Albert, R., 1999: Emergence of Scaling in Random Networks. In: Science 286, S. 509-512.

Barlowe, R., 1958: Land Resource Economics: The Political Economy of Rural and Urban Resource Use. Englewood Cliffs.

Barney, J., 1991: Firm Resources and Sustained Competitive Advantage. In: Journal of Management 17, S. 99-120.

Bartlett, C. A.; Ghoshal, S., 2000: Going Global. Lessons from Late Movers. In: Harvard Business Review, March-April, S. 132-142.

Bathelt, H.; Glückler, J., 2003a: Wirtschaftsgeographie. Ökonomische Beziehungen in räumlicher Perspektive. (2. Aufl.), Stuttgart.

– 2003b: Toward a relational economic geography. In: Journal of Economic Geography 3, S. 117-144.

Bathelt, H.; Malmberg, A.; Maskell P., 2004: Clusters and knowledge: local buzz, global pipelines and the process of knowledge creation. In: Progress in Human Geography 28, S. 31-56.

Becattini, G.; Bellandi, M.; dei Ottati, G.; Sforzi, F., 2003: From Industrial Districts to Local Development. Cheltenham, Northampton/MA.

Behrens, K. C., 1971: Allgemeine Standortbestimmungslehre. (2. Aufl.). Köln, Opladen.

Beier, D., 1965: Die Theorie der peripheren Wirtschaft nach Raúl Prebisch und ihre Stellung in der allgemeinen Außenhandelstheorie. Berlin.

Bell, G. G.; Zaheer, A., 2007: Geography, Networks, and Knowledge Flow. In: Organization Science 18, S. 955-972.

Bergeler, R., 1966: Psychologie stereotyper Systeme. Bern.

Berry, B. J. L.; Garrison, W. L., 1958: Recent Development of Central Place Theory. In: Papers and Proceedings of the Regional Science Association 4, S. 107-120.

Berry, B. J. L.; Barnum, H. G.; Tennant, R. J., 1962: Retail Location and Consumer Behaviour. In: Papers and Proceedings of the Regional Science Association 9, S. 65-106.

Bhagwati, J., 1958: Immiserizing Growth: A Geometrical Note. In: Review of Economic Studies 25, S. 201-205.

Bloech, J., 1970: Optimale Industriestandorte. Methoden ihrer Bestimmung. Würzburg, Wien.

Blomström, M.; Kokko, A., 1998: Foreign Investment as a Vehicle for International Technology Transfer. In: Navaretti, G. B. (Hrsg.): Creation and Transfer of Knowledge. Berlin, Heidelberg, S. 279-311.

– 2001: Foreign Direct Investment and Spillovers of Technology. In: International Journal of Technology Management 22, S. 435-454.

Blomström, M.; Kokko, A.; Globermann, S., 2001: The determinants of host country spillovers from foreign direct investment: a review and synthesis of the literature. In: Pain, N. (Hrsg.): Inward investment, technological change and growth: the impact of multinational corporations on the UK economy. Basingstoke, S. 34-65.

Blotevogel, H. H., 1996: Zentrale Orte: Zur Kritik und Krise eines Konzepts in der Regionalforschung und Raumordnungspraxis. In: Informationen zur Raumentwicklung 10, S. 617-629.

Böventer, E. v., 1962a: Theorie des räumlichen Gleichgewichts. Tübingen.

– 1962b: Die Struktur der Landschaft. Versuch einer Synthese und Weiterentwicklung der Modelle J. H. von Thünens, W. Christallers und A. Löschs. In: Optimales Wachstum und optimale Standortverteilung. Berlin. Schriften des Vereins für Socialpolitik 27, S. 77-133.

– 1963: Toward a United Theory of Spatial Economic Structure. In: Papers of the Regional Science Association 10, S. 163-187.

– 1964a: Raumwirtschaftstheorie. In: Handwörterbuch der Sozialwissenschaften. Bd. 8, Stuttgart, Tübingen, Göttingen, S. 704-728.

– 1964b: Spatial Organization Theory as a Basis for Regional Planning. In: Journal of the American Institute of Planners 30, S. 90-100.

– 1968: Walter Christallers zentrale Orte und periphere Gebiete. In: Geographische Zeitschrift 56, S. 102-111.

– 1975: Regional Growth Theory. In: Urban Studies 12, S. 1-29.

– 1987: Städtische Agglomerationen und regionale Wachstumszyklen: Vertikale und quer verlaufende Wellen. In: Böventer, E. v., (Hrsg.): Stadtentwicklung und Strukturwandel. Schriften des Vereins für Socialpolitik 168, S. 9-40.

Böventer, E. v.; Hampe, J., 1988: Ökonomische Grundlagen der Stadtplanung. Eine Einführung in die Stadtökonomie. ARL Beiträge 112. Hannover.

Bohnet, M., 1971: Die Entwicklungstheorien – Ein Überblick. In: Bohnet, M. (Hrsg.): Das Nord-Süd-Problem. Konflikte zwischen Industrie- und Entwicklungsländern. München, S. 49-64.

– 1982: Ökonomische Entwicklungstheorien und Entwicklungspolitik. In: Nohlen, D.; Nuscheler, F. (Hrsg.): Handbuch der Dritten Welt. Bd. 1. Hamburg, S. 292-311.

Bombach, G., 1965: Wirtschaftswachstum. In: Handwörterbuch der Sozialwissenschaften. Bd. 12. Stuttgart, Tübingen, Göttingen, S. 763-801.

Booth, D. E., 1987: Regional Long Waves, uneven Growth, and the Cooperative Alternative. New York.

Borts, G. H.; Stein, J. L., 1964: Economic Growth in a Free Market. New York, London.

Boschma, R. A.; Lambooy, J. G., 1999: Evolutionary economics and economic geography. In: Journal of Evolutionary Economics 9, S. 411-429.

Brakman, S.; Garretsen, H.; van Marrewijk, C., 2001: An introduction to geographical economics. Cambridge.

Brandt, A.; Hahn, C.; Krätke, S.; Kiese, M., 2009: Metropolitan Regions in the Knowledge Economy: Network Analysis as a Strategic Information Tool. In: Tijdschrift voor Economische en Sociale Geografie 100, S. 236-249.

Breschi, S.; Lissoni, F., 2001: Knowledge Spillovers and Local Innovation Systems: A Critical Survey In: Industrial and Corporate Change 10, S. 975-1005.

Brinkmann, T., 1922: Die Ökonomik des landwirtschaftlichen Betriebs. In: Grundriß der Sozialökonomik. Tübingen. VII. Abt. III. Buch B II.

Brücher, W., 1982: Industriegeographie. Das Geographische Seminar. Braunschweig.

Bryson, J.; Henry, N.; Keeble, D.; Martin, R. (Hrsg.), 1999: The Economic Geography Reader. Chichester.

Buckley, P. J.; Casson, M., 1976: The Future of the Multinational Enterprise. London, Basingstoke.

Burt, R. S., 1992: Structural Holes. The Social Structure of Competition. Cambridge/MA.

Buttler, F., 1973: Entwicklungspole und räumliches Wirtschaftswachstum. Tübingen.

Buttler, F.; Gerlach, K; Liepmann, P., 1977: Grundlagen der Regionalökonomie. Reinbek bei Hamburg.

Cairncross, F., 1997: The Death of Distance. Boston/MA.

Cantwell, J., 1995: The globalization of technology: what remains of the product cycle model? In: Cambridge Journal of Economics 19, S. 155-174.

Chaminade, C.; Vang, J., 2008: Globalisation of knowledge production and regional innovation policy: Supporting specialized hubs in the Bangalore software industry. In: Research Policy 37, S. 1684-1696.

Chisholm, M., 1968: Johann Heinrich von Thünen: In: Smith, R. H. T.; Taaffe, E. J.; King, L. J. (Hrsg.), 1968: Readings in Economic Geography. Chicago/III, S. 34-40.

Christaller, W., 1933: Die zentralen Orte in Süddeutschland. Eine ökonomischgeographische Untersuchung über die Gesetzmäßigkeit der Verbreitung und Entwicklung der Siedlungen mit städtischen Funktionen. Jena. (Reprographischer Nachdruck, Darmstadt 1968).

– 1957: Zur Frage der Standorte für Dienstleistungen. In: Raumforschung und Raumordnung, S. 96-101.

Clark, C., 1940: The Conditions of Economic Progress. London.

Coase, R. H., 1937: The Nature of the Firm. In: Economica 4, S. 386-405.

Coe, N. M.; Kelly, P. F.; Yeung H. W. C., 2007: Economic Geography. A Contemporary Introduction. Malden, Oxford, Carlton.

Cohen, W. M.; Levinthal, A., 1989: Innovation and Learning: The two Faces of R&D. In: The Economic Journal 99, S. 569-596.

Coleman, J. S., 1988: Social Capital in the Creation of Human Capital. In: American Journal of Sociology 94, S. 95-120.

Conner, K. R.; Prahalad, C. K, 1996: A Resource-based Theory of the Firm: Knowledge Versus Opportunism. In: Organization Science 7, S. 477-501.

Cooke, P., 1998: Introduction. Origins of the concept. In: Braczyk, H.-J.; Cooke, P.; Heidenreich, M. (Hrsg.), 1998: Regional Innovation Systems. The role of governances in a globalized world. London, New York, S. 2-25.

Cooke, P.; Gomez Uranga, M.; Etxebarria, G., 1997: Regional innovation systems: Institutional and organisational dimensions. In: Research Policy 26, S. 475-491.

Cooper, L., 1968: An Extension of the Generalized Weber Problem. In: Journal of Regional Science 8, S. 181-197.

Craig, P., 1957: Location Factors in the Development of Steel Centers. In: Papers and Proceedings of the Regional Science Association 3, S. 249-265.

Deiters, J., 1976: Christallers Theorie der Zentralen Orte. In: Engel, J. (Hrsg.), 1976: Von der Erdkunde zur raumwissenschaftlichen Bildung. Theorie und Praxis des Geographieunterrichts. Bad Heilbrunn/Obb., S. 104-115.

Delbeke, J., 1984: Recent Long-Wave Theories. In: Freeman, C. (Hrsg.): Long Waves in the World. London, Dover/N. H., S. 1-12.

Dicken, P., 1998: Global Shift. Transforming the World Economy. (3. Aufl.). London.

– 2007: Global Shift. Mapping the Changing Contours of the World Economy. (5. Aufl.). London, Thousand Oaks, New Delhi.

Dicken, P.; Lloyd, P. E., 1999: Standort und Raum. Theoretische Perspektiven in der Wirtschaftsgeographie. Stuttgart.

Dierickx, I.; Cool, K., 1989: Asset Stock Accumulation and Sustainability of Competitive Advantage. In: Management Science 35, S. 1504-1511.

DIHK, 2009: Jenseits der Krise – Substanz und Zukunft des Industriestandortes Deutschlands. Berlin.

Doh, J. P., 2005: Offshore Outsourcing: Implications for International Business and Strategic Management Theory and Practice. In: Journal of Management Studies 42, S. 695-704.

Domar, E. D., 1946: Capital Expansion, Rate of Growth, and Employment. In: Econometrica 14, S. 137-147.

Duesenberry, J. S., 1950: Some Aspects of the Theory of Economic Development. In: Explorations in Entrepreneurial History 3, S. 63-102.

Duijn, J. J. v., 1984: Fluctuations in Innovations over Time. In: Freeman, C. (Hrsg.). 1984: Long Waves in the World. London, Dover/N. H., S. 19-30.

Dunn, E. S. jr., 1954: The Location of Agricultural Production. Gainesville.

Dunning, J. H., 1979: Explaining Changing Patterns of International Production: In Defence of the Electic Theory. In: Oxford Bulletin of Economics and Statistics 41, S. 269-295.

– 1988: Explaining International Production. London.

– 2000: The eclectic paradigm as an envelope for economic and business theories of MNE activity. In: International Business Review 9, S. 163-190.

Earle, C., 1996: The Model of Rational Economic Man and its Alternatives. A Brief for Intermittent Rationality. In: Earle, C.; Kenzer, M., Mathewson, K. (Hrsg.): Concepts in Human Geography. Lanham, Md., S. 323-354.

Eklund, K., 1980: Long Waves in the Development of Capitalism? In: Kyklos 33, S. 383-419.

Eliot Hurst, M. E., 1974: A Geography of Economic Behavior. An Introduction. London.

Enos, J.; Lall, S.; Yun, M. Y., 1997: Transfer of Technology: An Update. In: Asian-Pacific Economic Literature 11, S. 56-66.

Ernst, D., 2006: Innovation Offshoring. Asia's Emerging Role in Global Innovation Networks. East-West Center Special Reports, July (10), Honolulu.

– 2008: Innovation offshoring and Asia's electronics industry – the new dynamics of global networks. In: International Journal of Technological Learning, Innovation and Development 1, S. 551-576.

Ernst, D.; Kim, L., 2002: Global production networks, knowledge diffusion, and local capability formation. In: Research Policy 31, S. 1417-1429.

Essletzbichler, J.; Rigby, D. L., 2007: Exploring evolutionary economic geographies. In: Journal of Economic Geography 7, S. 549-571.

Evers, T. T.; Wogau, P. von, 1973: »dependencia«: lateinamerikanische Beiträge zur Theorie der Unterentwicklung. In: Das Argument 79, S. 404-454.

Fischer, M. M.; Revilla Diez, J.; Snickars, F., 2001: Metropolitan Innovation Systems. Theory and Evidence from Three Metropolitan Regions in Europe. Berlin.

Fourastié, J., 1954: Die große Hoffnung des zwanzigsten Jahrhunderts. Köln. (Titel der französischen Originalausgabe: Le Grand Espoir du XXe Siècle, Progrès Technique – Progrès Economique – Progrès Social. Paris 1952, 3. Aufl.).

Freeman, C., 1995: The ›National System of Innovation‹ in historical perspective. In: Cambridge Journal of Economics 19, S. 5-24.

Freeman, C. (Hrsg.), 1984: Long Waves in the World. London, Dover/N. H.

Frenkel, M.; Hemmer, H.-R., 1999: Grundlagen der Wachstumstheorie. München.

Friedmann, J., 1966: Regional Development Policy: A Case Study of Venezuela. Cambridge/Mass., London.

– 1973: Urbanization, Planning and National Development. Beverly Hills/Cal., London.

Fürst, D.; Klemmer, P.; Zimmermann, K., 1976: Regionale Wirtschaftspolitik. Tübingen, Düsseldorf.

Fujita, M.; Krugman, P.; Venables, A. J., 2001: The Spatial Economy. Cities, Regions, and International Trade. Cambridge/MA.

Garrison, W. L.; Marble, D. F., 1957: The Spatial Structure of Agricultural Activities. In: Annals of the Association of American Geographers 47, S. 137-144.

Gereffi, G., 1999: International trade and industrial upgrading in the apparel commodity chain. In: Journal of International Economics 48, S. 37-70.

Gereffi, G.; Humphrey, J.; Sturgeon, T., 2005: The governance of global value chains. In: Review of International Political Economy 12, S. 78-104.

Gereffi, G.; Korzeniewicz, M., 1994: Commodity Chains and Global Capitalism. Westport.

Gerschenkron, A., 1962: Economic Backwardness in Historical Perspective. New York, Washington, London.

Giese, E., 1978: Räumliche Diffusion ausländischer Arbeitnehmer in der Bundesrepublik 1960-1976. In: Die Erde 109, S. 92-110.

Giese, E.; Mossig, I.; Schröder, H., 2011: Globalisierung der Wirtschaft. Eine wirtschaftsgeographische Einführung. Paderborn.

Glass, A. J.; Saggi, K., 1998: International technology transfer and the technology gap. In: Journal of Development Economics 55, S. 369-398.

Görg, H.; Greenaway, D., 2004: Much Ado about Nothing? Do Domestic Firms Really Benefit from Foreign Direct Investment? In: The World Bank Research Observer 19, S. 171-197.

Goyal, S., 2007: Connections. An Introduction to the Economics of Network. Princeton, Oxford.

Grabher, G., 1993: The embedded Firm. On the Social Economics of Industrial Networks. London, New York.

Granovetter, M. S., 1973: The Strength of Weak Ties. In: The American Journal of Sociology 78, S. 1360-1380.

– 1985: Economic Action and Social Structure: The Problem of Embeddedness. In: The American Journal of Sociology 91, S. 481-510.

Güßefeld, J., 1988: Kausalmodelle in Geographie, Ökonomie und Soziologie. Eine Einführung mit Übungen und einem Computerprogramm. Berlin, Heidelberg.

Gutenberg, E., 1983: Grundlagen der Betriebswirtschaftslehre. Bd. I. Die Produktion. (24. Aufl.). Berlin.

Hägerstrand, T., 1966: Aspects of the Spatial Structure of Social Communication and the Diffusion of Information. In: Papers of the Regional Science Association 16, S. 27-42. (Deutsche Übersetzung in: Bartels, D. (Hrsg.), 1970: Wirtschafts- und Sozialgeographie, S. 367-379).

Hagedoorn, J.; Duysters, G., 2002: External Sources of Innovative Capabilities: The Preference for Strategic Alliances or Mergers and Acquisitions. In: Journal of Management Studies 39, S. 168-188.

Haggett, P., 2001: Geography. A Global Synthesis. Harlow.

Hall, P., 1966: Von Thünen's Isolated State. Oxford. S. XLV-XLVII. (Englischsprachige Bibliographie über von Thünen).

Hampe, J.; Koll, R., 1989: Regionale Entwicklung und langfristiger Wandel der Arbeitsteilung: Theoretische Zusammenhänge und empirische Analyse am Beispiel der langfristigen Entwicklung ausgewählter Sektoren in Bayern. In: Böventer, E. v. (Hrsg.): Regionale Beschäftigung und Technologieentwicklung. Berlin, S. 39-80.

Handwörterbuch der Raumforschung und Raumordnung: Akademie für Raumforschung und Landesplanung (Hrsg.) 1970: Handwörterbuch der Raumforschung und Raumordnung. Bd. 1-3. Hannover.

Handwörterbuch der Sozialwissenschaften: Beckerath, E. von; Brinkmann, C.; et al. (Hrsg.), 1956-1965: Bd. 1-12. Stuttgart, Tübingen, Göttingen.

Harrison, B., 1992: Industrial Districts: Old Wine in New Bottles? In: Regional Studies 26, S. 469-483.

Harrod, R. F., 1948: Towards a Dynamic Economics. London, New York.

Heckscher, E. F., 1919: The Effect of Foreign Trade on the Distribution of Income (in Schwedisch). In: Ekonomisk Tidskrift, S. 497-512. (Englische Übersetzung in: Ellis, H. S.; Metzler, L. A. (Hrsg.), 1950: Readings in the Theory of International Trade. London. S. 272-300).

Heinen, E., 1962: Die Zielfunktion der Unternehmung. In: Koch, H. (Hrsg.) 1962: Zur Theorie der Unternehmung. Festschrift zum 65. Geburtstag von Erich Gutenberg. Wiesbaden, S. 9-71.

Heinritz, G., 1979: Zentralität und zentrale Orte. Teubner Studienbücher der Geographie. Stuttgart.

Hemmer, H.-R., 2002: Wirtschaftsprobleme der Entwicklungsländer. Eine Einführung. Vahlens Handbücher der Wirtschafts- und Sozialwissenschaften (3. Aufl.). München.

Henderson, J.; Dicken, P.; Hess, M.; Coe, N.; Yeung, H. W.-C., 2002: Global production networks and the analysis of economic development. In: Review of International Political Economy 9, S. 436-464.

Henderson, R. M.; Clark, K. B., 1990: Architectural Innovation: The Reconfiguration of Existing Product Technologies and the Failure of Established Firms. In: Administrative Science Quarterly 35, S. 9-30.

Hennemann, S., 2011: The role of transnational corporations in the Chinese science and technology network. In: Erdkunde 65, S. 71-83.

Hesse, H., 1988: Außenhandel I: Determinanten. In: Handwörterbuch der Wirtschaftswissenschaft (HdWW) 1, S. 364-388.

Hippel, E. v., 1994: »Sticky Information« and the Locus of Problem Solving: Implications for Innovation. In: Management Science 40, S. 429-439.

Hirsch, S., 1967: Location of Industry and International Competiveness. Oxford.

Hirschman, A. O., 1958: The Strategy of Economic Development. New Haven/ Conn., London. (Deutsche Übersetzung: Die Strategie der wirtschaftlichen Entwicklung. Stuttgart 1967).

Hobday, M., 2000: East versus Southeast Asian Innovation Systems: Comparing OEM- and TNC-led Growth in Electronics. In: Kim, L.; Nelson, R. R. (Hrsg.), 2000: Technology, learning, and innovation: experiences of newly industrializing economies. Cambridge, S. 129-169.

Hoover, E. M. jr., 1937: Location Theory and the Shoe and Leather Industries. Harvard Economic Studies 55. Cambridge/Mass., Oxford.

– 1948: The Location of Economic Activity. New York, Toronto, London.

Howells, J., 1996: Tacit Knowledge, Innovation and Technology Transfer. In: Technology Analysis & Strategic Management 6, S. 91-106.

Humphrey, J.; Schmitz, H., 2002: How Does Insertion in Global Value Chains Affect Upgrading in Industrial Clusters? In: Regional Studies 36, S. 1017-1027.

Isard, W., 1956: Location and Space-Economy. A general theory relating to industrial location, market areas, land use, trade and urban structure. New York, London.

– 1960: Methods of Regional Analysis: An Introduction to Regional Science, Cambridge/ Mass., London.

Isard, W., Reiner, T.A., 1966: Regional Science: Retrospect and Prospect. In: Papers of the Regional Science Association 16, S. 1-16. (Deutsche Übersetzung: Regionalforschung: Rückschau und Ausblick. In: Bartels, D. (Hrsg.) 1970: Wirtschafts- und Sozialgeographie. Köln, Berlin. Neue wissenschaftliche Bibliothek 35, S. 435-450).

Jaffe, A. B., 1989: Characterizing the Technological Position of Firms, with Application to Quantifying Technological Opportunity and Research Spillovers. In: Research Policy 18, S. 87-97.

Jaffe, A. B.; Trajtenberg, M.; Henderson, R., 1993: Geographic Localization of Knowledge Spillovers as Evidenced by Patent Citations. In: Quarterly Journal of Economics 108, S. 577-598.

James, A. D., 2002: The Strategic Management of Mergers and Acquisitions in the Pharmaceutical Industry: Developing a Resource-based Perspective. In: Technology Analysis & Strategic Management 14, S. 299-313.

Jansen, P. G., 1969: Zur Theorie der Wanderung. In: Zur Theorie der allgemeinen und der regionalen Planung. Bielefeld, S. 150-163.

Jochimsen, R.; Gustafsson, K., 1970: Infrastruktur. In: Handwörterbuch der Raumforschung und Raumordnung. (2. Aufl.). Hannover, Sp. 1318-1335.

Johanson, J.; Vahlne, J.-E., 1977: The Internationalization Process of the Firm – A Model of Knowledge Development and Increasing Foreign Market Commitments. In: Journal of International Business Studies 8, S. 23-32.

Johanson, J.; Wiedersheim-Paul, F., 1975: The Internationalization of the Firm – Four Swedish Cases. In: The Journal of Management Studies 12, S. 305-322.

Kaplinsky, R., 2000: Spreading the Gains from Globalisation: What can be Learned from Value Chain Analysis? Institute of Development Studies Working Paper 110, Brighton.

Keeble, D. E., 1967: Models of Economic Development. In: Chorley, R J.; Haggett, P. (Hrsg.), 1967: Models in Geography. London, S. 243-302.

Kennelly, R. A., 1968: The Location of the Mexican Steel Industry. In: Smith, R. H. T.; Taaffe, E. G.; King, L. G. (Hrsg.), 1968: Readings in Economic Geography. Chicago, S. 126-157.

Keynes, J. M., 1936: General Theory of Employment, Interest and Money. London.

Kiese, M., 2008: Stand und Perspektiven der regionalen Clusterforschung. In: Kiese, M.; Schätzl, L. (Hrsg.), 2008: Cluster und Regionalentwicklung. Theorie, Beratung und praktische Umsetzung. Dortmund, S. 9-50.

Kim, L., 1991: Pros and Cons of International Technology Transfer: A Developing Country´s View. In: Agmon, T., von Glinow, M.A. (Hrsg.): Technology Transfer in International Business. New York, S. 223-239.

Kindleberger, C. P., 1965: Economic Development (2. Aufl.). New York. (1. Aufl. 1958)

Klages, K. D., 1975: Das regionale Entwicklungsgefälle. Ein Beitrag zur Regionalplanung in Entwicklungsländern. Tübingen, Basel.

Klatt, S., 1959: Zur Theorie der Industrialisierung. Hypothesen über die Bedingungen, Wirkungen und Grenzen eines überwiegend durch technischen Fortschritt bestimmten wirtschaftlichen Wachstums. Köln, Opladen.

Kline, S. J.; Rosenberg, N., 1986: An Overview of Innovation. In: Landau, R.; Rosenberg, N. (Hrsg.): The Positive Sum Strategy. Washington, S. 275-306.

Klöppel, W., 1973: Die Mobilität des privaten Kapitals und ihre Bedeutung für die Regionalpolitik. Beiträge zum Siedlungs- und Wohnungswesen und zur Raumplanung 12, Münster.

Knall, B., 1962: Wirtschaftserschließung und Entwicklungsstufen. In: Weltwirtschaftliches Archiv 88, S. 184-258.

Knox, P.; Agnew, J., McCarthy, L., 2003: The Geography of the World Economy. (5. Aufl.). London.

Koch, H. (Hrsg.), 1962: Zur Theorie der Unternehmung. Festschrift zum 65. Geburtstag von Erich Gutenberg. Wiesbaden.

Kogut, B., 1985: Designing Global Strategies: Comparative and Competitive Value-Added Chains. In: Sloan Management Review 26, S. 15-28.

– 2000: The Network as Knowledge: Generative Rules and the Emergence of Structure. In: Strategic Management Journal 21, S. 405-425.

Kogut, B.; Zander, U., 1992: Knowledge of the Firm, Combinative Capabilities, and the Replication of Technology. In: Organization Science 3, S. 383-397.

Kondratieff; N. D., 1926: Die langen Wellen der Konjunktur. In: Archiv für Sozialwissenschaft und Sozialpolitik 56, S. 573-609.

Korallus, L., 1988: Die Lebenszyklustheorie der Unternehmung. Frankfurt am Main.

Koschatzky, K., 1987: Trendwende im sozioökonomischen Entwicklungsprozeß West Malaysias? Theorie und Realität. Hannover.

– 2001: Räumliche Aspekte im Innovationsprozess. Ein Beitrag zur neuen Wirtschaftsgeographie aus Sicht der regionalen Innovationsforschung. Wirtschaftsgeographie 19, Münster, Hamburg, London.

Kraus, T., 1933: Der Wirtschaftsraum. Gedanken zu seiner geographischen Erforschung. Köln.

– 1957: Wirtschaftsgeographie als Geographie und als Wirtschaftswissenschaft. In: Die Erde 88, S. 110-119.

Kraus, W. D., 1970: Die Quantifizierung von Standortfaktoren als Grundlage einer Standortlenkung. (Diss.). Würzburg.

Krieger-Boden, C., 1995: Die räumliche Dimension in der Wirtschaftstheorie. Ältere und neuere Erklärungsansätze. Kiel: Institut für Weltwirtschaft (Kieler Sonderpublikationen).

Krugman, P., 1979: Increasing Returns, Monopolistic Competition, and International Trade. In: Journal of International Economics 9, S. 469-479.

– 1991a: Geography and Trade. Leuven, Cambridge/Mass.

– 1991b: Increasing Returns and Economic Geography. In: Journal of Political Economy 93, S. 483-499.

– 1998: What's new about the new economic geography? Oxford Review of Economic Policy 14, S. 7-17.

Krugman, P.; Obstfeld, M., 2009: International Economics. Theory and Policy (9. Aufl.). New York.

Kuemmerle, W., 1997: Building Effective R&D Capabilities Abroad. In: Harvard Business Review, March-April, S. 61-70.

– 1999a: Foreign direct investment in industrial research in the pharmaceutical and electronics industries – results from a survey of multinational firms. In: Research Policy 28, S. 179-193.

– 1999b: The Drivers of Foreign Direct Investment into Research and Development: An Empirical Investigation. In: Journal of International Business Studies 30, S. 1-24.

Kuhn, H. W.; Kuenne, R. E., 1962: An Efficient Algorithm for the Numerical Solution of the Generalized Weber Problem in Space Economics. In: Journal of Regional Science 4, S. 21-33.

Kulke, E., 2009: Wirtschaftsgeographie. (4. Aufl.), Paderborn.

Kutschker, M.; Schmid, S., 2008: Internationales Management. (6. Aufl.). München.

Lall, S., 1993: Promoting Technology Development: The Role of Technology Transfer and Indigenous Effort. In: Third World Quarterly 14, S. 95-108.

Lange, S., 1972: Die Verteilung von Geschäftszentren in Verdichtungsräumen – ein Beitrag zur Dynamisierung der Theorie der zentralen Orte. In: Zentralörtliche Funktionen in Verdichtungsräumen. Hannover. Veröffentlichung der Akademie für Raumforschung und Landesplanung. Forschungs- und Sitzungsberichte 72, S. 7-48.

Lasuén, J. R., 1969: On Growth Poles. In: Urban Studies 6, S. 137-161.

– 1970: Urban Hierarchy Stability and Spatial Polarization. In: Urban Studies 7, S. 84-88.

– 1973: Urbanisation and Development – the Temporal Interaction between Geographical and Sectoral Clusters. In: Urban Studies 10, S. 163-188.

Launhardt, W., 1882: Die Bestimmung des zweckmäßigsten Standortes einer gewerblichen Anlage. In: Zeitschrift des Vereins Deutscher Ingenieure 26, S. 107-116.

Lee, E. S., 1972: Eine Theorie der Wanderung. In: Szell, G. (Hrsg.): Regionale Mobilität. München. S. 115-129. (Deutsche Übersetzung des Originalbeitrags: A Theory of Migration. In: Demography 3, 1966/I., S. 47-57.)

Liefner, I., 2006: Ausländische Direktinvestitionen und internationaler Wissenstransfer nach China. Wirtschaftsgeographie 34, Berlin.

Liefner, I.; Hennemann, S., 2011: Structural holes and new dimensions of distance: the spatial configuration of the scientific knowledge network of China's optical technology sector. In: Environment and Planning A 43, S. 810-829.

Lindberg, O., 1953: An Economic-Geographical Study of the Localization of the Swedish Paper Industry. In: Geografiska Annaler 35, S. 28-40.

Linnemann, H., 1966: An Econometric Study of International Trade Flows. Amsterdam.

Lösch, A., 1944: Die räumliche Ordnung der Wirtschaft (2. Aufl.). Jena.

Lowry, I. S., 1966: Migration and Metropolitan Growth: Two Analytical Models. San Francisco.

Maier, G.; Tödtling, F., 2006: Regional- und Stadtökonomik 1. Standorttheorie und Raumstruktur. (4. Aufl.). Wien.

Maier, G.; Tödtling, F., Trippl, M., 2006: Regional- und Stadtökonomik 2. Regionalentwicklung und Regionalpolitik. (3. Aufl.). Wien.

Malecki, E. J., 1991: Technology and Economic Development. The Dynamics of Local, Regional and National Changes. New York.

Malmberg, A; Maskell, P., 2002: The elusive concept of localization economies: towards a knowledge-based theory of spatial clustering. In: Environment and Planning A 34, S. 429-449.

Man, A.-P. de, 2008: Knowledge Management and Innovation in Networks. Cheltenham, Northampton/MA.

Manning, S.; Massini, S.; Lewin, A. Y., 2008: A Dynamic Perspective on Next-Generation Offshoring: The Global Sourcing of Science and Engineering Talent. In: Academy of Management Perspectives 22, S. 35-54.

Mantel, K., 1961: Der Standort der Forstwirtschaft in der Thünen'schen Theorie: In: Schmollers Jahrbuch für Gesetzgebung, Verwaltung und Volkswirtschaft 81. Berlin, S. 299-316.

Markusen, A., 1985: Profit Cycles, Oligopoly and Regional Development. Cambridge.

– 1996: Sticky Places in Slippery Space: A Typology of Industrial Districts. In: Economic Geography 72, S. 293-313.

– 1999: Fuzzy concepts, scanty evidence, policy distance: The case for rigour and policy relevance in critical regional studies. In: Regional Studies 33, S. 869-884.

Marshall, A., 1961: Principles of Economics. An introductory volume. London. (Nachdruck der 8. Auflage von 1920).

Marshall, J. U., 1969: The Location of Service Towns. An Approach to the Analysis of Central Place Systems. Toronto.

Martin, R., 1999: The new ›geographical turn‹ in economics: some critical reflections. In: Cambridge Journal of Economics 23, S. 74-80.

– 2000: Institutional Approaches in Economic Geography. In: Sheppard, E. S.; Barnes, T. J. (Hrsg.): A Companion to Economic Geography, Oxford, Malden/MA, S. 77-94.

Martin, R.; Sunley, P., 2006: Path dependence and regional economic evolution. In: Journal of Economic Geography 6, S. 395-437.

Martin, X.; Salomon, R., 2003: Knowledge Transfer Capacity and Its Implications for the Theory of the Multinational Corporation. In: Journal of International Business Studies 34, S. 356-373.

Maskell, P., 2001: The Firm in Economic Geography. In: Economic Geography 77, S. 329-344.

Maskell, P.; Malmberg, A., 1999: Localised learning and industrial competitiveness. In: Cambridge Journal of Economics 23, S. 167-185.

Mathews, J. A., 2002: Competitive Advantages of the Latecomer Firm: A Resource-Based Account of Industrial Catch-Up Strategies. In: Asia Pacific Journal of Management 19, S. 467-488.

– 2006: Dragon multinationals: New players in 21st century globalization. In: Asia Pacific Journal of Management 23, S. 5-27.

Mathews, J. A.; Cho, D-S., 1999: Combinative Capabilities and Organizational Learning in Latecomer Firms: The Case of the Korean Semiconductor Industry. In: Journal of World Business 34, 139-156.

McCann, P., 2001: Urban and Regional Economics. New York.

McNee, R. B., 1970: Der Wandel der Beziehungen zwischen Wirtschaftswissenschaft und Wirtschaftsgeographie. In: Bartels, D. (Hrsg.), 1970: Wirtschafts- und Sozialgeographie. Köln, Berlin. Neue wissenschaftliche Bibliothek 35, S. 405-417.

Meadows, D., et al., 1972: Die Grenzen des Wachstums. Bericht des Club of Rome zur Lage der Menschheit. Stuttgart.

Mensch, G., 1975: Das technologische Patt. Frankfurt/a.M.

Meyer, K., 1970: Johann Heinrich von Thünen. In: Handwörterbuch der Raumforschung und Raumordnung, Bd. 3 (2. Aufl.), Hannover, Sp. 3371-3376.

Meyer, W., 1960: Die Theorie der Standortwahl. Berlin.

Meyer-Lindemann, H. U., 1951: Typologie der Theorien des Industriestandorts. Bremen.

Monheim, H., 1972: Zur Attraktivität deutscher Städte. Einflüsse von Ortspräferenzen auf die Standortwahl von Bürobetrieben. WGI-Berichte zur Regionalforschung 8, München.

Morgan, K., 1997: The Learning Region: Institutions, Innovation and Regional Renewal. In: Regional Studies 31, S. 491-503.

Morril, R. L., 1962: Simulation of Central Place Patterns over Time. In: Lund Studies of Geography, Series B 24, S. 109-120.

Mowery, D.C.; Oxley, J. E., 1995: Inward Technology Transfer and Competitiveness: The Role of National Innovation Systems. In: Cambridge Journal of Ecnomics 19, S. 67-93.

Mudambi, R.; Venzin, M., 2010: The Strategic Nexus of Offshoring and Outsourcing Decisions. In: Journal of Management Studies 47, S. 1511-1533.

Mundell, R.A., 1957: International Trade and Factor Mobility. In: American Economic Review 47, S. 321-335.

Myrdal, G., 1957: Economic Theory and Underdeveloped Regions. London. (Deutsche Übersetzung: Ökonomische Theorie und unterentwickelte Regionen. Frankfurt/M., 1974).

Nelson, R. R.; Winter, S. G., 1982: An evolutionary theory of economic change. Cambridge/MA.

Newman, M. E. J., 2003: The Structure and Function of Complex Networks. In: Siam Review 45, S. 167-256.

Nonaka, I., 1991: The Knowledge-Creating Company. In: Harvard Business Review, November-December 1991, S. 96-104.

Nooteboom, B.; van Haverbeke, W.; Duysters, G.; Gilsing, V.; van den Oord, A., 2007: Optimal cognitive distance and absorptive capacity. In: Research Policy 36, 1016-1034.

North, D.C., 1993: Institutions and Economic Performance. In: Mäki, U.; Gustafsson, B.; Knudsen, C. (Hrsg.): Rationality, Institutions & Economic Methodology. London, S. 242-261.

OECD, 1992: Oslo Manual. Paris.

Ohlin, B. G., 1931: Die Beziehungen zwischen internationalem Handel und internationalen Bewegungen von Kapital und Arbeit. In: Zeitschrift für Nationalökonomie 2, S. 161-199.

– 1933: Interregional and International Trade. Harvard Economic Studies 39, Cambridge/Mass., Oxford.

Oinas, P.; Malecki, E. J., 2002: The Evolution of Technologies in Time and Space: From National and Regional to Spatial Innovation Systems. In: International Regional Science Review 25, S. 102-131.

Opp, M. M., 1974: Die räumliche Diffusion des technischen Fortschritts in einer wachsenden Wirtschaft. Aachener Studien zur internationalen technischen Zusammenarbeit. Internationale Kooperation 12, Baden-Baden.

Otremba, E., 1973: Wirtschaftsgeographie und regionale Wirtschaftspolitik. In: Zehn Jahre Österreichische Gesellschaft für Wirtschaftsraumforschung. Wiener Geographische Schriften 40, S. 13-24.

Ott, A. E., 1959: Technischer Fortschritt. In: Handwörterbuch der Sozialwissenschaften 10. Stuttgart, Tübingen, Göttingen, S. 302-316.

Ottati, G. dei, 2003: The governance of transactions in the industrial disctrict: the ›community market‹. In: Becattini, G.; Bellandi, M.; dei Ottati, G.; Sforzi, F.: From Industrial Districts to Local Development. Cheltenham, Northampton/MA. S. 73-94.

Pack, H.; Saggi, K., 1997: Inflows of Foreign Technology and Indigenous Technological Development. In: Review of Development Economics 1, S. 81-98.

Pedersen, P. O., 1970: Innovation Diffusion within and between National Urban Systems. In: Geographical Analysis, S. 203-254.

Penrose, E., 1959: The Theory of the Growth of the Firm. Oxford.

Pick, G., 1922: Mathematischer Anhang. In: Weber, A., 1922: Über den Standort der Industrie. 1. Teil. Reine Theorie des Standorts. (2.Aufl.). Tübingen, S. 225-246.

Piore, M.; Sabel, C. F., 1984: The Second Industrial Devide. New York.

Piore, M. J.; Sabel, C. F., 1989: Das Ende der Massenproduktion. Studie über die Requalifizierung der Arbeit und die Rückkehr der Ökonomie in die Gesellschaft. Frankfurt am Main.

Porter, M. E., 1998: Clusters and the new economics of competition. In: Harvard Business Review, November-December 1998, S. 77-90.

– 1999: Nationale Wettbewerbsvorteile. Erfolgreich konkurrieren auf dem Weltmarkt. Wien.

– 2000: Location, Competition, and Economic Development: Local Clusters in a Global Economy. In: Economic Development Quarterly 14, S. 15-34.

Powell, W. W., 1990: Neither Market nor Hierarchy: Network Forms of Organization. In: Research in Organizational Behavior 12, S. 295-336.

Prahalad, C. K.; Hamel, G., 1990: The Core Competence of the Corporation. In: Harvard Business Review, May-June 1990, S. 79-91.

Prebisch, R., 1959: Commercial Policy in the Underdeveloped Countries. In: The American Economic Review 49, S. 251-273.

Pred, A., 1967: Behavior and Location. Foundations for a Geographic and Dynamic Location Theory, Part 1. Lund Studies in Geography, Series B, 27.

– 1969: Behavior and Location. Foundation for a Geographic and Dynamic Location Theory. Part 2. Lund Studies in Geography, Series B, 28.

Quesnay, F., 1758: Tableau économique avec son explication, où extrait des économies royales des Sully. Versailles.

Quinn, J. B.; Hilmer, F. G., 1994: Strategic Outsourcing. In: Sloan Management Review 35, S. 43-55.

Ravenstein, E. G., 1885: The Laws of Migration. In: Journal of the Royal Statistical Society 48, S. 167-227.

– 1889: The Laws of Migration (Second Paper). In: Journal of the Royal Statistical Society 52, S. 241-301.

Revilla Diez, J., 2002: Betrieblicher Innovationserfolg und räumliche Nähe. Zur Bedeutung innovativer Kooperationsverflechtungen in metropolitanen Verdichtungsregionen. Die Beispiele Barcelona, Stockholm und Wien. Wirtschaftsgeographie 22, Münster.

Ricardo, D., 1817: Principles of Political Economy and Taxation. London, New York.

Richardson, H. W., 1969: Regional Economics: Location Theory, Urban Structure and Regional Change. New York.

– 1973: Regional Growth Theory. London.

– 1980: Polarization Reversal in Developing Countries. In: Papers of the Regional Science Association 45, S. 67-85.

Rivera-Batiz, L. A.; Romer, P., 1991a: Economic Integration and Endogenous Growth. In: Quarterly Journal of Economics 106, S. 531-555.

Rivera-Batiz, L. H.; Romer, P., 1991b: International Trade with Endogenous Technological Change. In: European Economic Review 35, S. 971-1001.

Romer, P. K., 1990: Endogenous Technological Change. In: Journal of Political Economy 98, S. 71-102.

Roscher, W., 1878a: Ansichten der Volkswirtschaft aus dem geschichtlichen Standpunkt. (3. Aufl.). Leipzig, Heidelberg. (1. Aufl. 1865).

– 1878b: Studien über die Naturgesetze, welche den zweckmäßigen Standort der Industriezweige bestimmen. In: Roscher, W., 1878: Ansichten der Volkswirtschaft aus dem geschichtlichen Standpunkt. (3. Aufl.). Leipzig, Heidelberg. (1. Aufl. 1865).

Rose, K., 1971: Grundlagen der Wachstumstheorie. Göttingen.

Rose, K.; Sauernheimer, K., 2006: Theorie der Außenwirtschaft. (14. Aufl.), München.

Rostow, W. W., 1960: The Stages of Economic Growth. A Non-Communist Manifesto. Cambridge/Mass.

Sabel, C. F., 1989: The Reemergence of Regional Economics. WZB-discussion papers FS I 89-3, Berlin.

Sautter, H., 1983: Regionalisierung und komparative Vorteile im internationalen Handel. Tübingen.

Saxenian, A., 1994: Regional Advantage: Culture and Competition in Silicon Valley and Route 128. Cambridge/MA.

Saxenian, A.; Sabel, C., 2008: Roepke Lecture in Economic Geography. Venture Capital in the «Periphery": The New Argonauts, Global Search, and Local Institution Building. In: Economic Geography 84, S. 379-394.

Schäffle, A., 1867: Das gesellschaftliche System der menschlichen Wirtschaft. Tübingen.

Schätzl, L., 1973: Räumliche Industrialisierungsprozesse in Nigeria. Gießener Geographische Schriften 31.

– 1974: Zur Konzeption der Wirtschaftsgeographie. In: Die Erde 105, S. 124-134.

– 1983: Regionale Wachstums- und Entwicklungstheorien. In: Geographische Rundschau 7, S. 322-327.

– 1994: Wirtschaftsgeographie 3, Politik. (3. Aufl.), Paderborn.

– 2000a: Wirtschaftsgeographie 2, Empirie. (3. Aufl.), Paderborn.

– 2000b: Steuerbarkeit globaler wirtschaftlicher Prozesse durch räumliche Planung? In: ARL, Urban 21 (Forschungs- und Sitzungsberichte). Hannover, S. 31-39.

– 2003: Wirtschaftsgeographie 1, Theorie. (9. Aufl.), Paderborn.

Schätzl, L.; Revilla Diez, J. (Hrsg.), 2002: Technological Change and Regional Development in Europe. Heidelberg.

Schaffer, F.; Poschwatta, W., 1984: Der Industrie-Standortkatalog als Grundlage kommunaler Gestaltungsmöglichkeiten der Wirtschaftsförderung in ländlichen Räumen, entwickelt am Beispiel des Landkreises Dillingen. Arbeitsmaterialien der Akademie für Raumforschung und Landesplanung 71. Hannover.

Schamp, E. W, 2000: Vernetzte Produktion. Industriegeographie aus institutioneller Perspektive. Darmstadt.

– 2011: Finanzkrise in der Weltwirtschaft – Theoriekrise in der Wirtschaftsgeographie. Anmerkungen zur aktuellen wirtschaftsgeographischen Krisenforschung. In: Zeitschrift für Wirtschaftsgeographie 55, S. 103-114.

Schilling, A., 1968: Standortfaktorenkatalog für die Industrieansiedlung. Österreichisches Institut für Raumplanung 27. Wien.

Schilling-Kaletsch, I., 1976: Wachstumspole und Wachstumszentren. Untersuchung zu einer Theorie sektoral und regional polarisierter Entwicklung. Arbeitsberichte und Ergebnisse zur wirtschafts- und sozialgeographischen Regionalforschung 1. Hamburg.

Schmidt, H., 1966: Räumliche Wirkung der Investitionen im Industrialisierungsprozeß. Analyse des regionalen Wirtschaftswachstums. Köln, Opladen.

Schmölders, G., 1978: Verhaltensforschung im Wirtschaftsleben. Reinbek bei Hamburg.

Schneider, E., 1959: Johann Heinrich von Thünen und die Wirtschaftstheorie der Gegenwart. In: Probleme des räumlichen Gleichgewichts in der Wirtschaftswissenschaft. Schriften des Vereins für Socialpolitik 14. Berlin.

Schöller, P. (Hrsg.), 1972: Zentralitätsforschung. Darmstadt.

Schumpeter, J. A., 1939: Business Cycles. 2 Bde. New York. London.

Senghaas, D. (Hrsg.), 1972: Imperialismus und strukturelle Gewalt. Analysen über abhängige Reproduktion. Frankfurt/M.

– (Hrsg.) 1974: Peripherer Kapitalismus. Analysen über Abhängigkeit und Unterentwicklung. Frankfurt/M.

Sieber, H., 1968: Die realen Austauschverhältnisse zwischen Entwicklungsländern und Industriestaaten. Eine Verifizierung der These Prebischs. (Diss.). Tübingen, Zürich.

Siebert, H., 1970a: Regional Science. In: Handwörterbuch der Raumforschung und Raumordnung, Bd. 3. (2. Aufl.). Hannover, Sp. 2690-2705.

– 1970b: Regionales Wirtschaftswachstum und interregionale Mobilität. Tübingen.

– 1993: Internationale Wanderungsbewegungen – Erklärungsansätze und Gestaltungsfragen. In: Schweizerische Zeitschrift für Volkswirtschaft und Statistik 129, S. 229-255.

– 1995: Internationale Migrationen aus wirtschaftswissenschaftlicher Sicht. In: Geographische Rundschau 47, S. 405-409.

Siebert, H.; Lorz, O., 2007: Einführung in die Volkswirtschaftslehre. (15. Aufl.), Stuttgart.

Siebert, H.; Rauschner, M., 1991: Neuere Entwicklungen der Außenhandelstheorie. In: WiSt 10, S. 503-509.

Simon, H. A., 1965: Administrative Behavior. A Study of Decision-Making Process in Administrative Organization. New York, London.

Sinn, H.-W., 2005: Basar-Ökonomie Deutschland. Exportweltmeister oder Schlusslicht? In: ifo Schnelldienst 58, S. 3-42.

Smith, A., 1776: An Inquiry into Nature and Causes of the Wealth of Nations. Bd. 1, 2. London.

Smith, D. M., 1966: A Theoretical Framework for Geographical Studies of Industrial Location. In: Economic Geography 42, S. 95-113.

– 1981: Industrial Location. An Economic Geographical Analysis. (2. Aufl.). New York.

Soete, L., 1985: International Diffusion of Technology, Industrial Development and Technological Leapfrogging. In: World Development 13, S. 409-422.

– 1990: Opportunities for and Limitations to Technological Leapfrogging. In: Technology, Trade Policy and the Uruguay Round, Papers and Proceedings of a round table held in Delphi, Greece, 22-24 April 1989, United Nations, New York, S. 3-29.

Sternberg, R., 1998: Technologiepolitik und High-Tech Regionen – ein internationaler Vergleich. Wirtschaftsgeographie 7. (2. Aufl.), Münster, Hamburg.

– (Hrsg.), 2006: Deutsche Gründungsregionen. Wirtschaftsgeographie 38. Münster.

Sternberg, R.; Litzenberger, T., 2004: Regional Clusters in Germany – their Geography and their Relevance for Entrepreneurial Activities. In: European Planning Studies 12, S. 767-791.

Stewart, J. Q.; Warntz, W., 1958: Physics of Population Distribution. In: Journal of Regional Science 1, S. 99-123.

Stöhr, W. B., 1981: Development from Below: The Bottom-Up and Periphery-Inward Development Paradigm. In: Stöhr, W. B.; Taylor, D. R. F. (Hrsg.): Development from Above or Below? Chichester. S. 39-72.

Storper, M., 1997: The Regional World. Territorial Development in a Global Economy. New York, London.

Storper, M.; Walker, R., 1989: The Capitalist Imperative. Territory, Technology, and Industrial Growth. New York, Oxford.

Stouffer, S. A., 1940: Intervening Opportunities: A Theory Relating Mobility and Distance. In: American Sociological Review 5, S. 845-867.

– 1960: Intervening Opportunities and Competing Migrants. In: Journal of Regional Science 2, S. 1-26.

Strogatz, S. H., 2001: Exploring complex networks. In: Nature 410, S. 268-276.

Swyngedouw, E., 2000: Elite Power, Global Forces, and the Political Economy of ›Glocal‹ Development. In: Clark, G. L.; Feldman, M. P.; Gertler, M. S. (Hrsg.): The Oxford Handbook of Economic Geography. Oxford.

Szulanski, G., 1996: Exploring Internal Stickiness: Impediments to the Transfer of Best Practice within the Firm. In: Strategic Management Journal 17, S. 27-43.

Teece, D. J., 1977: Technology-Transfer by Multinational Firms – Resource Cost of Transferring Technological Know-How. In: The Economic Journal 87, S. 242-261.

– 1984: Economic Analysis and Strategic Management. In: California Management Review XXVI, S. 87-110.

Teece, D. J.; Pisano, G.; Shuen, A., 1997: Dynamic Capabilities and Strategic Management. In: Strategic Management Journal 18, S. 509-533.

Thoman, R. S.; Conkling, E. C.; Yeates, M. H., 1968: The Geography of Economic Activity. (2. Aufl.). New York.

Thünen, J. H. von, 1875: Der isolierte Staat in Beziehung auf Landwirtschaft und Nationalökonomie. Berlin. (Erste Auflage des 1. Teils 1826, der ersten Abteilung des 2.Teils 1850, der zweiten Abteilung des 2.Teils und des 3.Teils 1863).

Tichy, G., 1991: The Product-Cycle Revisited: Some Extensions and Clarifications. In: Zeitschrift für Wirtschafts- und Sozialwissenschaften 111, S. 27-54.

Todaro, M. P.; Smith, S. C., 2006: Economic Development. (9. Aufl.), Harlow.

Törnqvist, G., 1962: Transport Costs as a Location Factor for Manufacturing Industry. Lund Studies in Geography, Series B, 23.

Tsai, S-L., 2002: The Other Half of the Globalization Story: Reverse Leverage As Witnessed in the Manufacturing Sector of Taiwan IT Industry. In: Perspectives on Global Development and Technology 1, S. 1-33.

Uzzi, B., 1996: The Source and Consequences of Embeddedness for the Economic Performance of Organizations: The Network Effect. In: American Sociological Review 61, S. 674-698.

Vang, J.; Asheim, B., 2006: Regions, Absorptive Capacity and Strategic Coupling with High-Tech TNCs: Lessons from India and China. In: Science Technology & Society 11, S. 39-66.

Venkatesan, R., 1992: Strategic Sourcing: To Make or Not To Make. In: Harvard Business Review, November-December 1992, S. 98-107.

Vernon, R., 1966: International Investment and International Trade in the Product Cycle. Quarterly Journal of Economics 80, S. 190-207.

– 1979: The Product Cycle Hypothesis in a New International Environment. In: Oxford Bulletin of Economics and Statistics 41, S. 255-267.

Viotti, E. B., 2002: National Learning Systems. A new approach on technological change in late industrializing economies and evidences from the case of Brazil and South Korea. In: Technological Forecasting & Social Change 69, S. 653-680.

Voigt, F., 1960: Die volkswirtschaftliche Bedeutung des Verkehrssystems. Verkehrswissenschaftliche Forschungen 1, Berlin.

Waibel, L., 1933: Das Thünensche Gesetz und seine Bedeutung für die Landwirtschaftsgeographie. In: Probleme der Landwirtschaftsgeographie. (Zitiert nach: Rupert, K. [Hrsg.] 1973: Agrargeographie. Darmstadt. Wege der Forschung 171, S. 103-147).

Walker, G.; Kogut, B.; Shan, W., 1997: Social Capital, Structural Holes and the Formation of an Industry Network. In: Organization Science 8, S. 109-125.

Wallerstein, I., 1974: The Rise and the Future Demise of the World Capitalist System: Concepts for Comparative Analysis. In: Comparative Studies in Society and History 16, S. 387-415.

Walter, H., 1983: Wachstums- und Entwicklungstheorien. Stuttgart, New York.

Wang, P.; Tong, T. W.; Koh, C. P., 2004: An integrated model of knowledge transfer from MNC parent to China subsidiary. In: Journal of World Business 39, S. 168-182.

Watkins, M. H., 1963: A Staple Theory of Economic Growth. In: The Canadian Journal of Economics and Political Science 29, S. 141-158.

Watts, D. J.; Strogatz, S. H., 1998: Collective dynamics of ›small-world‹ networks. In: Nature 393, S. 440-442.

Weber, A., 1922: Über den Standort der Industrie. 1. Teil. Reine Theorie des Standorts. (2. Aufl.), Tübingen. (1. Aufl. 1909).

Weigt, E., 1960: Wirtschaftsgeographie, Stand und Entwicklung. In: Erdkunde 14. (Zitiert nach: Wirth, E. [Hrsg.] 1969: Wirtschaftsgeographie. Wege der Forschung 219. Darmstadt, S. 486-502).

Weinstock, U., 1964: Das Problem der Kondratieff-Zyklen. Ein Beitrag zur Entwicklung einer Theorie der »langen Wellen« und ihrer Bedeutung. Schriftenreihe des IFO-Instituts für Wirtschaftsforschung 58. Berlin, München.

Weltbank, 2009: Weltentwicklungsbericht 2009 – Wirtschaftsgeographie neu gestalten. Düsseldorf.

Wernerfelt, B., 1984: A Resource-based View of the Firm. In: Strategic Management Journal 5, S. 171-180.

White, R. W., 1974: Sketches of a Dynamic Central Place Theory. In: Economic Geography 50, S. 129-227.

Williamson, O. E., 1990: Die ökonomischen Institutionen des Kapitalismus. Unternehmen, Märkte, Kooperationen. Tübingen.

Wirth, E., 1979: Theoretische Geographie. Grundzüge einer theoretischen Kulturgeographie. Stuttgart.

Wöhe, G.; Döring, U., 2010: Einführung in die allgemeine Betriebswirtschaftslehre. (24. Aufl.), München.

Wulf, J., 1972: Ergebnisse der Wanderungsforschung und ihre Integration in raumwirtschaftliche Modelle. In: Zeitschrift für die gesamte Staatswissenschaft 128, S. 473-497.

Young, S.; Lan, P., 1997: Technology Transfer to China through Foreign Direct Investment. In: Regional Studies 31, S. 669-679.

Zipf, G. K., 1946: The P1P2/D Hypothesis: On the Intercity Movement of Persons. In: American Sociological Review 11, S. 577-686.

Namenregister

Sachregister